Na Ubook você tem acesso a este e outros milhares de títulos para ler e ouvir. Ilimitados!

# Audiobooks Podcasts Músicas Ebooks Notícias Revistas Séries & Docs

Junto com este livro, você ganhou **30 dias grátis** para experimentar a maior plataforma de audiotainment da América Latina.

Use o QR Code

OU

1. Acesse **ubook.com** e clique em Planos no menu superior.
2. Insira o código **GOUBOOK** no campo Voucher Promocional.
3. Conclua sua assinatura.

ubookapp

ubookapp

ubookapp

Paixão por contar histórias

# ABREU GRAFIA
## – JOSÉ DE ABREU

**LIVRO I** | ANTES DA FAMA

ubook  ubk
Publishing House

© 2021, José de Abreu

Todos os direitos reservados. Nenhuma parte deste livro pode ser utilizada ou reproduzida sob quaisquer meios existentes sem autorização por escrito dos editores.

| | |
|---|---|
| COORDENAÇÃO | Alessandra Brito |
| CONSULTORIA EDITORIAL | Rosana Caiado |
| EDIÇÃO | Ana Paula Pinho e Victor Almeida |
| REVISÃO | Milena Vargas, Rachel Agavino e Cristina Barcia |
| CAPA | Fernanda Mello |
| FOTO DE CAPA | Acervo pessoal/ DOPS |
| ADAPTAÇÃO DE CAPA | Clarissa Duarte |
| PROJETO GRÁFICO | Ubook e Clarissa Duarte |
| DIAGRAMAÇÃO | Clarissa Duarte |

Dados Internacionais de Catalogação na Publicação (CIP)
(Câmara Brasileira do Livro, SP, Brasil)

Abreu, José de
    Abreugrafia : livro I: antes da fama / José de Abreu. – 1. ed. – Rio de Janeiro : Ubook Editora, 2021.

    ISBN 978-65-86032-49-9

    1. Artistas - Biografia  2. Abreu Junior, José Pereira de, 1946  I. Título.

21-53879                                              CDD-709.2

Índices para catálogo sistemático:

1. Artistas : Biografia e obras 709.2

Aline Graziele Benitez - Bibliotecária - CRB-1/3129

**Ubook Editora S.A**
Av. das Américas, 500, Bloco 12, Salas 303/304,
Barra da Tijuca, Rio de Janeiro/RJ.
Cep.: 22.640-100
Tel.: (21) 3570-8150

*Aos meus filhos Rodrigo (in memoriam), Theo, Ana,*
*Cristiano e Bia.*
*Às minhas noras Suzana e Lidia.*
*Aos meus netos Maria, Francisco, Lourdes,*
*Miguel e João.*
*E ao meu genro Leo.*

ATÉ HOJE ACHO QUE ATORES SÃO PESSOAS DIFERENTES PELO SEGUINTE MOTIVO: VIVEMOS MUITAS VIDAS NUMA SÓ. ISSO VAI TE MARCANDO INDELEVELMENTE. VOCÊ CRIA UM PERSONAGEM E A PARTIR DAÍ ELE AJUDA A CRIAR VOCÊ.

# SUMÁRIO

Prefácios ⊙8

Prólogo 26

Abreugrafia 34

Capítulo 1 39

Capítulo 2 43

Capítulo 3 51

Capítulo 4 55

Capítulo 5 65

Capítulo 6 73

Capítulo 7 81

Capítulo 8 87

Capítulo 9 99

Capítulo 1⊙ 117

Capítulo 11 127

Capítulo 12 137

Capítulo 13 153

Capítulo 14 167

Capítulo 15 179

Capítulo 16 187

Caderno de fotos 198

Capítulo 17 213

Capítulo 18 223

Capítulo 19 237

Capítulo 2⊙ 249

Capítulo 21 267

Capítulo 22 279

Capítulo 23 291

Capítulo 24 3⊙7

Capítulo 25 319

Capítulo 26 331

Capítulo 27 343

Capítulo 28 353

Capítulo 29 367

Capítulo 3⊙ 375

Capítulo 31 391

Árvore genealógica 4⊙2

# PREFÁCIOS

POR **LUÍS ARTUR NUNES**,
DIRETOR E AUTOR DE TEATRO

Para contar como José de Abreu chegou em nossas vidas, preciso voltar à Porto Alegre do início dos anos 1970. Com minha turma, recém-formada pelo Curso de Arte Dramática da UFRGS, fundamos o Grupo de Teatro Província, que viria a desempenhar um papel muito importante na renovação do teatro gaúcho. Engajados politicamente, e já flertando com a contracultura, cujos ventos começavam a soprar no Brasil, havíamos rompido com muitos valores da moral burguesa sem perder o romantismo.

Acreditávamos que a realização pessoal passava pela construção de uma relação amorosa estável e duradoura. Havia, portanto, vários casais formados no grupo. Porém uma das atrizes, Nara Keiserman, só tinha tido namoros de curta duração. Entre nós — e longe dos ouvidos dela — torcíamos para que ela encontrasse um cara legal, um companheiro. Ficamos, pois, muito esperançosos, quando ela voltou de umas férias em São Paulo e nos contou, com os olhos brilhando, que havia conhecido um rapaz chamado José. Zé para os íntimos. Achamos promissor aquele entusiasmo, mas ele morava em São Paulo! Espera: ele logo viria encontrá-la em Porto Alegre! O que se passara entre os dois pelo visto tinha sido muito intenso.

Uma tarde, fui visitar Nara em seu apartamento, no bairro do Bom Fim. Ela não estava em casa. Me atendeu um hippie alto, barbudo, longos cabelos loiros presos por uma faixa. E jeans, claro. Adivinhei logo que aquela bela figura era o Zé. Ele também já tinha ouvido falar muito de mim. Nara e eu cultivávamos uma grande amizade e uma rica parceria de trabalho, que duram até hoje. Assim, imediatamente meu papo com o Zé rolou fácil e prazeroso. E nunca mais se interrompeu.

O Província o recebeu de braços abertos. Zé era uma pessoa cativante e fazia Nara feliz. Além de tudo isso... era ator! Os dois se tornaram o novo casal do grupo. Estávamos em cartaz com um espetáculo e nos mantínhamos ativos em laboratórios de corpo, voz, improvisações e muito, muito debate de ideias. Zé se envolveu com nosso trabalho sem nenhuma dificuldade, embora na sua autobiografia ele faça alusão a uma diferença de "nível" entre nós, grupo de graduados em cursos de teatro de nível superior, e ele, que não tivera formação regular e aprendera "fazendo". Talvez se sentisse em desvantagem, mas nós o percebemos e acolhemos como um igual.

Assim, José de Abreu se tornou o novo membro do Grupo de Teatro Província. O grupo era mais do que uma proposta de fazer teatro de qualidade. Os nossos anos dourados coincidiam com os anos de chumbo. O engajamento político era inevitável, mas também vinha aliado a uma pauta de mudanças comportamentais. Os movimentos hippie e de contracultura fervilhavam em nossas cabeças, e enxergávamos o teatro como indissociável da vida. Nosso sonho era o de milhões de outros jovens de então: viver em comunidade. Nossa arte acaso não era, por definição, coletiva? Nada mais lógico, pois. Zé e Nara eram os mais "avançados" na nova ideologia (alguns de nós, ainda não estávamos muito seguros...) Foi crucial a influência deles na tomada de decisão, assim como a sua participação na busca da tão almejada casa comunitária, onde viveríamos e trabalharíamos.

Encontramos um belo e amplo sobrado, também no Bom Fim, que já se tornava o bairro boêmio de Porto Alegre: perfeito!

Foi então que aconteceu a reviravolta. De repente, Nara e Zé se deram conta de que havia outro sonho para realizar antes: uma temporada na Europa, culminando com uma visita à Índia ou ao Tibete — ritual iniciático pelo qual passava a grande maioria dos "malucos" da época. Evidentemente houve um desapontamento geral, mas logo seguido de compreensão. Especialmente da minha parte, pois eu já era "iniciado": havia vivido um ano na França (justamente o ano de 1968!) e viajado bastante. Foi o empurrão para que outro casal do grupo, que até então ainda estava reticente, decidisse encarar aquela parada. Dissemos adeus aos queridos amigos e fomos ocupar a nossa CASA (Centro de Artes, Sensibilização e Aprendizagem).

Corta para 1976, quatro anos depois. Zé e Nara já haviam retornado ao Brasil, tinham um belo menino e uma menina a caminho, lecionavam e faziam teatro na cidade de Pelotas. A CASA não existia mais, mas o Província continuava firme e forte. Eu retornava de um mestrado nos Estados Unidos, onde havia travado contato com os grupos mais radicais do teatro experimental nova-iorquino. Foi quando os dois me convidaram para dirigi-los num espetáculo em Pelotas. Na verdade, dirigir o Zé, pois Nara estava em adiantado estado de gravidez. Ela faria a assistência de direção. Os demais atores eram alunos deles. Uma garotada animada e talentosa, mas muito inexperiente. Sugeri a teatralização do conto *A Salamanca do Jarau*, uma lenda do folclore gaúcho, que o escritor Simões Lopes Neto havia transformado em texto literário de altíssima qualidade (praticamente desconhecido no resto do Brasil, infelizmente), e que antecipa Guimarães Rosa na reinvenção poética da fala regional. *A Salamanca*, na verdade, é um longo relato com pouquíssimo diálogo. Como os outros atores careciam de domínio técnico para enunciar um texto de tamanha complexidade, propus que Zé se encarregasse inteiramente da narração em terceira pessoa, no meio da qual se inseria um monólogo na primeira pessoa de um dos personagens principais. Enquanto isso, o resto do elenco dava visualidade corporal a uma multidão de outras figuras reais e fantásticas, manipulando elementos de figurino, adereços, sombras, bonecos e sonoridades.

O trabalho sobre a interpretação do texto se dava, portanto, à parte e paralelo ao da encenação geral. Foi uma intensa relação entre diretor e ator. Zé dispunha de ótima expressão corporal e voz para cantar os números musicais, mas tinha pouca experiência com textos de envergadura. Seria um desafio mesmo para intérpretes tarimbados. Lembro bem da minúcia, do apuro com que fomos elaborando, palavra por palavra, aquele caudaloso discurso rico em imagens e significado. Foi um valioso exercício para os dois. E o espetáculo foi um imenso sucesso!

O êxito de *A Salamanca*, numa turnê por quase cem cidades do interior gaúcho, e em temporadas em Porto Alegre e São Paulo, encorajou Zé e Nara a se transferirem para Porto Alegre, um centro de produção cultural mais importante. Nossa convivência continuou intensa, até que, um dia, os dois me surpreenderam com a seguinte proposta: desejavam formar uma parceria estável de trabalho comigo. Lembro bem da frase do Zé: "Queremos produzir tudo o que você fizer". Eu abri um grande sorriso: "E, claro, participar dos elencos, não é?". Senti da parte deles uma confiança total, um reconhecimento da minha capacidade criativa e a coragem de encarar as "loucuras" de uma teatralidade exacerbada e totalmente experimental que eu trazia na minha bagagem e nos meus sonhos. Loucuras essas que já apareceram na viagem que foi *A Salamanca do Jarau*, aliás. Eles queriam continuar viajando comigo, apesar dos riscos da incompreensão, da rejeição e do "patrulhamento" dos que viessem a nos taxar de esteticistas e alienados.

O binômio vida/teatro como construções coletivas ainda era forte dentro de nós, e logo veio a ideia de compartilhar uma casa no bairro Alto Petrópolis, onde eles estavam morando, que possuía um ótimo espaço para ensaios. Acontece que eu vivia, então, um relacionamento estável com Guto Pereira, um grande ator que nos deixou cedo demais e que havia se tornado parceiro e amigo de Nara e Zé ao entrar para o elenco de *A Salamanca* na temporada de São Paulo. Eu sabia, é claro, que eles não tinham o menor preconceito, o menor problema em conviver com um casal gay, mas as crianças eram muito pequenas, e havia de minha parte o receio de que isso lhes causasse desconforto. A resposta: nenhum.

Fomos todos (Zé, Nara, Guto, Theo, Ana e eu) morar na casa da rua Dona Oti. Guto, além de talentoso, era trabalhador e adorava as crianças. Iniciou-se uma nova e rica etapa em nossas vidas. Eu já havia me afastado — amigavelmente — do grupo Província, e pude me dedicar integralmente aos projetos da nova companhia. Que não tinha propriamente um nome. Eram os nossos nomes.

Foram três anos muito produtivos. Zé abraçou totalmente as minhas "pirações" e, juntos, fizemos *(De)colagem e Mo(vi)mentos e (Ins)pirações*. Ambos os espetáculos propunham um teatro que poderíamos chamar de lírico ou onírico: imagens, fiapos de história sem qualquer lógica realista, figuras humanas surgidas mais da fantasia poética do que da psicologia etc. A palavra podia aparecer, assim como submergir no puro movimento cênico. Nara e eu havíamos nos aproximado muito da dança e da expressão corporal. Zé não nos acompanhava propriamente nessas pesquisas, mas se mostrava totalmente disponível à exigente prática proposta pela encenação. Sobravam-lhe desenvoltura física, domínio do espaço, senso rítmico e musicalidade. A ponto de, como ele mesmo menciona no livro, ter aprendido e dominado uma coreografia de dança contemporânea que, lá pelas tantas, eu resolvi inserir no interior de uma cena! Não esqueçamos que sua estreia no teatro fora no espetáculo *O&A*, no TUCA, em São Paulo, composto de puro movimento e de canto sem palavras.

Ambas as peças possuíam estrutura episódica: cada "número" ou "quadro" era uma unidade em si mesma, investigando uma deter-minada proposta de linguagem. A integração do todo se dava mais pelo ritmo e pelas ressonâncias das colisões entre os sucessivos jogos cênicos. O resultado era um alto grau de beleza visual, teatralidade pura e magia. Não havia propriamente recado ideológico, mas nem por isso se tratava de formalismo vazio. Ninguém questiona o fato de que a música instrumental, as artes visuais, a dança ou a poesia lírica também transmitam conteúdos e se articulem em estruturas. Queríamos que o teatro fosse assim também.

Não havia propriamente funções fixas, a não ser a de produtor, sempre coordenada por Zé, que tinha um inegável dom para viabilizar patrocínios, apoios, vendas, e para operacionalizar a complexa realização de um espetáculo teatral. No caso de *(De)colagem*, eu era encenador e ator, Zé e Nara, intérpretes. *Mo(vi)mentos e (Ins)pirações* (título que nos acostumamos a abreviar para "*Vi-ins*") resultou da minha interação com uma bailarina profissional extremamente talentosa, Ana Maria Mondini, e Nara se encarregou de nos dirigir. Em ambos os espetáculos, Zé era o responsável pela iluminação. Ele, também, foi produtor e iluminador num terceiro espetáculo, um pouco mais comportado (mas não muito: tratava-se de puro teatro do absurdo), o *Sangue na Laranjada*, do dramaturgo gaúcho Ivo Bender.

Nossa plateia era pequena: se nem no Rio ou São Paulo eram comuns tais ousadias, que dirá na provinciana Porto Alegre dos anos 1970? Mas os poucos fiéis se deixavam envolver completamente. O aplauso no final era sempre uma explosão. Os comentários do público e as críticas da imprensa vinham cheios de entusiasmo. Corrijo-me: nem todos. Havia os que não aceitavam, não admitiam, não viam e não gostavam. "Não era teatro aquilo." Era o quê, então?

Simultaneamente a *(De)colagem*, Zé produzia e atuava no musical infantil *Os Saltimbancos*, dirigido por Dilmar Messias, que lotava a imensa plateia do Teatro Leopoldina todas as tardes. À noite, ele se apresentava num pequeno teatro e para o pequeno público atraído pela minha criação experimental. Nara e Guto faziam parte também dos dois elencos. A bem da verdade, não posso negar o sentimento de frustração que esta situação me causava. Mas Zé em nenhum momento se queixou. Doava-se completamente aos escassos espectadores de *(De)colagem* com o mesmo entusiasmo com que encantava as centenas de crianças em *Os Saltimbancos*. Sempre identifiquei nele essa característica que distingue o verdadeiro ator: o prazer incondicional de estar em cena.

A outra aventura à qual nos entregamos de corpo e alma foi fazer televisão. Zé, tinha (tem ainda, estou certo), um lado "milagreiro". Conseguiu convencer a RBS TV, afiliada da Rede Globo e, por isso, praticamente proibida de produzir teledramaturgia local, a nos dar um espaço de dez minutos diários no programa infantil *Clubinho*. Ele narra com detalhes em sua autobiografia como tudo aconteceu. Resumindo: criávamos uma novelinha semanal de cinco capítulos. Fazíamos praticamente tudo: texto (ao meu encargo), cenário, figurino, adereços, ensaios etc. Na noite de terça-feira, enchíamos a mesma Kombi que carregava nosso teatro desde *A Salamanca do Jarau*, e alegremente subíamos o Morro de Santa Teresa, onde ficam os estúdios da RBS TV, cuja única tarefa era inserir tudo na linguagem televisiva. Voltávamos para a casa da rua Dona Oti de madrugada, cansados e felizes.

Sabíamos do enorme alcance da televisão. A turma de "Os Teatreiros" (assim tínhamos nos batizado neste projeto), tornou-se popular entre a criançada. Nossas caras eram reconhecidas em todos os lugares. Ninguém sabia nossos nomes, é claro.

Enquanto tocávamos nossas novelinhas semanais, preparávamos um novo projeto teatral: *A Fonte*, adaptação de uma passagem de *O Continente*, primeiro volume da trilogia *O Tempo e o Vento*, de Erico Verissimo. Zé vinha manifestando o desejo de se exercitar no teatro realista, na construção de personagens e na discussão de ideias. O texto riquíssimo de Erico comportava tudo isso e muito mais: as passagens naturalistas eram entremeadas de momentos épicos e poéticos, o que nos permitia continuar a exploração da cena narrativa e da teatralidade mágica de *A Salamanca do Jarau*.

Mas a vida tem suas reviravoltas. Zé foi convidado para protagonizar um filme: *A Intrusa*, adaptação de um conto de Jorge Luis Borges, dirigido por Carlos Hugo Christensen, a ser filmado em locação na cidade de Uruguaiana. Isso o tirava de "Os Teatreiros" e interrompia os preparativos de *A Fonte*. Interiormente, sentiu um dilaceramento. Para seu alívio, o liberamos de coração. Seguraríamos sem problemas as pontas na televisão. *A Fonte* esperaria. O convite era irrecusável. Augurava novos caminhos, maiores realizações.

E, de fato, o filme foi um êxito. O Festival de Cinema de Gramado lhe rendeu vários prêmios, entre os quais o de melhor ator para José de Abreu. Foi o bilhete de partida para uma carreira nacional. Nara e ele se mudaram para São Paulo, e depois para o Rio. Logo viria a primeira novela na Rede Globo. Fiquei em Porto Alegre por um tempo e fiz um doutorado em Nova York. Nunca perdemos o contato, nunca descuidamos da amizade, mas não éramos mais parceiros na arte. Demorou uma década para voltarmos a trabalhar juntos.

Zé de Abreu havia, então, conquistado a fama e o prestígio como ator de teatro, cinema e televisão. Por razões óbvias, acompanhei mais de perto seus espetáculos teatrais, dentre os quais dou o maior destaque a *O Beijo da Mulher Aranha*, uma adaptação do romance de Manuel Puig, dirigida por Ivan de Albuquerque, em que Zé contracenava com o grande Rubens Corrêa. Os dois brilhavam.

Porém, o teatro tinha deixado de ser uma constante na sua vida profissional. Principalmente a rotina, exigente e estafante, de gravar novelas o impedia. Mas, quando resolveu produzir e protagonizar um espetáculo sobre a vida do presidente Juscelino Kubitschek, intitulado *JK*, era o mesmo Zé que sonhava alto e movia céus e terras, a reemergir com a enorme energia de sempre. Eu ainda morava em Porto Alegre, mas já começava a ser chamado para dirigir teatro no Rio. Meu amigo me queria para escrever a dramaturgia e encenar o espetáculo. Não pensei duas vezes. Levei comigo meu assistente e o grande cenógrafo gaúcho Alziro Azevedo. Era uma produção gigantesca: vinte e tantos atores em cena. Guto Pereira era um deles. Zé conseguiu patrocínio, o total suporte da família do ex-presidente e o Teatro Nacional de Brasília para a estreia. Pôs à minha disposição uma vasta bibliografia e contatos com muitas das personalidades que haviam convivido com Juscelino. Como sempre, fez uso não só do seu *know-how* de produtor, mas também de sua capacidade de sedução, que envolvia e convencia todo mundo. Nas capas das revistas, na imprensa toda, só dava a figura sorridente do Zé/JK, acenando com a faixa presidencial. Infelizmente, o espetáculo não teve o sucesso que merecia. Havia um problema: a família (d. Sarah, as filhas) devia aprovar tudo. Tivemos até que fazer um ensaio privado para elas. Sendo assim, não havia espaço para lançar um olhar que não fosse de exaltação à figura histórica. Por esse motivo, prudentemente evitei a análise das questões político-ideológicas e me concentrei na personalidade, na figura humana, que era inegavelmente fascinante. Mas as vozes críticas foram muitas, o que deve ter magoado Zé. A mim, com certeza, magoou. A essas alturas da minha carreira, já me dava conta perfeitamente quando acertava ou errava a mão. *JK*, sem falsa modéstia, era um trabalho de qualidade. E a interpretação do meu amigo era primorosa.

Novo *flashforward*. Eu já estava bem estabelecido no cenário teatral carioca, quando Zé me chamou para uma nova empreitada. A envergadura era semelhante à de JK, mas desta vez a recepção de crítica e de público foi excepcional. Tratava-se de *A Mulher sem Pecado*, primeira peça escrita por Nelson Rodrigues. O projeto, além do espetáculo, compreendia leituras dramatizadas dos outros textos de Nelson, exibição de filmes feitos a partir de suas obras e uma exposição dos maravilhosos desenhos de Roberto Rodrigues, irmão do dramaturgo.

*A Mulher sem Pecado* era, por muitos, considerada obra inci-piente de um autor teatral que prometia, mas ainda não entregava. Nunca concordei com esse julgamento. Para mim, era um texto pronto, acabado e admirável. E tinha um protagonista absoluto, *larger than life*, um prato feito para um grande ator cravar os dentes: Olegário, quase todo tempo em cena, enlouquecido, esbravejante numa cadeira de rodas, fingindo paralisia para testar a fidelidade de sua mulher. Zé queria algo desse calibre para voltar ao palco, e eu, que desenvolvi o dom de sugerir a um ator o melhor veículo para o seu talento, lhe apresentei Olegário. Ele deitou e rolou. Fera de palco, ocupou magnificamente seu território, mas sempre deixando espaço para um naipe de outros excelentes intérpretes brilharem ao seu lado. Zé sabia que a excelência dos comparsas alimentava a sua. A grande Vanda Lacerda, lenda viva do teatro brasileiro, na época já bastante idosa e impossibilitada de dizer um texto, fazia dona Aninha, a mãe demente do protagonista, personagem muda, à qual ela emprestava um ar patético próximo ao sublime. Inesquecível a cena final, em que o filho desesperado se suicida com um tiro na cabeça e cai no colo da mãe louca, formando uma *pietà* lancinante, que girava lentamente até se extinguir o último foco de luz e o último acorde da música. No cumprimento final, Zé e Luciana Braga, que fazia a esposa, traziam para o derradeiro aplauso a grande veterana. Na última récita da temporada, no imenso Teatro Guaíra de Curitiba, Vanda foi aplaudida de pé por vários minutos. Pouco tempo depois, viria a falecer. Foi a sua última glória no palco, proporcionada por José de Abreu. O gesto de humildade, cedendo a primazia a quem o precedera na arte (e de quem parecia estar recebendo a tocha para levá-la adiante), foi uma das coisas mais comoventes que vi em cima de um palco.

O elogio máximo à nossa *A Mulher sem Pecado* foi quando o grande crítico Sábato Magaldi veio nos cumprimentar dizendo: "Eu não tinha me dado conta de que essa peça era tão boa!" Nós havíamos mostrado à maior autoridade em Nelson Rodrigues do Brasil que aquela primeira peça já era uma obra-prima!

Como se vê, via de regra, a iniciativa do projeto era de Zé de Abreu, que então me chamava para dirigi-lo, encarregando-se do papel protagonista e da produção. Por duas vezes aconteceu uma outra forma de parceria: Zé produziu e atuou, com outros diretores, em dois textos de minha autoria, que eu havia montado em Porto Alegre: *Love/love/love* e *A Comédia dos Amantes*. Houve também uma exceção de outro tipo: *O Santo Parto*, um belíssimo texto de Lauro César Muniz, que tinha resolvido produzi-lo. Havia dois protagonistas e um terceiro papel, o do cardeal, figura fascinante, mas secundária. Estávamos com dificuldade de encontrar um ator que aliasse talento à presença cênica necessária ao personagem. Quando soube disso, Zé me procurou e se ofereceu. Ele me perguntou por que eu não o havia convidado. Respondi, surpreso: "Zé, não é o protagonista e não é um projeto seu!" Ele deu de ombros: "Li o texto: a peça é ótima, o personagem é ótimo, e o diretor é você." Zé é vaidoso como todos os atores, ainda mais quando são famosos, porém, mais forte que a vaidade, falou ali a natureza profunda do bicho de palco que não resiste à tentação de um papel apaixonante. Naquele elenco, ele era possivelmente quem tinha maior experiência e prestígio. Isso não interferiu em nada. Integrou-se totalmente ao grupo, com as mesmas doses de companheirismo, esforço, simpatia e bom humor que eu conhecera havia três décadas na Porto Alegre dos anos 1970.

Retomamos nossa parceria habitual no espetáculo *Fala, Zé!*, que se insere no modo — hoje muito em voga — da autoficção. Zé queria criar um monólogo em que falasse sobre si mesmo, mas sem o compromisso de uma autobiografia. Chamamos dois dramaturgos para recolher suas "confissões" feitas ao microfone de um gravador: Angel Palomero e Walter Daguerre. Nas gravações, Zé contava a sua vida, mas os dois dramaturgos retrabalhavam aquelas falas, às vezes conservando os fatos realmente vividos, outras vezes os alterando, mudando os nomes e mesmo inventando coisas que não aconteceram. A ideia, pois, não era a biografia do cidadão e ator José Pereira de Abreu Junior. Quem falava ao público era o Zé, um Zé sem sobrenome, um Zé personagem, vivendo no fio da navalha entre o real e o imaginário, contando uma história que, o tempo todo, se aproximava e se distanciava da do homem verdadeiro.

Como o ponto de partida era a vida "momentosa" de Zé, o relato situava a pseudo-história pessoal dentro da história real de toda uma geração brasileira, suas batalhas, suas epifanias. Predominavam o humor, a ironia, o sarcasmo, mas sem desprezar eventuais toques sentimentais e poéticos. Como Zé de Abreu é uma pessoa pública, a maioria dos espectadores tendia a achar que ele falava de si mesmo. Mas, advertidos pela divulgação do espetáculo do caráter ficcional do projeto, queriam adivinhar o que era verdadeiro e o que era inventado. Curiosamente, na maioria das vezes, se enganavam... poucos percebiam o pulo do gato. Como o template era o percurso existencial de um indivíduo extremamente identificável, não eram muitos os que conseguiam perceber ali um "Zé" (nome mais comum, impossível) genérico, universal, que compartilhava uma história de vida com todo um grupo geracional.

Essa ambiguidade elusiva — na minha opinião, o grande achado do espetáculo — permitia que Zé, mentindo ou falando a verdade, risse de tudo e de todos, mas principalmente, de si mesmo. Tenho para mim que a capacidade de autoderrisão é produto de uma inteligência superior, e meu amigo a tem de sobra.

O feitio narrativo da peça permitia ao eu falante derrubar a quarta parede e fazer contato direto com a plateia. Todo bom ator é um sedutor. Em *Fala, Zé!*, os poderes de sedução de Zé de Abreu estavam no seu auge. Além dessa conversa íntima com o espectador, ele contracenava com vídeos projetados em três superfícies distribuídas pelo palco. Esses podiam ser documentários ilustrando o contexto sociocultural, e também vídeos criados especialmente para o espetáculo, onde outros personagens (todos eles interpretados por Zé), dialogavam intensamente com ele em cena. Foi um risco assumido. De minha parte, sempre temera o uso de muita tecnologia no teatro. Uma espécie de desconfiança de que o meio quente da performance ao vivo não conversasse bem com o meio frio da imagem filmada. Para nossa surpresa, a clivagem entre as mídias distintas se dissolvia e — malgrado a trabalheira que deu para ensaiar! — na hora esquecíamos do artifício e os diálogos fluíam com total naturalidade. Acabou-se completamente o meu preconceito, e nunca mais tive medo da tecnologia!

*Fala, Zé!* foi nosso último trabalho juntos. Continuamos sempre amigos, sempre em contato. Foi meu anfitrião recentemente no seu apê do Marais. Curtimos juntos as suas pequenas grandes descobertas da vida parisiense, que ele tinha prazer em me mostrar. Uma vez, num restaurante, um amigo recente saiu com esta: "Não consigo entender essa amizade de vocês. Nunca vi pessoas tão diferentes!"

Somos diferentes mesmo, mas fez todo o sentido do mundo para mim que o Zé me convidasse para prefaciar sua *Abreugrafia*. Muita convivência e muita parceria de trabalho me davam conhecimento de causa. Com maior razão ainda, depois de ouvir as "confissões" de *Fala, Zé!* antes de serem des(re)construídas pela dramaturgia. Li o livro com muito prazer e muitas surpresas. Quanta coisa eu ainda não sabia sobre ele! Num primeiro momento, me perguntei qual seria o tom ideal desta minha fala introdutória. Não podia ser uma mera peça de louvação, embora, com certeza, meu apreço e meu elogio inevitavelmente brotassem. Optei por centrar na nossa interação na vida e na arte. Claro que muitas coisas que contei aqui estão também no livro, mas vêm focadas a partir do meu ponto de vista. Dos muitos trabalhos que fizemos juntos, achei que podia captar suas implicações mais profundas, e assim destacar as contribuições que Zé de Abreu fez à arte teatral de mãos dadas comigo.

Somos da mesma geração, do mesmo ano, aliás. Percorremos muitas trilhas paralelas. Ele, à sua maneira geminiana, mercurial, que o levou a ziguezaguear por uma doida multiplicidade de experiências. Hoje, mesmo com a vida profissional e pessoal mais "estabelecidas", ele continua com o mesmo pique: o ziguezague agora é pelo mundo! Eu, virginiano, carregando também um forte Mercúrio no signo, movido pela mesma compulsiva curiosidade, fui levado também a cruzar mil territórios e beber de mil fontes. Mas de uma forma talvez mais ordenada, mais controlada, mais cuidadosa.

O meu jeito e o dele. Sim, como disse seu amigo de Paris, somos, sempre fomos, muito diferentes. Diferentes, mas iguais. Por isso, com tranquilidade e alegria, termino dizendo: Zé me representa. Falar dele é falar de mim. De nós.

POR **LUIZ INÁCIO LULA DA SILVA,**
EX-PRESIDENTE DO BRASIL

Aprendi a admirar o José de Abreu, antes de tudo, pelos inesquecíveis personagens com os quais ele nos presenteou ao longo de mais de 50 anos de ofício. O Nilo de *Avenida Brasil*, o major Dornelles de *Anos Dourados*, o Chico de *Ti-Ti-Ti*, o Portuga de *Meu Pé de Laranja Lima*, o Juscelino Kubitschek que ele encarnou à perfeição no teatro e no cinema, e tantas outras gentes quase de carne e osso que nos arrancaram gargalhadas e lágrimas em novelas, filmes, peças e minisséries.

O talento inesgotável e a profunda dedicação à arte já seriam suficientes para fazer de José de Abreu um ser humano extraordinário. Mas aprendi a admirá-lo também pelo caráter, pela generosidade, pelo amor ao Brasil e ao povo brasileiro, e pela sua crença na necessidade e urgência de construção de um país mais justo.

Ao mesmo tempo que consolidava sua carreira de ator, José de Abreu esteve presente nas grandes causas democráticas do nosso tempo. Ainda estudante enfrentou a ditadura, foi preso no fatídico congresso da UNE em Ibiúna e, sob a ameaça permanente de cair no ciclo de prisões ilegais, torturas, mortes e "desaparecimentos" promovido pelo regime militar, optou pelo autoexílio. Já artista consagrado, foi um dos mais combativos lutadores contra o golpe que depôs a presidenta Dilma Rousseff e abriu caminho para a ascensão do fascismo no Brasil.

Ousou estar do lado certo da História, e por isso tornou-se um dos alvos preferenciais do ódio que tomou conta deste país nos últimos anos. Ameaçado de morte pelas milícias bolsonaristas, nunca se acovardou. A tudo isso reagiu e reage sempre com duas armas poderosas, que maneja como poucos: a coragem e o bom humor.

Meu primeiro contato "ao vivo" com o José de Abreu, a quem conhecia sobretudo da televisão, aconteceu de maneira inusitada. Ao chegar para o grande comício de encerramento da minha campanha à Presidência, em 1989, dei de cara com a multidão que superlotava a Candelária, no Rio de Janeiro. Aquilo me encheu de alegria, é claro, mas ao mesmo tempo me criou um problema: como passar no meio daquele mar de gente para chegar até o palco? Pois ele achou a solução: me colocou sobre os ombros e foi abrindo caminho no meio do povo.

"Socialista sonhador", como ele próprio se define, jamais se filiou a partidos políticos e nunca aceitou cargos públicos. O protagonista dos dois volume desta autobiografia é um artista, um militante político, um ser humano movido a paixão, que viveu muitas vidas, na ficção e na realidade:

O menino do interior que virou inimigo da ditadura. O jovem que um dia, ao constatar que naquele Brasil careta e autoritário não era possível fazer a "revolução de fora", decidiu fazer sua "revolução de dentro", mergulhando na contracultura e botando o pé nas estradas do mundo. O artista que se tornou um dos atores mais queridos do povo brasileiro, mesmo quando encarna os vilões mais terríveis.

Nesta autobiografia, José de Abreu conta os bastidores da criação dos principais personagens que viveu no teatro, na televisão e no cinema. Relembra seus grandes amores e desamores. Descreve as andanças pelo Brasil e pelo mundo. Abre o coração para falar da perda de amigos queridos e da trágica morte do seu filho Rodrigo.

E nos apresenta ao mesmo tempo um José de Abreu pouco conhecido do público, a exemplo do jovem revendedor de queijos a bordo de seu audaz Ford Bigode. Ou o escrivão de polícia, com distintivo e tudo, que abandonou a carreira quando se viu coagido a receber propina. Ou o bem sucedido vendedor de máquinas de escrever, com dupla jornada de trabalho: entre uma visita e outra aos clientes para apregoar as maravilhas da Olivetti, ele aproveitava para "cobrir os pontos" dos companheiros de organização clandestina, para certificar-se de que nenhum deles havia caído e estivesse naquele momento sendo barbaramente torturado para entregar outros companheiros.

José de Abreu ousou ser fiel às suas convicções políticas, mesmo nos momentos em que isso impunha riscos à carreira profissional ou à própria integridade física.

Jamais abriu mão de sua filosofia de vida, que ele resume nestas páginas: "Sonhe alto, muito alto, porque normalmente não se consegue realizar muito mais que a metade dos sonhos. Se sonhar baixo, não vai realizar nada que valha a pena."

E fez questão de ignorar o conselho de sua mãe, dona Gilda, que lhe dizia: "Tenha cuidado, meu filho, ninguém pode contra a espada."

José de Abreu sonhou sempre alto. E segue acreditando no amor vencendo a espada.

Uma vez li a autobiografia de alguém importante, que dizia ser impossível escrever sobre sua vida com os mesmos olhos de quando as coisas aconteceram. Que todas as lembranças eram conspurcadas pela vivência posterior e modificadas pelas novas informações que vamos acrescentando à nossa vida. Por mais fiéis que sejamos à memória, no fundo, somos inevitavelmente mentirosos. Não porque queremos, mas porque hoje somos diferentes do que éramos quando os fatos que narramos aconteceram.

# PRÓLOGO

Eu tinha acabado de fazer duas novelas das 9 praticamente seguidas. Primeiro foi *Segundo Sol*, mais uma parceria com o João Emanuel Carneiro. Quatro meses depois, fiz *A Dona do Pedaço*, minha primeira do Walcyr Carrasco. Foi em abril que Carol e eu nos conhecemos e logo passamos a morar juntos. Como meu personagem não gravava muito, tivemos tempo para curtir nossa vida em comum, decidir que ficaríamos juntos e preparar uma viagem de lua de mel.

Depois que o último capítulo de *A Dona do Pedaço* foi pro ar, partimos para Paris onde tomamos um café da manhã com alguns amigos que moravam lá. Deixamos as malas com roupas de verão no meu apartamento e viajamos para Londres, depois Amsterdã, Copenhagen até voltarmos para Paris por uma semana, quando trocamos as malas. Em seguida, fizemos escalas em Abu Dhabi e Dubai antes de chegar em Malé, nas Maldivas, onde passamos o Natal. Depois Tailândia: Bangkok para passar o Ano-Novo e Krabi para curtir as praias e ilhas. Singapura e Kuala Lumpur foi aquela coisa: já que estamos perto, vamos. Tudo vale a pena se a alma não é pequena. Ao final, para coroar a viagem, Bali. E, de lá, tínhamos que escolher onde faríamos uma parada de três meses para estudar o idioma em algum país de língua inglesa antes de decidirmos onde iríamos morar.

Alguns anos antes, quando gravei uma novela na casa de um alemão no bairro do Itanhangá, comecei a imaginar a vida na Austrália. Ele tinha acabado de voltar de lá, onde havia feito uma viagem de moto com amigos. Sempre tive uma atração pela montanha que fica no Outback, o deserto australiano, bem no meio da ilha. E, no meio do meio, a Uluru, a montanha vermelha.

Então fomos para Bali, já que a Austrália era a primeira opção, ainda mais porque a cidade australiana de Perth fica relativamente perto da Indonésia. Mas um incêndio enorme nas florestas australianas — o primeiro-ministro é um negacionista que se recusa a reconhecer o aquecimento global — foi o primeiro empurrão para optarmos por outro lugar. Então descobrimos um voo direto de Bali para Auckland, a maior cidade da Nova Zelândia, e pela Emirates, onde eu tinha milhas. Até então, a Nova Zelândia era um pensamento distante. Minha única referência era a exemplar resposta da primeira-ministra Jacinda Ardern a um ato terrorista na pequena cidade de Christchurch: "Peço a vocês: digam os nomes dos que morreram no lugar do nome do homem que provocou tais mortes. É um terrorista, um criminoso, um extremista. Mas, quando eu falar, não terá nome." Ainda não sabíamos em que cidade ficar: além de Auckland, as opções eram Wellington, a capital, e Christchurch, menor, mas com uma boa vida cultural. Resolvemos decidir ao conhecer as cidades. Mas nem sempre as coisas ocorrem como pensamos. Havia uma pandemia no meio do caminho...

Chegamos ao aeroporto de Auckland às cinco da manhã. Assim que entramos no prédio, senti uma energia boa. Tudo escrito em inglês e maori, a língua dos primeiros habitantes do arquipélago. Eu havia feito uma reserva num apartamento do Airbnb no bairro de Ponsonby, perto do centro e da insólita K' Road (apelido da Karangahape Road). Pois foi só entrarmos no apartamento e a Carol tomar um banho para tudo ficar alagado. Liguei rapidamente para a proprietária que morava no mesmo prédio. Foi a primeira neozelandesa que conheci. Ou a primeira "kiwi", como eles gostam de se chamar, usando o nome de um pássaro típico, do tamanho de uma galinha, de bico comprido e comedor de formigas. Ela veio cheia de baldes e toalhas e tentou secar, mas era muita água. Chateadíssima, chamou um bombeiro que chegaria mais tarde. Eu dizia que estava tudo bem, mas a preocupação dela com o nosso bem-estar nos deu um bom *feeling* sobre os kiwis.

Na manhã seguinte, fomos passear pelas redondezas e descobrimos a K' Road. Era a Semana do Orgulho Gay em Auckland e a rua estava enfeitada com bandeiras nas cores do arco-íris. As pessoas na rua também me pareciam enfeitadas, sorridentes, alegres, algumas descalças.

Senti uma liberdade que me parecia tão real e física que podia ser cortada a faca. Passamos em frente a um bar de onde vinha uma música alta de boa qualidade. Paramos, olhamos, e resolvemos andar mais. E descobrimos a Hemp Store, a St. Kevin Arcade, encantados com os prédios de dois andares. Era um sábado de verão e todos os bares estavam cheios. Lá pelas tantas, depois do almoço, resolvemos tomar uma cerveja. Me lembrei do bar da música boa e voltamos. É o Eagle Bar, que percebemos ser um bar *gay-friendly*. Na parte de fora do restaurante havia duas mesas altas, sendo que numa delas estavam dois homens: um mais velho, de bigode branco tipo Crosby, do grupo Crosby, Stills, Nash & Young, e um mais novo. O mais velho me chamou a atenção pelo jeito hippie anos 1960. Logo que entramos no bar, o mais novo veio falar comigo — era brasileiro e havia me reconhecido. Se chamava Rafael e logo ficamos amigos, assim como do bigodudo, o Mike, que era kiwi.

Rafael, que mora na Nova Zelândia há seis anos, tem visto de residente como jogador de futebol de salão e é barista. Virou nosso padrinho na Nova Zelândia. Ele nos levou ao Family Bar, uma casa noturna enorme que fica em frente ao Eagle. Lá conheci mais brasileiros, gente muito bacana. Foi uma festa!

No dia seguinte, os dois nos levaram a um festival de música, o Big Gay Out, onde mais brasileiros legais se juntaram. O astral daquele parque, cheio de gente bonita, fantasiada, se divertindo numa vibração leve, foi determinante para nossa decisão de ficar em Auckland. E, sem dúvida, a presença do Rafael. Depois de ficarmos em mais dois apartamentos, conseguimos alugar uma casinha dos sonhos, em Takapuna, na região norte da cidade, com uma linda vista para o centro, tendo de um lado a Sky Tower e do outro a Harbour Bridge, os dois monumentos icônicos de Auckland.

As primeiras notícias sobre a pandemia chegaram aos poucos. Estávamos curtindo praias, mergulhos, passeios. A ideia de uma doença parecia distante. Como eu saio do Brasil, mas o Brasil não sai de mim, continuei lendo os jornais, vendo GloboNews, lendo os posts das pessoas que sigo no Twitter, acompanhando a chegada do vírus na Europa. Eu me lembro de, no aeroporto, perceber que quem chegava da China passava para outra fila. Fora isso, nada. Ah, saindo da Imigração, eu tossi e me perguntaram se eu tinha estado na China. Quando neguei, pude seguir. Então estávamos tranquilos, nos divertindo muito no primeiro mês de Auckland, conhecendo restaurantes, bares, indo a festinhas de brasileiros e curtindo nossa solidão a dois. Viajamos para Queenstown, o *crème de la crème* das cidades daqui. Realmente, um desbunde, a capital mundial dos esportes radicais: tudo o que você quer, tem. E coisas que jamais imaginou. Carol pulou no primeiro bungee jump do mundo, na histórica Kawarau Bridge. Na ocasião, segundo os brasileiros que conhecemos, havia três mil conterrâneos morando lá, a grande maioria trabalhando em turismo. Ninguém imaginava o que estava para acontecer.

Na volta para Auckland, no início de março, Carol começou seu curso de inglês e já se falava mais sobre a pandemia. A primeira-ministra começou a ir à TV e nosso padrinho Rafael nos mostrou como assisti-la em entrevista coletiva diariamente à uma da tarde no canal 1 da TVNZ.

Na primeira vez que a vimos, Jacinda pediu para que ficassem em casa os pertencentes ao grupo de risco, maiores de sessenta anos e portadores de comorbidades. Foi a minha primeira experiência como grupo de risco, o que me deixou meio abalado moralmente. Logo em seguida fomos avisados por e-mail que nosso visto de visitante havia sido estendido automaticamente até o final de setembro. E foi aí que as palavras da governante começaram a fazer sentido, inclusive para um estrangeiro. A base do enfrentamento ao coronavírus era a ciência, o conhecimento científico disponível universalmente, e a mão decidida e delicada de uma mulher de 39 anos, ex-DJ, uma das únicas dirigentes a dar à luz durante o mandato, que não se casou com o pai da criança e amamentou a filha em plena Assembleia Geral da ONU, em Nova York.

Todas as coletivas eram acompanhadas pelo diretor-geral de Saúde, que explicava cientificamente todo o processo da batalha contra o vírus. Na casa nova, com uma cozinha com vista para a baía, resolvi recomeçar a cozinhar, o que não fazia há anos. Aliás, nunca tinha cozinhado diariamente. Agora cozinhava duas vezes por dia. A Carol saía por volta das oito da manhã para as aulas de inglês e voltava por volta de uma da tarde. Eu ia para a cozinha lá pelas onze e, quando ela chegava, a comida estava pronta. Logo veio o lockdown: o país parou por inteiro, com exceção de supermercados e farmácias, os serviços essenciais. E Jacinda todos os dias na TV explicando, confortando, pedindo: *"Stay home, stay calm, be kind"*[1]. Criou um time de cinco milhões de kiwis, como ela dizia, unidos no mesmo objetivo: salvar vidas. O lockdown durou cinco semanas. Mas, como eu era do grupo de risco, fiquei mais duas ou três, não me lembro.

As aulas de Carol pararam — e logo depois recomeçaram on-line —, mas a nossa cozinha continuou funcionando. Não havia outro jeito: todos os restaurantes fechados, inclusive para entregas. Entrei fundo na culinária e me dei bem. A Carol é o tipo de pessoa que, quando

---

1 "Fiquem em casa, fiquem calmos, sejam gentis" (T.L.)

gosta da comida, come bem. E elogia. As carnes eram de primeira qualidade e, por sorte, encontrei ao lado de casa um açougue que vendia picanhas lindas, pequenas, com a parte da gordura do tamanho ideal. A carne de cordeiro também era muito boa. Afinal de contas, na Nova Zelândia tem muito mais cordeiros do que habitantes. Peixes são mais raros, e caros: exportam quase tudo que pescam.

Enquanto isso, Jacinda continuava na TV, com seu jeito especial de falar com os cidadãos, e principalmente com as crianças. Na época da Páscoa, ela fez uma *live* nas suas redes sociais dizendo que o Coelhinho fazia um trabalho essencial e, portanto, poderia não aparecer para botar ovinhos no jardim... Virou um ícone internacional, ao lado de outras mulheres, como exemplo no combate à pandemia. E Jacinda também tem sorte: numa entrevista a um canal de TV, enfrentou um terremoto, ao vivo e a cores, com a maior calma do mundo. O vídeo virou meme internacional. E, quando perguntaram qual foi a sua reação ao saber que não havia no país mais nenhum infectado pela covid-19, sorriu, e respondeu: "*I did a little dance...*"[2]

Muito por causa dela, a Nova Zelândia, ou Nova *Zélandia* — a nova terra do Zé, como bem disse Carol —, passou a ser o objeto de desejo de gente do mundo inteiro. E quis o destino que estes dois livros que escrevi e revisei por mais de quatro anos entre Paris, Grécia, Rio e Auckland, fossem lançados após a minha volta da Nova Zelândia, depois de meses vivendo no país e tendo passado pela maior pandemia da minha geração no melhor lugar do mundo. Mas isso é história para um outro livro.

---

2 "Eu fiz uma pequena coreografia" (T.L.)

# A BREU **GRA** FIA

Quem inventou ninguém sabe. Mesmo porque não deve ter sido um só. Deve ter sido uma evolução natural. Não. Será? Não faz muito sentido, só faria se cada etapa do processo tivesse como resultado um produto final, mas não tem. Cada etapa só existe para que se atinja a próxima, e assim sucessivamente, até que se chegue ao produto final. Ou seja, as etapas não têm, digamos, objetivo próprio. Creio que este é um mistério insondável da humanidade, no meio de tantos outros. Mas vejamos o processo como eu aprendi, por ver e rever minha família executá-lo na Fazenda Planalto, em Santa Rita do Passa Quatro, cidadezinha do estado de São Paulo, nos anos 1950.

A primeira coisa é apanhar do pé. Mas só quando as frutinhas estão bem escuras (começam verdes, passam por um vermelho intenso — quando ficam gostosas de se chupar a polpa — e caem num vermelho profundo até escurecer). Colher com as mãos e colocar num saco, se for de ótima qualidade. Forrar o chão com encerado Locomotiva e sacudir o pé para que os grãos caiam no encerado, se de qualidade inferior. Em sacos ou soltos, os frutinhos frescos vão para a carreta puxada pelo trator, que leva tudo para o terreirão.

Como o próprio nome indica, terreirão é um terreiro grande, muito grande. O tamanho deve ser proporcional à produção da fazenda. O chão do terreirão é forrado por tijolos cimentados, liso, para que não se formem ondas nem buracos. Despejar os grãos pelo chão do terreirão e tratar de espalhá-los de modo que não se formem mais que três camadas. Passar o dia todo mexendo nos grãos para que o sol possa secá-los por igual. Para isso, usar pás de madeira que possam ser manejadas, dependendo do seu tamanho, por um homem só, por dois homens, e até puxadas por um boi ou muar, quando imensas. No final de cada dia, juntar os grãos em montes de mais ou menos dois metros de altura e cobrir cada um com pano encerado para que o sereno da noite não os umedeça. Tudo deve estar totalmente coberto, para resistir mesmo em caso de chuva. A água é fatal para os grãos enquanto estão secando.

Dependendo do sol, o grão perde a umidade em poucos dias, ficando completamente preto e seco. Quando chega nesse estado, sua casca se desprende com facilidade. Então é levado para a máquina, como chamávamos a descascadora, que normalmente fica ao lado do terreirão. A própria máquina, depois de descascar, faz com que os grãos sem a casca, de cor esverdeada, sejam separados por tamanho, fazendo-os passar por um tipo de peneira. Já seco e descascado, está pronto para as novas etapas, agora não mais no atacado, mas no varejo.

Em quantidade pequena, doméstica, passa-se para a fase mais difícil: a torrefação. Para torrar, colocar os grãos numa esfera de metal de aproximadamente setenta centímetros de comprimento por trinta de diâmetro, com um ferro soldado de cada lado, bem no centro da circunferência, tendo um dos ferros uma manivela. Esses dois ferros são necessários para sustentar o cilindro sobre dois suportes laterais em forma de V e permitem que a esfera gire em torno do seu eixo. Depois, acender um fogo de lenha embaixo da esfera de metal onde estão os grãos e girar, contínua e lentamente, até que fiquem torrados por igual.

Assim que torrados, os grãos mudam de cor, do verde esmaecido para o marrom-escuro. O processo seguinte exige também uma máquina, equipamento bem mais sofisticado do que o cilindro de torrefação. Esta máquina é formada por um bocal em forma de sino invertido, onde se colocam os grãos torrados. Uma manivela, ao ser girada no sentido horário, faz com que um fuso leve os grãos para dentro de um cilindro de ferro e os force a passar entre sua lâmina e a parede justa do cilindro, dentro da qual o fuso gira. O espaço entre o fuso e a parede é apenas suficiente para que passe um pó muito fino. Os grãos, torrados, sem resistência, portanto, são moídos. O próprio fuso leva o pó para uma caixinha de madeira que serve como base para a máquina. Essa caixinha é, na realidade, uma gaveta, que, puxada, dá acesso ao pó. Este deve ser levado às colheradas para dentro de um coador de pano costurado em um suporte de arame redondo, com um cabo do próprio arame.

Colocando o coador sobre um bule e jogando-se água fervente sobre o pó que está dentro do coador, tem-se um caldo preto e cheiroso que cai dentro do bule. Esse caldo preto é derramado dentro de uma xícara e bebido. Tanto a frutinha vermelha do início do processo como o caldo preto que se bebe no fim, como vocês já devem ter adivinhado, chamam-se café.

Pois este cara que está a lhe contar o que se lembra da sua vida não estaria aqui não fosse essa planta trazida ao Brasil por Melo Palheta. Foi para carpir e colher café, substituindo os escravos, que meu Nono veio para o Brasil.

*Aniversário de 80 anos do meu avô materno em Santa Rita do Passa Quatro (1951)*

*Foto: arquivo pessoal*

# CAPÍTULO 1

"*Mancano ai vivi*", dizia o *Certificato di Nascita* de meu avô Francesco Domenico Lot ao se referir a seu pai, Domenico Lot. "Faltando aos vivos" foi a maneira amorosa que o pessoal daquele tempo usou no lugar de "morto", mais comum. Isso emocionou a funcionária da prefeitura de Mareno di Piave, que chamou o prefeito: "Como eram sensíveis e delicados, *'mancano ai vivi'*", repetia. O fato é que quando meu avô nasceu, seu pai já havia falecido e fazia falta. Está lá no documento.

Mareno di Piave (TV). O TV é a marca da província de Treviso, cuja capital é uma cidade linda de mesmo nome, na região do Vêneto, norte da Itália. Mareno di Piave, que fica a oito quilômetros de Conegliano

— a terra do prosecco —, tem menos de dez mil habitantes e nenhuma atração turística digna de nota. O rio Piave, de onde vem o seu nome, é um *fiùme sacro alla Patria*, "rio sagrado à pátria" pelas inúmeras batalhas realizadas em suas margens ao longo da história. Na Primeira Guerra Mundial, seu leito ficou vermelho com o sangue derramado em defesa da Itália.

Na primeira vez que saí em busca da certidão de nascimento do meu Nono, foi difícil descobrir onde exatamente ele havia nascido. Toda a família acreditava que o Nono "era de Treviso", mas não conseguimos achar o nome dele nos livros de batismo de lá. Aí descobri que Treviso é o nome da cidade e também de toda uma região, composta por 92 municípios! Mesmo tendo em mãos um mapa que listava todos eles, procurar em 92 prefeituras seria impossível, ainda mais com apenas cinco dias de viagem. Foi então que tomei conhecimento de uma organização chamada Trevisani nel Mondo, criada exatamente para pesquisar o que aconteceu com os imigrantes que saíram de Treviso.

Chegando lá, perguntei se conheciam a família Lot. Não só conheciam, como disseram ter sido a 13a família a ser registrada na província de Treviso, na época da unificação da Itália, e que vinha das colinas do Vêneto. As famosas Colli di Conegliano, dos vinhos DOCG. Me pediram para gravar um depoimento contando a vida do meu Nono e levaram um grande susto quando souberam que ele teve 22 filhos, dos quais onze haviam sobrevivido às doenças da época, e cada um deles teve, em média, quatro filhos. Devem ter ficado com medo de que todos quisessem passaporte italiano...

Saindo da ONG, peguei o mapa e vi que, apenas na região das Colli, havia dezenas de cidades. Não daria tempo de ir a todas. Eu não sabia o que fazer, estava quase desistindo. Aí tive um insight e liguei para meu primo mais velho, que tinha convivido mais com o Nono e herdara até o mesmo nome dele, acrescido de Neto. Pois o Netinho (seu apelido) lembrava que no hospital, no fim de sua vida, o Nono tinha voltado a falar italiano, e só italiano. E que repetia a palavra "marinha" ou "marina", qualquer coisa ligada ao mar.

Que tem mar lá perto, tem, mas não em Treviso. Lendo a lista das cidadezinhas, bati os olhos numa Mareno di Piave... Será? Peguei o carro que havia alugado e me mandei. Lembro que chovia muito e ainda não existia GPS — foi alguma força superior que me levou sem errar uma só estrada. Lá chegando, fui direto à prefeitura. Cheguei às 11h36 e a *Comune* fechava ao meio-dia. A encarregada de descobrir as certidões de nascimento me tratou muito bem e, depois de saber que meu avô havia nascido por volta de 1860, trouxe dois livros imensos. No primeiro deles, foi encontrado o registro de Pietro Bortolo Lot, irmão mais velho do meu Nono. O "chamado o Carvoeiro" (*detto "Il Carbonier"*) lá estava, como alcunha, ao lado do *cognome* Lot. No segundo livrão, mais algumas páginas e *voilà*: eu havia encontrado minha origem. Pelo menos uma das duas. Eu era neto de Francesco Domenico Lot, cujos pais eram Ângela Vanzella e Domenico Lot, *detto "Il Carbonier"* (*mancano ai vivi*).

Meu Nono nasceu em 6 de outubro de 1862. Desembarcou em Santos em 16 de novembro de 1875, no navio *Alacrita*, para começar a substituição dos escravos pelos imigrantes na colheita do café, junto com muitos dos imigrantes dessa região do norte da Itália, o Vêneto. Foi para a cidade de Santa Rita do Passa Quatro, São Paulo. Casou-se com Elvira Menegassi (ou Menegazzi, não sei ao certo), teve 22 filhos e criou onze. Como não havia penicilina, o índice de mortalidade infantil era altíssimo. Minha mãe nasceu em 1907, foi a segunda de quatro mulheres. Lembro-me de que, quando criança, uma das brincadeiras da família era tentar dizer de cor os nomes dos tios e das tias, em ordem de nascimento: Primo, Noé, Florindo, Amadeu, Benjamim, Guerino, Irene, Gilda, Amélia, Waldemar e Antonieta (Zita).

*Em Santos, com meus pais e minhas irmãs Maria Eulália e Maria Elvira (1947)*

Foto: arquivo pessoal

# CAPÍTULO 2

Um dia, apareceu em Porto Ferreira, cidade vizinha a Santa Rita do Passa Quatro, um jovem de pele escura, cabelos pretos, fala mansa e terno de linho branco. Havia chegado de trem de São Paulo e, por causa de uma ida ao banheiro mais demorada — consequência de uma hipocondria que o mataria 28 anos depois —, perdera o trem de bitola estreita que ia de Porto Ferreira para Santa Rita. Perguntou num bar como fazer para ir até o seu destino final. Disseram-lhe que havia um automóvel Ford Bigode, de propriedade de um fazendeiro de Santa Rita, que iria para lá ainda naquela tarde. O visitante que ficasse na entrada da ponte sobre o rio Mogi-Guaçu e pedisse ao dono do raro veículo que o levasse. Foi o que o dr. José Pereira de Abreu, recém-nomeado delegado de polícia de Santa Rita do Passa Quatro, fez: esperou passar na ponte o carro do sr. Francesco Domenico Lot e lhe pediu carona.

No trajeto de pouco menos de uma hora por uma linda estrada de terra, subindo a serra, ficaram amigos. Então meu Nono soube que meu pai era goiano, da cidade de Goiás, na época ainda a capital do estado. Que ia tomar posse como delegado, que fizera o curso de Ciências Jurídicas e Sociais, chamado popularmente de curso de Direito, na Universidade do Brasil, no Rio de Janeiro. Que era de uma família de juristas e seu pai, Antônio Pereira de Abreu Junior, fora juiz, desembargador, chefe de Polícia, ministro do Superior Tribunal, procurador-geral do Estado e vice-presidente da província de Goiás, nomeado pelo próprio imperador Pedro II.

Meu avô deve ter ficado impressionado com tal currículo e resolveu apresentar ao dr. Abreu suas filhas solteiras, Irene, Gilda e Zita, convidando meu pai para um almoço. O páreo seria entre Irene e Gilda, pois Zita era muito nova. A escolha, depois de alguns almoços dominicais na casa do futuro sogro, recaiu sobre a mais bonita, Gilda: Gilda Thereza Lot, que, 25 anos depois, teve o grande prazer e a imensa dor de ser minha progenitora. Fui o último filho, irmão da Maria Eulália (em memória da avó paterna), nascida dezoito anos antes, e da Maria Elvira (em homenagem à avó materna), mais velha que eu quatro anos. Eu era o filho preferido, o caçula, o único homem, o "barão", como me chamava a Nenê (apelido da Maria Eulália, que durou até sua morte). Ganhei o mesmo nome do meu pai, acrescido de "Junior", a forma latina de distinguir um do outro. Sobre a escolha dos nomes das minhas irmãs, o mais louco foi descobrir que meu avô Antônio ficou viúvo da Eulália, veio a se casar com sua irmã mais nova e rachou a família. Meu pai não era filho da Eulália, e sim da segunda esposa, Anna, que, por ser irmã da primeira, tinha o mesmo sobrenome de família. Mas a homenagem foi para a primeira mesmo, a Eulália.

Então sou filho de um goiano-português com uma paulista-italiana. Da família italiana sei o que já escrevi e mais um pouco que escreverei, mas da portuguesa nada sei, só poucas passagens sobre o pai do meu pai. O único documento que vi foi o diploma da nomeação do meu avô como vice-presidente da província de Goiás, assinado pelo imperador e defensor perpétuo do Brasil, Dom Pedro II. Ficava dentro de um canudo grande de metal, junto com o diploma de bacharel em Direito do meu pai. Um dia, uma prima pediu emprestado e babau, nunca mais o vimos. E tem também uma citação na Wikipédia.

Alguns dizem que os Pereira de Abreu eram do Porto, outros que de uma freguesia ao pé do Castelo de São Jorge, em Lisboa. Informações desencontradas na família dão conta de que meu bisavô teria herdado uma fazenda, parte de uma sesmaria em Goiás. O último vestígio dessa fazenda, que ficava na antiga comarca do Rio Tocantins, foi uma mina de talco da família do Antônio Ermírio de Moraes, que a explorava para fazer cimento. Segundo o neto mais velho do meu avô, o Domingos de Abreu, quando a família foi para a cidade de Goiás, então capital do estado, e os filhos foram para o Rio estudar, ninguém mais queria cuidar de fazenda no cafundó do judas, abandonando as terras ao deus-dará.

Minha vida em Santa Rita do Passa Quatro pode ser dividida em antes e depois do falecimento do meu pai, em 1955, quando eu tinha nove anos. Uma parte dela com seu salário e presença, e outra, muito dura, sem eles. Meu pai foi delegado de polícia durante 22 anos na mesma cidade, coisa raríssima tanto na época quanto agora. Toda vez que era promovido, conseguia, com a ajuda de um amigo deputado poderoso, anular a promoção. Até que uma vez não deu, ele teve que ser promovido. O amigo, então, promoveu a delegacia da cidade, para que ele pudesse continuar lá. Por isso, até hoje a delegacia de Santa Rita é de terceira classe, enquanto em outras cidades maiores é de quarta. Quando meu pai chegou perto de se aposentar, resolveu correr na carreira e finalmente foi para São Paulo, "a capital" — uma coisa longe, distante, importante —, com a Nenê, muito apegada a ele. Moraram no Hotel Mathias, na esquina da rua Santa Efigênia com Antônio de Godói. Dava plantão na Central de Polícia e vivia trocando turno com seus colegas para trabalhar mais dias seguidos e folgar em Santa Rita, onde o resto da família ficara.

Depois, foi delegado-chefe da antiga Delegacia de Acidentes de Automóveis, a cara dele — delegado bonachão que jamais usou uma arma e, para apaziguar casais briguentos, marcava um brodo (caldo de galinha) para promover uma conversa e conseguir que o casal voltasse às boas. Talvez por isso, quando morreu, tivesse cerca de sessenta afilhados de batismo e crisma, só em Santa Rita.

Uma vez, um marginal dos anos 1940 apelidado de Chico Pó de Arroz (usava maquiagem para clarear a pele) entrou num baile a cavalo e, chicote em punho, queria que as damas dançassem com o animal. Foi um Deus nos acuda. Meu pai chegou, mandou que ele descesse do cavalo, levasse o animal para fora e o amarrasse em um poste em frente. Depois, mandou que o meliante fosse andando sozinho para a cadeia e entrasse na primeira cela que estivesse aberta — ele chegaria em seguida. Pois o Chico Pó de Arroz foi. Claro que não estava sozinho, uma vez que muitos moradores da cidade o acompanharam até a cadeia para comprovar de perto a autoridade do dr. Abreu.

$$\cdots$$

Não convivi muito com meu pai. Quando nasci, em 1946, ele trabalhava numa cidade vizinha, São Simão. Minha mãe contava que ele pôde esperar até o dia 23, mas eu resolvi nascer no dia seguinte, 24 de maio, a despeito da torcida da família para que fosse no dia 22, dia da padroeira da cidade, Santa Rita de Cássia.

Assim que ele chegou em São Simão, recebeu um telefonema e voltou para conhecer o sonhado herdeiro varão.

Meu pai só retornou definitivamente para Santa Rita quando se aposentou, no início de 1955, com 32 anos de serviço. Trabalhou sete anos "de graça", como se dizia, uma vez que poderia ter se aposentado antes.

Fui com ele para a capital algumas vezes, como nos festejos do IV Centenário, realizados entre 9 e 11 de julho de 1954, e não no dia do aniversário da cidade, que é 25 de janeiro — acho que as obras não ficaram prontas... Montaram um grande parque de diversões no Ibirapuera, e meu pai, como delegado, tinha "permanente", uma espécie de passe livre, que me permitia entrar sem pagar. Eu me esbaldei naqueles brinquedos todos. Nunca antes se tinha montado um parque daqueles em São Paulo. O Ibirapuera (que foi construído por Niemeyer para essa comemoração) era lindo e gigantesco, ainda mais na cabeça de um menino caipira de oito anos.

Quando meu pai me levou para conhecer a delegacia, todo mundo perguntava se eu era seu neto. Apesar de ter pouco mais de cinquenta, sua aparência era de um homem bem mais velho.

No fim de 1954, ainda em São Paulo, e em processo de se aposentar, teve um problema de saúde, uma constante durante toda a sua vida: a cada vez era um pedaço do corpo que dava mancada, o que o fazia tomar centenas de remédios. Apesar de nunca ter bebido nem uma gota de álcool, o fígado costumava dar pau. Resultado: por ironia do destino, os remédios acabaram provocando nele uma doença de bêbado, a cirrose.

Na época, estivemos todos em São Paulo para visitá-lo no hospital. Ficamos hospedados na casa do meu tio rico, Vicente Falco Papa, exportador de café, casado com a tia Irene, na avenida Muniz de Souza, em frente ao Parque da Aclimação. Eles eram pais de dois filhos, a Gilda e o Walter. Esse meu primo, quinze anos mais velho do que eu, era um bon vivant. Dono de um MG inglês, lindo, conversível, de dois lugares. Foi ele quem me apresentou a uma televisão. A gente sabia que tinham inventado um rádio no qual dava para ver "um homem lá dentro falando", mas eu ainda não tinha visto. Levei um baita susto.

Na capital, tudo era novo para mim: edifício alto, elevador, bonde. Tio Vicente tinha um escritório no centro velho de São Paulo, na rua Quintino Bocaiúva, para seus negócios de café. Eu adorava ir lá. Ele era entendido no assunto, ganhou muito dinheiro, mas quebrou quando uma safra colossal provocou a queda internacional do preço da fruta. Toneladas de café foram queimadas, provocando uma tristeza profunda na família.

Quando meu pai voltou para Santa Rita, oficialmente aposentado, é que convivemos mais. Eu me lembro dele sentado numa cadeira de braço embaixo da jabuticabeira, lendo jornal; me lembro dele me levando para jogar bola no Areão, um campo de futebol perto de casa, obviamente de areia em vez de grama; me lembro muito bem de irmos ao Circo Teatro Irmãos Alciati, com o palhaço Mixirica, que vinha em Santa Rita todo ano. A tal "permanente" valia também para os circos que visitavam a cidade, e nos sentávamos no camarote de quatro lugares, ao lado das cadeiras, no corredor principal. O espetáculo começava com as variedades, como trapézio, malabares, e o ponto alto eram os palhaços Lolô e Mixirica — o primeiro levantava a bola, e o segundo cortava. E como cortava bem, ele era um excelente palhaço. Tinha globo da morte e, durante a troca de cenários, o Mixirica, sem maquiagem, entrava para cantar o tango "Hoje quem paga sou eu", na versão em português. Eu não conseguia entender a parte da letra que dizia "Hoje faço deste bar a sucursal / do meu lar, que atualmente não existe". Se a matriz não existia mais, como ter sucursal?

Depois do intervalo, todo mundo pegava suas cadeiras e as colocava no picadeiro, perto do palco, para ver o "drama", como eram chamadas as peças de teatro. Era, na maioria das vezes, "Coração materno", inspirado na música de Vicente Celestino. A história contada na música era, literalmente, dramatizada. O coração da mãezinha era de porco, comprado ou doado pelo açougueiro da cidade em troca de ingressos para o circo. Eu me lembro daquele coração sangrando, pulando pelo palco ao escapar das mãos do protagonista, que, ao correr — depois de matar sua mãe e arrancar seu coração —, tropeçava e caía. Entrava pelo alto-falante a voz de uma velhinha, como se vinda do órgão, pulsante ainda: "Magoou-se, pobre filho meu?/ Vem buscar-me, filho, aqui estou! / Vem buscar-me que ainda sou teu."

A plateia soluçava alto. Eu também. Não entendia como um filho podia matar a mãe e, ainda por cima, arrancar seu coração. Mas entendia o perdão da mãe ao dizer, como se fosse o coração arrancado: "Ainda sou teu." Eu abraçava minha mãe, ela sempre estaria ao meu lado, ela me amaria e me protegeria eternamente, e eu jamais, jamais a mataria como o campônio fez a pedido da amada. Aliás, eu ainda não sabia o significado de amada. Conhecia namorada, noiva, mulher. "Amada" era muito distante.

Foi muito bom conviver com meu pai, ele era uma pessoa muito legal. Calmo, ponderado, o oposto da minha mãe italiana, grande, voz forte, espalhafatosa, briguenta. Mas foi por poucos meses. Logo ele teve outro problema de saúde, dessa vez mais grave: um rompimento da aorta.

*Eu e meu pai, enquanto ele carregava o andor de Santa Rita, padroeira da nossa cidade*

Foto: arquivo pessoal

# CAPÍTULO 3

Era 5 de outubro de 1955 e ele estava na sala de jantar, ouvindo pelo rádio a apuração da eleição realizada no dia 3, que elegeu Juscelino Kubitschek presidente do Brasil. Meu pai era goiano e sabia que JK poderia construir Brasília, o que traria a seu estado natal grande progresso. Eu e a Maria Elvira, minha irmã mais nova, estávamos no fórum da cidade acompanhando pessoalmente a apuração da eleição para prefeito — um tio nosso concorria, o Jayme Nori, casado com tia Zita, fazendeiro e produtor de cinema —, quando um funcionário nos avisou que o meu pai havia passado mal e se internara na Santa Casa.

Corremos para lá, mas não nos deixaram entrar no quarto. Soube depois que ele estava se esvaindo em sangue e não conseguiam estancar. Foram alguns dias de romaria na Santa Casa, o único hospital da cidade, todo mundo querendo doar sangue para o dr. Abreu. Quando pude entrar no quarto, ele não me reconheceu. Não entendi nada, eu tinha nove anos e a morte estava longe da minha compreensão. Na manhã seguinte, houve uma grande melhora, fui visitá-lo, ele me reconheceu, brincou comigo e tudo. Fui dormir tranquilo.

"Coitado do Zé Junior, tão novo e já sem pai", gritava Maria Eulália pelos corredores da casa onde morávamos, no bairro do Belenzinho, na rua José Bonifácio, 721, "antigo 713", como minha mãe dizia ao dar o endereço de casa a alguém. Acordei com aqueles gritos e fiz um esforço enorme para voltar a dormir. Não queria mais acordar, nunca mais. Acabara de saber, de modo trágico, o que era "a melhora da morte", aqueles momentos que Deus dá ao moribundo para se despedir dos seus. Na cama dos meus pais, onde eu dormia quando ele estava fora e passei a dormir definitivamente, morri um pouco.

Era 10 de outubro de 1955. A vida virou de ponta-cabeça, como o pessoal do interior fala "de cabeça para baixo". O barulho dos móveis sendo arrastados, o choro das minhas irmãs, os gritos de desespero da minha mãe, a casa arrumada para o velório, o telefone que não parava de tocar, vizinhos e amigos entrando, os parentes chegando de Goiás (os do meu pai) e Birigui (os da minha mãe, para onde meu Nono havia mandado os filhos, para tomar conta das várias fazendas que tinha comprado).

Usava-se na porta das casas onde ocorria um velório uma terrível cortina de luto, de veludo preto com uma cruz e desenhos em dourado. Pois naquela manhã era na porta da minha casa que estava a tal cortina. Recebi os pêsames ao lado do caixão, com minha mãe e minhas duas irmãs. Era uma choradeira louca, depois ia diminuindo, parava. Fazia-se silêncio. De repente, entrava alguém e dizia: "Dona Gilda! Como essa desgraça pôde acontecer com alguém tão bom?" Pronto, começava tudo de novo, minha mãe gritava "Juca, Juca!", o apelido íntimo do meu pai, e todo mundo voltava a chorar. Eu era o principal motivo de pena — ao me ver, repetiam, com poucas variações, o grito da Maria Eulália: "Coitado do Zé, tão novo e já sem pai." Foi a primeira vez — depois essa sensação se repetiu ao longo da vida — que senti pena de mim mesmo. Se todos sentiam, é porque devia ser real.

No final da tarde, eu estava no banheiro me secando depois de tomar banho para ir ao enterro, e comecei a assobiar. Tio Waldemar abriu a porta puto da vida e me mandou parar: "Seu pai tá morto e você aí assobiando! Música não combina com morte." Não? Eu não sabia. Depois aprendi que combina, sim, que vários compositores fizeram réquiens maravilhosos.

No funeral, missa de corpo presente e procissão até o cemitério. Fiquei na frente, ao lado do caixão. A cidade parou para acompanhar a caminhada do dr. Abreu até a sua última morada, o túmulo da família Lot. Dizem que foi o enterro mais prestigiado da época. Todos que podiam andar foram.

Eu e Barão, o cachorro que meu tio Hugo me deu aos 10 anos

Foto: arquivo pessoal

# CAPÍTULO 4

Nossa casa tinha um pé de abiu enorme, dava muita fruta, assim como uma jabuticabeira, também grande. Passei minha infância na companhia dessas duas árvores. Foi embaixo delas que brinquei pela primeira vez com o Barão, o cachorro "paqueiro" (caçador de pacas), também conhecido como "salsicha" ou "linguiça" (só mais tarde soube que a raça se chamava Dachshund), que meu tio Hugo, o irmão mais velho do meu pai, me deu. Foi na sombra delas que brinquei pela primeira vez com o carrinho de pedal que imitava uma charrete, com cavalo e tudo. Foi lá que caí pela primeira vez da bicicleta que "ganhei do Papai Noel" e enfiei um pedaço de bambu na perna (saí gritando pela casa com aquela "flecha" enfiada na canela).

Era ao lado delas, embaixo da caixa-d'água, que ficavam os dois tanques de lavar roupa. Um, apenas uma caixa de cimento para "guardar água" — pois costumava faltar —, onde eu cabia direitinho, e o outro, sim, com rampa de bater roupa. No verão, eu ficava só de calção dentro do tanque cheio de água fria, enquanto Sebastiana lia para mim histórias do Reco-Reco, Bolão e Azeitona publicadas no Almanaque d'O Tico-Tico, e me dava banana amassada com aveia e mel.

Ao lado dos tanques, o quarto de passar roupa, onde uma vez a Maria, a empregada-escrava, passou o ferro quente sobre minha mão, não sei se sem querer ou por gosto. Até hoje carrego na mão direita uma mancha escura.

Maria e Sebastiana, uma branca, a outra negra, minha mãe "pegou para criar" num orfanato da região. Era um eufemismo para escravatura. Maria chegou antes de mim, eu acho, e saiu de casa casada. "Ensinei tudo a ela, se casou com um contador!", dizia minha mãe, orgulhosa, esquecendo os anos em que Maria tinha trabalhado sem salário, em troca de ser "pega para criar".

A Sebastiana, coitada, pouco mais velha do que eu, um dia foi embora, nunca soube direito como e por quê. Acho que fugiu. Era obrigada pela minha mãe a me seguir o dia inteiro, era chamada de pajem, motivo de vergonha para mim e fonte de chacota para os meus amigos. Eu tentava fugir dela de bicicleta pelo meio da rua e ela corria pela calçada atrás de mim. Se me perdesse, dona Gilda ficaria brava, e ninguém gostava de vê-la assim. Sebastiana era negra, e minha mãe, bastante preconceituosa, a chamava de "negrinha".

Dona Gilda era bastante careta, o que facilitou minha vida: logo percebi que, se eu quisesse ser alguém na vida, precisaria me libertar dela. Sempre fiz o contrário do que ela pregava. Uma vez, bem velhinha, depois que me viu ator famoso, reconheceu que fiz muito bem em não lhe obedecer.

Eu tive, além do cachorro Barão, um papagaio e uma tartaruga. O papagaio durou pouco, morreu afogado no banheiro velho da casa. A Maria deixou água na banheira depois de tomar banho. Ele caiu do poleiro e não conseguiu sair. Estávamos viajando e, quando voltamos, estava morto. Coloquei o corpo numa caixa de sapatos e fiz seu enterro no quintal. A tartaruga foi morta anos depois, alvo de uma pedra atirada por um vizinho assustado, que nunca tinha visto um bicho daquele. Meu pai, quando deu a tartaruga para minha mãe, fez uma brincadeira: embrulhou o bicho como se fosse um pão e o deixou em cima da mesa. Minha mãe levou o maior susto quando viu o "pão" tentando sair do embrulho. Ela tinha muita afeição à tartaruga, todo dia dava alface e banana para ela.

Minhas duas irmãs cantavam muito, o dia inteiro, com e sem o rádio ligado. Eram afinadas e sabiam todas as letras das músicas. A Maria Elvira, as dos anos 1950 e 1960. A Nenê, as dos anos 1930 e 1940. E dá-lhe cantoria pela casa. Até hoje sei de cor centenas de músicas brasileiras, só por ouvi-las. Outro som que me remete a Santa Rita era o dos sinos que as cabras do "seu" — "seu" o quê, meu Deus? Sim, lembrei — "seu Berto", Roberto Marize, carregavam no pescoço quando passavam pela rua onde morávamos, vendendo leite tirado na hora. Eu adorava leite de cabra, gosto até hoje, mas cadê o tirado na hora?

Antes de ir para o primário, no Grupo Escolar Francisco Ribeiro, fiz dois anos de pré-primário no Colégio São José, de freiras. Tive aulas de piano com a madre Odorica, a professora de classe era a madre Otília e a diretora era madre Escolástica. Uma vez, na comemoração da Tomada da Bastilha — a gente comemorava cantando "A Marselhesa", acredita? —, as madres montaram uma peça de teatro e coube a mim o papel de rei Luís XVI. Em uma de suas idas a São Paulo, minha mãe comprou uma peruca branca comprida, mandou fazer roupas de época de cetim amarelo e, no dia, eu estava nos trinques. Mas não senti um prazer digno de nota, nada a ver com uma carreira de ator, tanto que não me lembro de nenhum detalhe da tal apresentação, a não ser do teatro do colégio, do palco e de uma plateia de cem pessoas. Eu tinha pouco mais de cinco anos.

Fui também coroinha, tocador de sino da igreja e membro de uma associação de crianças católicas que usavam uma fita azul no pescoço. As meninas eram "Filhas de Maria" e os meninos, eu não lembro, acho que "Congregado Mariano".

No grupo escolar, fui alfabetizado — embora já soubesse ler — pela dona Mercedes Roterote, a professora mais querida da cidade. No primeiro ano, passei com 100, no segundo e no terceiro, com 81, e me formei com 100 de novo.

Por exigência da dona Gilda, continuei a ter aulas de piano com a madre Odorica — tocar piano era chique — e de acordeão com um professor da cidade vizinha de Porto Ferreira. Dona Gilda adorava o sanfoneiro Mario Zan. Tentei também violão, mas era ruim em todos: minha mão esquerda era muito esquerda, não funcionava direito. Levava reguada da madre Odorica a cada erro. Minha mão vivia inchada, mas não aprendia a ser direita. Até que o professor de violão disse para a minha mãe que eu deveria aprender a tocar algum instrumento em que a mão esquerda fosse usada apenas para segurá-lo, como pistom e trombone e alguns outros metais.

O professor de música do ginásio da cidade, o maestro Octavio Bueno de Camargo, estava organizando a Banda Infantojuvenil Zequinha de Abreu (já contei que ele nasceu em Santa Rita? Mas não somos parentes), e minha mãe foi conversar com ele. Como eu sabia ler partitura, logo estava tocando, além de trombone e pistom, bombardino — um metal mais grave que o trombone, e que, nas bandas, faz o contracanto. Meu bombardino soava forte quando tocávamos o tema central do filme "de guerra" (havia também os filmes "de mocinho", "de amor" e "comédia") *A Ponte do Rio Kwai*. Enquanto todos tocavam a melodia principal, eu fazia um solo e enfrentava a banda toda em contracanto. Era lindo.

(Quando estava gravando *A Casa das Sete Mulheres*, induzi o elenco a assobiar o tema do filme nas idas e vindas de ônibus para as gravações. Todos assobiavam o tema e eu, o contracanto.)

Na Santa Rita da minha infância e adolescência havia a outra banda, a dos adultos, com seus dobrados e marchas — muitas das marchas de Souza, um maestro e compositor americano —, que tocava todos os sábados e domingos no coreto da praça principal, em frente à Igreja Matriz. Era onde havia o "futi", que depois aprendi que era footing: homens andavam no lado exterior da calçada que circundava a praça e mulheres, no lado de dentro, e em sentido contrário. Se encontravam duas vezes a cada volta, quando os olhares dos enamorados se cruzavam. Quando correspondidos, um sinal de cabeça era suficiente para fazer a moça sair do "futi" para dentro da praça para conversar, às vezes se sentar num dos bancos, pegar na mão e, muito raramente, dar um beijo furtivo. No rosto, claro — na boca só depois de meses de namoro.

Eu adorava ler, lia tudo do Monteiro Lobato, adorava o *Sítio do Picapau Amarelo*, *Jeca Tatu*, lia *Seleções do Reader's Digest*. Adorava as piadas idiotas do "Rir é o Melhor Remédio", "Piadas de Caserna" e outras bobagens. E gibis, comprava dezenas de gibis, fiz conta na loja — em Santa Rita não havia banca de jornais — e comprava tudo que saía. Os mais comuns eram os de bangue-bangue: Roy Rogers, Flecha Ligeira, Tom Mix, O Cavaleiro Negro, Hopalong Cassidy, Durango Kid, Gene Autry, Rocky Lane. E ainda Mandrake, Fantasma, Capitão Marvel, Super-Homem, Capitão América... E os da Disney, basicamente Pato Donald e Mickey. Quando as prateleiras ficavam cheias, eu tratava de vender gibi usado na calçada. Faturava bastante, era muita variedade.

Na infância, também fui expert em desmontar qualquer coisa que caísse nas minhas mãos. Carrinhos de metal: se tivesse um parafuso, eu desaparafusava. Bicicletas: desmontei todas que tive, começando com o velocípede. Despertadores: todos da casa. E óbvio que nem tudo eu conseguia montar de novo. Desmontei meu primeiro relógio de pulso — e apanhei da minha mãe de chinelo! Mas não era possível parar, era mais forte do que eu. "Ele é muito curioso", dizia o comendador Agostinho Prada, meu padrinho: "E é a curiosidade que move o mundo, deixa ele."

Depois da morte do meu pai, parece que abriu o canal funeral na família: em quatro anos, quatro mortes de parentes próximos. Em

1956, a tia Nana, irmã mais velha do meu pai, que morou anos com a gente. Ela foi a avó que não tive, já que as verdadeiras morreram antes de eu nascer.

Anna Pereira de Abreu foi a primeira filha. Depois nasceu Hugo, em cujo parto a mãe, Eulália, morreu. Tia Nana era uma santa, como se dizia, nunca usou um vestido acima da canela ou de mangas curtas. Nasceu, cresceu e morreu virgem. Quase uma freira de tão fervorosa. Fazia doces como ninguém, uns doces goianos que só vi na minha casa. Dona Gilda costumava dizer: "Juca não senta na mesa se não tiver cinco ou seis doces diferentes de sobremesa." Meu pai adorava doce de mangaba, uma fruta no formato da pera, porém menor, que, ao ser furada, soltava um leite que se usava para caçar passarinho porque gruda os seus pés. Ficávamos sentados no quintal ao redor de uma bacia cheia, furando as mangabas com espinho de limoeiro, para que saísse todo o leite viscoso antes de cozinhar.

Tia Nana me contava histórias de índios de verdade, não de filme americano. Dizia que no Tocantins, onde meu avô foi juiz de Direito e fazendeiro, os índios incomodavam as mulheres que lavavam roupa nas margens do rio, jogando pedrinhas, perturbando seu trabalho. Enquanto não dessem a eles meia garrafa de cachaça e um naco de fumo de rolo, os índios não as deixavam sossegadas. Meu pai não vivera isso, era o último dos filhos do meu avô. Nasci em 1946 e meu avô, em 1845, 101 anos antes. Ele se formou na Faculdade de Direito de Recife em 1868. Um século depois, eu estava lutando contra a ditadura na Faculdade de Direito da PUC de São Paulo. Meu pai nasceu em 1898, quando meu avô estava com 53 anos.

Mas, voltando ao obituário da família nos anos 1950: depois de minha tia Nana morrer em 1956, também em outubro — três dias antes que a morte do meu pai completasse um ano —, tivemos mais um baque em 1957: o Nono, bem no dia do aniversário da minha mãe, 3 de dezembro. Ele estava doente havia muito tempo. Comia no jantar um brodo de galinha com uma gema no meio, depois de uma Caracu, cerveja preta muito conhecida na época, vendida numa garrafa pequena e que, rezava a lenda, fazia bem para a saúde.

Um ano antes, ele havia completado 85 anos, e todos os filhos e netos estiveram em Santa Rita para comemorar. Foram três dias de festa, comilança e bebelança, centenas de engradados de cerveja. Sim, na minha família Lot *detto "Il Carbonier"*, cerveja era bebida aos engradados, cada um deles com 24 garrafas. Das grandes. Cada caminhonete Ford F-100 que chegava de Birigui — me lembro dos meus tios e primos disputando quem fazia o trajeto em menos tempo — trazia em sua caçamba engradados e mais engradados de cerveja. E leitões, frangos, nacos nobres de vaca, cabrito, porco, tudo limpo e pronto para ir para a panela ou a assadeira. Na cozinha da Fazenda Planalto, a primeira que meu avô comprou (e doou para a filha mais nova, tia Zita), onde foi a festa, um cachaço enorme jazia num caixão feito especialmente para o seu tamanho, banhado numa vinha-d'alho. Seria a estreia de uma nova técnica de cozimento, chamada hoje de porco no rolo: trata-se de uma maquinaria onde se espeta um porco inteiro, com fogo por baixo, no chão, e o bicho fica rodando por 24 horas. Antes de servir, faz-se uma pururuca acendendo álcool na pele do animal!

Para gelar as centenas de cervejas, barricas cheias de gelos, que chegavam em barras grandes e tínhamos que quebrá-las a marteladas — fora as geladeiras que apareciam na casa da fazenda, como que por milagre.

Eu não gostava muito dos meus primos de Birigui e acho que era recíproco — me achavam "almofadinha". Foram criados em fazenda, "cafuçus do brejo", iam mal na escola, mas eram bons de briga. Suas brincadeiras eram brutas, como, por exemplo, me jogar na piscina de adulto sem que eu soubesse nadar. Disseram: "Se vira!" Por acaso me virei e, com nove anos, aprendi a nadar para não morrer afogado na piscina do Birigui Clube, em Birigui, para onde minha mãe me mandou nas férias de final de ano em 1955, logo depois que meu pai morreu. Eu ia passar uma semana na casa de cada tio, um plano para me curarem da dor da morte. O Azael, vulgo Gordo, foi o filho da puta (com perdão da tia Nena, sua mãe, uma santa) que me jogou na piscina. E na zona.

Nova Brasília era como se chamava a zona de meretrício de Birigui, depois que um prefeito resolveu tirar as putas da cidade, numa verdadeira antecipação da gentrificação. Construiu um puteiro enorme com o nome da capital da República — que visão! —, para que os homens da região pudessem frequentar sem o risco de serem observados por fofoqueiras, ao mesmo tempo que afastava as prostitutas do convívio social. As casas eram todas iguais, com luzes vermelhas na varanda. Na sala, uma vitrola tocando tango ou bolero. As cadeiras ocupadas por clientes com as putas no colo. Gente entrando e saindo. E álcool, muito álcool.

Na época da festa de 85 anos do Nono, eu usava um chapéu que era a última moda, chamado "Nat King Cole". Tinha esse nome porque o cantor aparecia com ele na capa de um disco. Era um chapéu de aba bem pequena e copa alta. Pois os sacanas dos meus primos Mingote e Nenê — o primeiro, filho do tio Waldemar com a tia Hilda, e o segundo, irmão do Azael, filho da tia Nena com tio Benja — encheram meu chapéu Nat King Cole de cocô de porco! *Just for fun*. Foram até o mangueirão — como chamávamos o lugar de criação de porcos da fazenda —, pegaram a bosta e encheram o chapéu. Depois tentaram colocar na minha cabeça, mas acabaram desistindo.

Apesar da aporrinhação por terem estragado meu chapéu Nat King Cole, a festa foi demais. Foi a única vez que vi a família toda reunida, os onze irmãos com seus filhos, e alguns já com netos. Éramos mais de cinquenta.

Nos anos subsequentes à morte do meu Nono, as notícias que chegavam de Birigui não eram nada boas. As fazendas estavam em declínio; a família, empobrecendo. Ainda bem que o Nono não viveu para ver sua fortuna se esvair. Como diziam: "Nono rico, filho nobre, neto pobre." Sei que meus tios trabalharam muito, assim como seus filhos, mas era difícil ser fazendeiro no Brasil.

•••

No final de 1957, passou por Santa Rita a "Campanha das Vocações Sacerdotais", do arcebispado de Ribeirão Preto, ao qual a paróquia de Santa Rita pertencia. Estavam arrebanhando jovens para o Seminário e apareceram lá em casa, a fim de convencer minha mãe a "aceitar a minha vocação". De onde eles tiraram isso não cheguei a descobrir; acho que diziam o mesmo para todas as famílias com crianças em idade escolar — a diferença é que dona Gilda acreditou. Dura, sem saber nem em qual banco em São Paulo meu pai tinha conta, me mandar para o Seminário era uma solução para que eu estudasse sem dar trabalho, nem despesas. Eu tinha doze anos e nenhum direito a opinar. E não achei de todo ruim: ia mudar radicalmente de vida. E também acreditei que tinha vocação para ser padre.

Minha mãe vivia viajando para São Paulo na tentativa de descobrir os negócios do papai. Soube de uma casa herdada do pai dele, que fora vendida tempos antes num negócio obscuro que envolvia meu tio Hugo. E correu atrás do prejuízo, uma vez que as viúvas não herdavam a aposentadoria do marido falecido, recebendo apenas o pecúlio e fim. Minha mãe e outras viúvas de delegados, juízes e promotores fundaram uma associação e conseguiram com Jânio Quadros uma lei que dirigia a aposentadoria à viúva e aos filhos do funcionário falecido. Corre a lenda que, para conseguir falar com ele, então governador de São Paulo, inventou que era sua tia. E foi passando de sala em sala no Palácio, desde a entrada até chegar ao Jânio.

Não sei se é verdade, mas ela não desmentiu. Dona Gilda, grande figura. Rindo sempre, e alto, conseguia tudo o que queria.

Quando botava uma coisa na cabeça, não havia quem tirasse. E era brava, apanhei muito dela: palmadas, puxões de orelha, coques na cabeça... Não me poupou. E viveu até os 104 anos.

*Tocando trombone na Banda Infantil de Santa Rita do Passa Quatro (1959)*

Foto: arquivo pessoal

# CAPÍTULO 5

Em fevereiro de 1958, fui para o Seminário Menor Maria Imaculada, de Ribeirão Preto, fazer a segunda série ginasial. Os padres queriam que eu repetisse a primeira, mas minha mãe não topou: "Perder um ano? De jeito nenhum!" Lá, aprendi a dividir o quarto com duzentas pessoas e a ter disciplina: acordava às 5h30, me trocava sob o lençol, arrumava a cama, lavava o rosto, escovava os dentes; fila para a missa às seis da manhã, com comunhão obrigatória; café da manhã às sete, depois fila da capela para o refeitório. Às 7h45, fila do refeitório para a sala de aula; aula até o meio-dia, com vinte minutos de recreio lá pelas dez, com fila para ir e voltar. Às 12hs, fila para o almoço no refeitório, passando pelo banheiro para lavar as mãos. Após o almoço, uma hora de recreio, no pátio, com fila para ir e voltar. Às 14h, ida para a sala de estudo fazer a lição de casa e, se necessário, pedir auxílio a colegas ou ao professor genérico para reforçar alguma matéria. Tinha um padre, como todos os professores, que nos vigiava enquanto isso. Das 16h até as 17h30, aula de música: instrumentos, canto, ensaio do coral ou leitura na biblioteca. Ou confissão: um papo com o padre reitor ou com o confessor espiritual. Às 17h30, hora do banho diário, em grupo, enfiado numa espécie de camisola que ia do pescoço até a canela, para que nenhum seminarista visse o corpo do outro. Era bem ridículo aqueles meninos todos embaixo do chuveiro usando a tal camisola, feita de um algodão branco vagabundo, que ficava transparente quando molhado. Às 18h, hora da Ave-Maria, terço na capela, fila para ir e voltar. Às 18h30, jantar. Depois, tempo livre no pátio, ufa, até 21h. Daí mais uma passada rápida na capela — na maldita fila — para a oração da noite, e, finalmente, o retorno para o dormitório. Alguns minutos para escovar os dentes, conversar com os colegas e cama. Exatamente às 22h, apagavam as luzes.

Muitas vezes fomos acordados por raios e trovões, pois eram comuns as tempestades naquela Ribeirão Preto de clima quente.

Na hora do recreio, jogávamos futebol, vôlei, basquete, brincávamos de pega-pega. Aos doze anos, eu era bem criança. Foi em 1958 que o Brasil foi campeão do mundo pela primeira vez. Um dos padres tirou o alto-falante de dentro do rádio, puxou um fio e o instalou na árvore que havia no pátio, ao lado do campo de futebol. Ainda me lembro de Gilmar, Djalma Santos, Bellini, Orlando e Nilton Santos; Zito, Didi, Garrincha, Vavá, Pelé e Zagallo.

Outra coisa que eu gostava muito de fazer era cantar no coral. Uma vez, acompanhamos o bispo de Ribeirão Preto numa missa cantada, na catedral. Em latim, lógico, como eram todas as missas naquela época. Eu adorava o *Glória*! O bispo soltava lá do altar: *Gloria in excelsis Deo*! E o coro no fundo da catedral a plenos pulmões: *Et in terra pax hominibus / bonae voluntátis. / Laudámus te, / Benedícimus te,*

/ *Adorámus te,* / *Glorificámus te.*[3] Foi realmente a glória, com o perdão do trocadilho. Mesmo porque foi difícil entrar no coral. Posso dizer que tenho boa voz e sou afinado, embora dê umas semitonadas. Fui reprovado no primeiro teste, mas não me conformei e pedi outro, insisti até conseguir.

A estrutura disciplinar do seminário, como se pode perceber, era bastante rígida. Havia o padre reitor, de quem só me lembro de ser muito alto e muito culto. Havia o confessor espiritual, segundo na hierarquia religiosa e muito importante para nós, seminaristas, pois era uma mistura de psicólogo e guru, com o qual confessávamos nossos pecados, tirávamos dúvidas sobre o Evangelho e o ritual da Igreja. Era o padre Emilio Pignoli, que veio a se tornar bispo em São Paulo, italiano chegado fresquinho de Roma, de lambreta e tudo, e que nos ensinou a cantar músicas italianas, como *La Bella Polenta*. E havia os que eram quase padres, seminaristas do Seminário Maior, que ajudavam a manter a disciplina. O prefeito do Seminário cuidava das coisas mais humanas, como doença, problemas nos dentes, falta de roupas. E também cuidava de masturbar os menores.

Havia projeção de filmes no Seminário, na sala de estudo, e um dos mais famosos na época era *Marcelino, Pão e Vinho*, uma história piegas de um menino espanhol, órfão, que vai morar num convento e conversa com uma imagem de Jesus crucificado. O ator infantil se chamava Pablito Calvo. Pois foi durante uma sessão de Marcelino que o prefeito se sentou ao meu lado, esperou a sala ficar escura, abriu minha braguilha, enfiou a mão dentro das minhas calças e começou a me masturbar no momento em que Jesus aparecia. Fiquei apavorado! Queria que aquilo acabasse logo, mas a cena foi insuportavelmente longa. Ele com a mão esquerda no meu pinto e a direita dentro do bolso

---

3 "Glória a Deus nas alturas. Paz na terra aos homens de boa vontade. Nós vos louvamos. Nós vos bendizemos. Nós vos adoramos. Nós vos glorificamos."

da sua calça, certamente furado para que ele pudesse se masturbar ao mesmo tempo.

E depois? Como comungar com um pecado desses na consciência? A comunhão era feita diariamente, e a confissão, apenas quando necessário. Se eu confessasse, teria que dar nome aos bois. Fiquei com medo. Passei meses comungando e sofrendo demais, porque, segundo o entendimento da Igreja na época, comungar sem confessar era um pecado ainda maior! Eu certamente já tinha garantido o meu lugar no inferno. Pedia perdão a Deus pelo pecado de não confessar outro pecado, embora eu não tivesse culpa. Até que não aguentei: dois meses antes de acabar o ano letivo, pedi à minha mãe que me tirasse do Seminário. Chorei, bati o pé, mas consegui. Os padres tentaram me segurar, mas acabaram concordando, com a promessa feita pelo reitor de que eu poderia voltar em dezembro para fazer os exames finais e tentar não perder o ano.

Foi a primeira vez que senti o que chamo de "distúrbio": assim que decidi sair, passei a viver o futuro. Comecei a não respeitar o horário de acordar, não ia à missa, não estudava, simplesmente "não estava mais lá". Assim, simples, como se tudo se resolvesse a partir da minha decisão pessoal. Decidi, está decidido. O "distúrbio", como apelidei essa postura, voltou várias vezes: quando não gosto ou não me sinto bem com qualquer coisa e decido deixá-la, não há quem ou o que me faça voltar atrás. Não por marra ou insegurança, mas porque simplesmente eu passo a viver o futuro, sem a presença do que me incomodava. Assim, naturalmente, de maneira unilateral, o problema deixa de existir.

Em Santa Rita, os dois meses até os exames passaram como um raio. Não me lembro de nada, a não ser de uma ex-namorada gritando "padreco" na rua, justo quando eu havia acabado de deixar a "vocação" para trás. Aliás, dos sete santa-ritenses que foram comigo para o Seminário naquele ano, apenas um chegou perto de ser padre, o Ximeninho, Sebastião Ximenes Jr., filho do escrivão de polícia de Santa Rita. Mas também desistiu e virou juiz de Direito.

Quando voltei ao Seminário para fazer os exames, tudo ia bem. Fiz os escritos, depois os orais. Sim, tinha exame oral, o que significava você e o professor, um de frente para o outro, olho no olho. Começava o exame com o professor dando ao aluno um saco de pano com pedras de tômbola, ou bingo caseiro, aquelas peças de madeira redondas, cada uma com seu número. Era para "sortear o ponto", a parte da matéria que seria perguntada. Em História do Brasil, por exemplo, um "ponto" seria a Abolição; outro, a Proclamação da República. O aluno chacoalhava o saco, se concentrava — ou rezava —, e tirava um número. Dava o número para o professor, ele via sua lista e dizia o "ponto": por exemplo, Independência. E começava a fazer perguntas. Não tinha como enganar. Se você não soubesse, era melhor admitir.

Passei com folga na maioria das matérias, raspando em latim e português, ambas com o mesmo e exigente professor, até chegar a vez do exame oral de francês, que teoricamente seria, para mim, o mais fácil. O professor, um padre careca, extremamente maldoso, mandou que eu estudasse até a página tal, digamos, 150, do livro. Os "pontos" seriam tirados do conteúdo até ali. Na hora do exame, antes de me dar o saco, mandou que eu rezasse a Ave-Maria em francês. *"Je vous salue, Marie"*, que nem tinha no livro. Mas eu sabia, como sei até hoje. Cometi dois erros: disse *"le Seigneur et avec vous"* em vez de *"est avec vous"* e, no final disse *"est a l'heure"* em vez de *"et a l'heure"*. Ou seja, no primeiro caso (*est*) se pronuncia o "t" e no segundo caso (*et*), não. E eu inverti. Cometi dois erros básicos na língua, antes de começar o exame propriamente dito. O padre-professor, rindo da minha cara, mandou ler *La Marseillaise*, que ficava no final do livro. Falei que não estava entre as 150 páginas que ele mandara estudar. Ele retrucou que saber *A Marselhesa* era obrigação. Que eu cantasse. Eu adoro *A Marselhesa*, sei a letra, até hoje choro quando ouço. Cantei emocionado, entrei numa. Mas na hora do *L'étendard sanglant est levé*, saiu *"lantandard"* em vez de *"lêtandard"*. O padre riu, repetindo "*lantandard*", e me mandou embora. Reprovado. Rigoroso é piada, o padre era mau pacas...

Fui vítima de sabotagem por ter saído do seminário. Eu me lembrava de conversas como "quem abandona a vocação fica marcado para o resto da vida". Sei. Marcado fiquei, mas foi por aquela mão pesada dentro da minha calça durante o *Marcelino, Pão e Vinho*.

Voltei para aquela vidinha de Santa Rita: subia na jabuticabeira, chupava a gema dos ovos, amarrava bombinha de São João em rabo de gato, andava a cavalo, soltava papagaio, nadava na piscina do seu Ciroca ou nos tanques de lavagem de café da Fazenda Córrego Rico (Corgo Rico, em "caipirês") e comia açúcar mascavo produzido na Usina Vassununga. Para ir ao seu Ciroca, pedíamos, eu e meus amigos, carona aos caminhões de leite, e, para ir até a Usina, pegávamos o trem bitola estreita, de sessenta centímetros, que vinha de Porto Ferreira, passando por Santa Rita. O mesmo trem que meu pai tinha perdido quando chegou à cidade pela primeira vez, para assumir a delegacia. Na subida íngreme do trajeto, a locomotiva a vapor, velha de guerra, a famosa Maria Fumaça, subia à velocidade de cágado. Tanto que descíamos do vagão, corríamos montanha acima, nos sentávamos para comer talos de erva-cidreira, que pegávamos nas margens da linha do trem, e esperávamos o trem chegar, para montar de novo, sem a menor dificuldade, tal a velocidade ínfima com que ele andava.

Outra coisa que eu adorava era catar gabiroba, uma fruta do cerrado, amarela, fácil de achar perto do Deserto do Alemão, uma região cheia de erosões e dunas de areia. Era uma delícia rolar pela areia, parecendo um croquete, até cair na pequena lagoa que um rio formava no fundo do vale. Outra fruta que eu adorava e nunca mais vi é a uvaia. Ácida como o quê, minha boca enche d'água só de pensar. E pitanga e amora, que viraram nome de amigas.

*Foto do filme Da Terra Nasce o Odio, gravado em Santa Rita do Passa Quatro (1954)*

# CAPÍTULO 6

A vida da família, que já era difícil, piorou quando minha irmã Elvira foi fazer faculdade de Pedagogia na Católica de Campinas. Minha mãe alugou a sala de visitas da nossa casa para um dentista fazer seu consultório, no início de 1959, para ajudar a pagar as despesas. Seu nome: Élio (sem agá) Daldegan, irmão do Pedrinho, meu colega de escola, que mais tarde também virou dentista. Foi quando me dei conta do quanto a vida estava degringolando financeiramente após a morte do meu pai. Élio, recém-formado, atendia a partir de seis da manhã. Eu acordava todos os dias com aquele maldito motor de dentista, pavor de toda a minha geração, e com os gritos de "ai" do cliente quando a broca atingia um nervo. Acho que fiquei traumatizado, por isso passei a ser avesso a dentistas.

Só sei que no ano seguinte o dentista se casou e minha mãe alugou a casa inteira para ele. Nós nos mudamos para a famosa "casa do Nono", que era como uma pensão para os parentes que visitavam Santa Rita, ao lado da Fazenda Planalto, o que fez com que eu começasse a curtir mais a vida no campo. Andava a pé ou a cavalo, da Planalto até a Fazenda Paulistinha, que meu tio Jayme, marido da tia Zita, havia comprado da família Palma poucos anos antes. Uma fazia divisa com a outra. Lá ficava a Cachoeira das Três Quedas, lugar de difícil acesso na época, que virou ponto turístico.

Foi nessa Fazenda Paulistinha que meu tio, quando virou produtor de cinema, instalou toda a equipe de italianos, inclusive o elenco, que foi para Santa Rita rodar o primeiro filme "de mocinho", o primeiro bangue-bangue no Brasil. Explico: meu tio Jayme era dono do cinema da cidade. Assistia a todos os filmes que passava, era amigo dos produtores etc. Um dia, um ator de Campinas, o Maurício Morey, levou para Santa Rita dois cineastas: um diretor e um diretor de fotografia. O diretor era seu irmão, Antoninho Hossri, e o fotógrafo era o italiano Máximo Sperandio. Queriam fazer um longa-metragem chamado *Da Terra Nasce o Ódio* e precisavam de um coprodutor que colocasse dinheiro e bancasse a infraestrutura. Meu tio entrou na pilha e fizeram o filme, em 1954. Acompanhei várias filmagens, trocas de rolos de filme, fiz figuração, ajudei a fazer balas de festim, vi os copiões, enfim, aprendi muito.

A Fazenda Paulistinha era o cenário principal do filme. A casa toda, a varanda, a sala de jantar, tudo foi filmado. Curioso era ver que os cavalos, que a gente usava para passear, estavam no filme, desde o manso Rozil até o bravo Trovão — que só meu tio montava —, passando pelo ligeiro e arisco Pampa e até pelo xodó da família da minha tia, um preto com um risco branco na testa cujo nome não consigo lembrar... mas era um lindo cavalo. Macaco! Macaco era o nome do cavalo.

As filmagens de *Da Terra Nasce o Ódio* foram um grande barato. Fiquei amigo de Maurício Morey até ele morrer, em Santa Rita, há poucos anos. Logo após o filme, ele se casou com uma santa-ritense, a mais linda delas — depois da Maria Elvira, minha irmã, que foi Miss Santa Rita, Rainha dos Jogos Abertos do Interior, Miss Campinas e só não levou o Miss São Paulo (no Hotel Jequitimar, no Guarujá) por ter alguns centímetros a mais nos tornozelos!

Até hoje lembro o Maurício cantando no filme: "Sou boiadeiro que toca a boiada, feliz vou cantando em noite enluarada." No dia da briga do mocinho Maurício com o bandido Garcia, não existia dublê, nem coach, nada disso, então eles lutaram na mão mesmo. E num chão de pedras. Depois foram dias sem poder filmar de tão machucados. Eu me lembro da minha tia levar sal grosso para botar na banheira e eles ficarem de molho na salmoura quente... Em *Da Terra Nasce o Ódio*, além da fazenda, pode-se conhecer o tio Jayme, no papel do gerente do banco. O filme está no YouTube na íntegra, mas com uma qualidade muito ruim.

Dois anos depois, fizeram um filme meio cabeça, *Fugitivos da Vida*. Mas esse eu não acompanhei.

Lá na Paulistinha havia um lago que todo mundo chamava de "poção" por motivos óbvios que eu soube depois e de forma drástica, numa tarde que terminamos uma cavalgada com um banho.

Eu peguei uma vara comprida de bambu e comecei a brincar com a minha mãe. Demorei a notar que estava na área onde o lago era profundo e me desesperei. Embora soubesse nadar (lembra a piscina de Birigui?), não conseguia sair. Afundei uma, duas vezes. Custou para alguém notar que eu estava me afogando. Minha mãe, que estava na margem, se jogou e me salvou. Bebi bastante água e senti o gosto amargo de um afogamento. E sofri muito para botar toda aquela água para fora. Dona Gilda se sentiu mais mãe do que nunca.

...

Nas férias, Santa Rita ficava animada, pois uma porção de jovens de São Paulo ia para lá. Era uma vida gostosa, sadia, apesar das cervejas que detonávamos com prazer. Dançava-se muito, namorava-se muito e, não tão saudável assim, jogava-se muito, desde pingue-pongue até pife-pafe e sinuca, passando por pôquer e buraco — valendo dinheiro. Podia ser bem pouco, como buraco a um centavo por ponto, mas precisava haver um lucro ou prejuízo para contar para os amigos, ou não tinha a menor graça. Antes dos dezoito anos, a gente jogava em casa e, ao ficar adulto, nos dois clubes da cidade: o CRÓ (ex-Clube Recreativo Operário, que mudou o nome para Clube Recreativo Santa-Ritense, mas ficou com o acrônimo antigo) e o Delta Club (depois substituído pela AASR, a Associação Atlética Santa-Ritense). O CRÓ era o clube dos mais pobres, e o Delta, dos mais ricos. Eu não era sócio de nenhum dos dois. Mas como era vizinho do CRÓ e todos os diretores eram amigos da família, eu frequentava meio na moral. Já no Delta, como sobrinho do Jayme Nori, que mandava e desmandava, ninguém me cobrava a frequência diária.

Algumas coisas eram melhores no CRÓ, como jogar sinuca — quatro mesas em vez da única do Delta e da Associação — e comer o sanduíche de copa! Hummm, era o melhor do mundo. Os bailes do CRÓ atraíam mais gente, afinal sempre teve mais pobre do que rico no Brasil. O Delta (depois a Associação) era legal para jogar cartas, pingue-pongue e, aos sábados (quando não tinha baile à noite), armávamos umas brincadeiras dançantes. Eu havia ganhado do Prada, meu padrinho, uma vitrola a pilha vinda da Itália, retangular, com o alto-falante na tampa, que era um sucesso na época. Quando retirávamos o alto-falante, tínhamos um protótipo do que seriam as futuras caixas de som. E o prato para se colocar o disco era do tamanho de um compacto simples. Se colocássemos um LP, era muito engraçado: o disco enorme ficava quase todo para fora, uma estranha visão. Praticamente só o selo encostava no prato. Acho que não fabricavam uma vitrola daquelas no Brasil, por isso, naquele tempo, parava gente para ver.

O *commendatore* Agostinho Prada era um italiano que fez fortuna no Brasil fabricando chapéus de feltro em Limeira. Grande empreendedor, além dos Chapéus Prada, fundou a Cia. Prada de Eletricidade — que fornecia força e luz para várias cidades dos estados de São Paulo, Minas e Goiás. E quando comprou uma usina hidrelétrica em Santa Rita, na fazenda São Valentim, se apaixonou pela cidade. Comprou outra fazenda, a São José, e a transformou em um palácio. A casa imponente, pintada com um amarelo queimado com detalhes em branco, reinava sobre um lago lindo, com cisnes, gansos e patos. Todas as construções da fazenda eram da mesma cor — a sala de jogos da piscina, as estufas de flores, as casas dos camponeses e os currais. Os jardins eram simétricos como um jardim francês. O casarão era alcançado por uma escada que, para mim, parecia enorme. As portas, também imensas, se abriam para um corredor muito largo — eu dizia que corredor largo não era corredor — e de cada lado havia portas que davam para os salões: de recepção, de estar, de jantar, almoçar, cear, enfim, tinha salão para tudo. E, no final do corredor, uma escada de madeira, da mesma cor do piso, levava para o paraíso, epa, para o segundo andar. Eram ao todo oito suítes, algo inédito em Santa Rita, e cada qual de uma cor! As cortinas, as roupas de cama, os azulejos do banheiro, até o tecido do abajur eram da mesma cor, fazendo um conjunto muito bonito. A decoração era de um bom gosto de arrepiar. Os corredores, cheios de relógios de pé, enormes, lindos, que quando badalavam as horas faziam um som incrível ecoar pela casa: dom, dim, dom, dom. Dom, dom, dim dom. Dom, dom, dom, um para cada hora. Adorava ouvir as doze badaladas. Quanto mais badaladas, mais bonito. O eco ainda fazia com que se multiplicassem, era uma viagem.

Como afilhado do Prada, eu ia muito à Fazenda São José. Mas, apesar da riqueza, não curtia tanto, dadas as exigências de etiqueta. Não podia sujar a roupa, não podia andar a cavalo sem os aparatos, tinha que comer à francesa, lavar os dedos com lavabo de mesa cheio de violetas. Uma vez, uma prima de Birigui achou que fosse chá e tomou. Virou chacota na família pelo resto da vida, coitada.

Havia piscina também, de azulejos verdes, à qual fui poucas vezes. Eu só podia ir se levasse algum adulto da família, mas aí era sem graça. E não dava para levar amigos como fazíamos no seu Ciroca Meirelles. Era tudo controlado, dezenas de empregadas, governanta, até mordomo! Imagina, em Santa Rita! Todos de São Paulo, é evidente. O Prada tinha casa em São Paulo — apesar de se hospedar no Ca'd'Oro, o primeiro hotel cinco estrelas da capital —, além de uma vila em San Remo, na Costa Azurra, na Itália, onde se realizavam os Festivais de San Remo, o festival de música mais famoso do mundo. Anos depois, voltei à Villa Ada, já na época transformada em prédio multifamiliar com oito apartamentos. Por aí dá para imaginar como era originalmente.

Foi minha primeira incursão pelo mundo dos milionários.

Uma vez, o Prada quis que eu conhecesse uma de suas netas, que morava em São Paulo. Banho, roupa nova e lá fui eu para a Fazenda São José. Quando cheguei, estavam na piscina. O Prada me apresentou: "Este é o meu afilhado, está na terceira série do ginásio, toca trombone e pistom, dança muito bem, foi campeão de rock..." E a pedantezinha: "Esse pirralho?" Senti uma raiva danada, mas não podia fazer nada, tinha que ser educado perto do Prada, não devia nem me mexer. Então sorri, mas prometi a mim mesmo: "Essa me paga!" Quando o Prada foi jogar sinuca no salão de jogos da piscina, ela se levantou para ir ao banheiro. Eu, sem querer querendo, fiz uma maldade de criança: esbarrei nela e, tchibum!, a patricinha foi parar dentro da piscina.

Como entre treze e quinze anos eu ainda era baixinho, vivia sofrendo bullying. Já morava em São Paulo e carregava o apelido de Passinha, exatamente pela altura diminuta, quando houve um baile na Associação que me fez voltar para Santa Rita. Era "traje passeio completo"; terno e gravata, portanto. Eu achava bonito, chique. No meio do baile, tirei uma prima para dançar. O pai dela era irmão do meu tio Jayme, e as duas famílias estavam na mesma mesa do Clube. Segundo o que a tia Zita contou depois — essa história se apagou da minha cabeça, acho que por defesa —, eu, com muita educação e cheio de etiqueta, falei para a Maria Tereza: "Me concede o prazer dessa dança?" E ela respondeu: "Cresça e apareça." Tia Zita diz que eu fiquei primeiro vermelho, depois pálido, e ela, pensando que eu podia desmaiar, se levantou e me levou para dançar. Como era ótima piadista, conseguiu me tirar do torpor que aquela frase me causara. "Cresça e apareça." Devo ter trancado a frase no mais profundo do meu inconsciente e colocado pedras em cima para que ela não saísse mais de lá. Segundo os relatos da tia Zita, no dia seguinte voltei para São Paulo. Passei meses sem aparecer em Santa Rita e só voltei depois de crescer uns vinte centímetros. Lembro que perdi todas as minhas roupas, cresci realmente bastante em pouco tempo: quando cheguei em São Paulo, aos catorze anos, media 1,45m. Aos quinze, 1,50m. Aos dezesseis, 1,60m. Aos dezessete, media o que meço hoje: 1,80m descalço. Tia Zita dizia que eu crescera de raiva. Raiva da Maria Teresa. Mas era piada da tia. A Maria Teresa era prima-irmã da Selma, de quem eu também era primo-irmão, de modo que estávamos toda hora nos encontrando. E ela era uma mulher muito interessante. Não havia sentido em levar aquela guerrinha à frente. E eu havia crescido!

*Na caminhonete Studebaker do primo Walter Papa em Bandeirantes, PR (1957)*

Foto: arquivo pessoal

# CAPÍTULO 7

Do Delta Club para a Associação foi um pulo. O Delta fechou, a Associação abriu e tudo continuou como era antes. A gente passava os dias lá. Fui o primeiro a dançar quando teve o baile de inauguração. "Quebrei o espelho", como diziam. Espelho era o chão do salão encerado, brilhante. Não só quebrei como devo ter sido o garoto que mais dançou ali. Eu não perdia uma seleção, fosse de que ritmo fosse. Eram orquestras ao vivo: Erlon Chaves, Casino de Sevilla, Zezinho da TV, e várias outras. Tocavam meia hora de um ritmo, bolero e rumba, por exemplo, outra de chá-chá-chá, descansavam dez minutos, emendavam mais meia hora de foxtrote, e assim seguia o baile. Tínhamos o costume de seguir as orquestras, uma vez que faziam um baile por noite, um em cada cidade da região. Então, havia um baile em Tambaú na quinta-feira, outro em Porto Ferreira na sexta, o de Pirassununga no sábado e o de Santa Rita no domingo. A gente alugava uma Kombi para a turma toda, rapazes e moças apaixonados por dança.

Na Associação, me apaixonei diversas vezes, uma delas pela Renata, irmã mais nova do Fernando e da Vera. Ela era bem mais nova do que eu, e o Fernando, meu melhor amigo — talvez por isso —, não queria que a gente namorasse. Então eu lhe ensinei a cantar uma música linda da cantora Gigliola Cinquetti: *"Non ho l'età"*, que dizia: *"non ho l'età, non ho l'età per amarti, no ho l'età per uscire sola con te"*.[4]

Como todo amor de juventude, passou logo. E namorei todas as meninas da minha idade, ora um pouco mais velhas, ora um pouco mais novas do que eu. Adorava o jogo romântico, olhar no fundo dos olhos, apaixonado, e cantar em italiano (*"Lo sai, non è vero che non ti voglio più!"*[5], ou em inglês (*"Only you can make my darkness bright"*)[6]. Na segunda série do ginásio (que repeti por causa daquela sacanagem do professor de francês), fiz amizade com a nova turma, um ano mais jovem. Entre eles, o Carlinhos, um crânio, como eram chamados os mais inteligentes. Ele gostava de estudar, tinha prazer nisso. Conheci também seu primo, outro crânio — era um pouco mais velho, dava aulas particulares e nos preparava para a admissão ao ginásio (sim, tínhamos que fazer um minivestibular ao terminar a quarta série do curso primário, com cerca de doze anos, para entrar na primeira série ginasial).

Comecei a frequentar a casa do Carlinhos todos os dias depois do almoço. As aulas na escola eram de manhã e tínhamos as tardes e as noites livres. Com ele, comecei realmente a entender Matemática. Era na casa dele que ouvíamos pelo rádio programas como *Balança*,

---

4 "Não sou velho, não sou velho para te amar, não sou velho para sair sozinho com você" (T.L.)

5 "Você sabe que não é verdade que não te quero mais" (T.L.)

6 "Só você pode iluminar minha escuridão" (T.L.)

*Mas Não Cai* e *A Fera do Mar*, além de jogos de futebol. E foi lá que tive uma experiência que abalou meus alicerces.

Eu tinha treze para catorze anos. A mãe do Carlinhos, dona Cecília, era uma pessoa muito boa, que eu adorava, mas passava por graves problemas de coluna e por isso vivia indo ao médico. O Carlinhos ia com ela. Numa dessas consultas, acabei ficando sozinho na casa deles. Fui até o quintal para fumar escondido — fumar era virar adulto — quando uma vizinha, uma moça linda, negra, me chamou para ir até perto dela, na cerca que separava os dois quintais: "Zé, vem cá que eu quero te mostrar uma coisa." Ela estava com um vestido bem simples sobre o corpo, quase transparente. Quando me aproximei, ela abriu espaço entre os bambus da cerca, me abraçou e me deu um beijo na boca. Eu quase infartei! Nunca havia sido beijado daquela maneira, de língua, e olha que eu já tinha beijado várias namoradas. Mas eram meninas virgens, que não sabiam da missa a metade. Essa sabia. Passado o susto inicial, tentei tomar a iniciativa e cravei as duas mãos na sua bunda. A sensação era de que havia um vulcão em erupção no meu baixo-ventre. Ela se afastou do beijo e ficou me olhando profundamente nos olhos. Sem desviar o olhar, abriu minha braguilha, tirou meu pinto e começou a mexer nele. Eu tentei levantar seu vestido. Ela se livrou de mim, deu um passo atrás para ela mesma levantar sua roupa. Estava sem calcinha. Foi o primeiro corpo feminino que vi nu. O meu coração tremeu inteiro. Quase arrebentei a cerca para atacá-la, leão enjaulado. Ela se reaproximou, nos abraçamos, nos beijamos, e eu coloquei a mão nela, naquela coisa quente, vibrante, que passava uma energia quase visível. Ela se ajoelhou e começou a me beijar. Beijar, morder, chupar. Quando enfiou na boca, cheguei ao fim rapidinho. Ela se levantou, me abraçou, me deu mais um beijo e eu me excitei novamente: ela se virou de costas, pegou meu pau e colocou decididamente em sua vagina. Gozei imediatamente, de novo. Ela riu, me beijou na boca e saiu correndo, rindo. Eu estava no paraíso.

Fiquei ali parado um tempo, de pinto para fora, braguilha aberta, naquele quintal, completamente abobalhado. Saí do transe, olhei em volta meio culpado, guardei o bicho e dei uma arrumada nos bambus da cerca, únicas testemunhas da minha "desvirginização".

Outras vezes nos vimos no quintal, na rua, mas sempre com gente por perto. Nunca mais nos pegamos. Cheguei a pensar que tinha sido um sonho. Mas não foi, não. Foi a minha primeira vez.

•••

O terceiro ano do ginásio ocorreu sem muito transtorno, a não ser pela grande queda na nossa qualidade de vida: em 1960, nos mudamos para a casa do Nono, longe pacas do centro. Minha mãe alugou o restante da casa e fomos morar lá sem pagar. O aluguel ia ajudar nas despesas da família, que aumentaram com a ida da Maria Elvira para Campinas — ela foi fazer Pedagogia na Católica. No ano seguinte, minha mãe tomou uma atitude drástica: como só nós dois continuávamos em Santa Rita, resolveu que íamos morar em São Paulo. Maria Eulália já morava lá, trabalhava na Secretaria de Segurança Pública. Dona Gilda, mama italiana, resolveu juntar todo mundo.

No dia da minha despedida de Santa Rita, em fevereiro de 1961, aos catorze anos, tomei um porre tão grande de hi-fi (vodca com Crush, o refrigerante sabor laranja da época) que fui parar na Santa Casa quase em coma alcoólico. No dia seguinte de manhã, completamente zonzo, peguei o ônibus da VIDA — Viação Danúbio Azul. "Vida, doce é a vida /Longa a estrada percorrida" era o que se podia ler nas portas dos ônibus da empresa. E fomos morar na capital.

*Ao lado de amigos em Campinas (1963)*

*Foto: arquivo pessoal*

# CAPÍTULO 8

Nos seis primeiros anos em que morei na capital, dos catorze aos vinte, o Delta Clube (e depois a Associação) foi minha segunda casa em Santa Rita. Ia quase todo fim de semana. Ficava hospedado na casa do Nono, que, depois de irmos para a capital, foi ocupada pelo tio Primo, o mais velho, que surgiu de algum lugar do mundo e foi viver em Santa Rita até morrer. Tio Primo foi dono de cartório e o mais doidão da família. Seu filho, o primeiro neto do Nono, herdou o nome dele: Domingos Lot Neto. Herdou também o cartório do pai e foi um dos fundadores, ao lado de Franco Montoro, do Partido Democrata Cristão (PDC), nos anos 1950. Foi várias vezes eleito deputado estadual por São Paulo. Tio Primo era um putanheiro, como se dizia na época, adorava o amor comprado. Gordo pra caramba, vivia levando meninas para a casa do Nono, a ponto de um dia o tio Jayme, um pouco com ciúme, um pouco na bronca, dizer que havíamos transformado a casa em um lupanar. Recorri ao dicionário para entender o que o professor Jayme Nori tinha dito. Ele adorava ser chamado de professor, fizera Escola Normal de formação de professores primários, coisa rara para um homem naquela época. Também foi alfaiate, tocava saxofone e, depois de se casar com tia Zita, virou fazendeiro. Passei a infância e a adolescência vendo tio Jayme de botas até o joelho, chapéu-panamá de abas largas, cigarros Lincoln, sentado na varanda da Fazenda Planalto, fazendo palavras cruzadas do *Estadão*. E dando ordens ao fiscal, o administrador da propriedade. Minha mãe, assim como todos os filhos do Nono, herdou uma fazenda, a Itatiaia, em Santa Rita, bem longe da Planalto. O morro Itatiaia é o ponto mais alto de Santa Rita, onde hoje ficam as antenas de TV e telefonia celular. Eu me lembro de ter ido algumas vezes lá. Mas logo meu pai a vendeu: "Sou funcionário público, e não fazendeiro!", teria dito. Com o dinheiro da venda, passamos dois meses de férias em Santos, no Hotel Avenida Palace, de frente para a Praia do Gonzaga. Eu me lembro de um garçom, o Espanhol, que nos levava quitutes no quarto. Até hoje sinto o gosto do café com leite do hotel, servido em xícaras enormes, e que ficava mais gorduroso a cada chuchada de pão com manteiga. Lembro que fomos e voltamos de carro de praça — era como chamávamos os táxis —, com seu Antônio Mardegan. E eu, no banco da frente, sentado no colo do meu pai, gritava: "Pisa na gasolina, Mardegan!"

Nos primeiros meses de capital, moramos na casa de uma amiga da minha mãe que alugava quartos. Era uma casa térrea, na alameda Barros, em Santa Cecília, quase esquina com a avenida Angélica. Foi duro para mim, atordoado com a mudança de cidade, morar na casa de uma pessoa estranha, usando apenas o quarto e o banheiro, sem muito acesso à cozinha.

Minha mãe conseguiu me matricular na escola mais difícil de conseguir vaga em São Paulo, o Instituto de Educação Caetano de Campos, na Praça da República. No primeiro dia de aula, ela me levou. De ônibus. Eu odiei. Preferia ir a pé. Por sorte, o caminho de casa até a Praça da República era relativamente curto, uns vinte minutos de caminhada. Na Caetano (assim mesmo, no feminino, pois, apesar de na época já se chamar Instituto de Educação, havia se chamado Escola Normal, então era a Escola Normal Caetano de Campos), logo no primeiro dia tive um mal-entendido com um professor de português, um cara muito legal e brincalhão. Assim que começou a aula, ele perguntou quem era o aluno novo e eu me identifiquei. Perguntou de onde eu era e respondi: "Santa Rita do Passa Quatro." Gargalhada geral. Não entendi nada. Para mim, aquele nome era normal, eu o ouvia desde criança. Mas para as outras pessoas, não. Era um nome engraçado e remetia logo a "passa cinco", gíria que queria dizer ladrão. Passa Quatro, apesar da Santa antes, era, digamos, quase ladrão. O professor, gentil, descreveu as árvores que havia em volta da igreja matriz de Santa Rita, muito bonitas mesmo, com seu corte bem-talhado. E continuou, perguntando: "E então, como estão os Ficus Benjamina?" Eu não sabia o nome científico daquelas árvores, que conhecíamos como figueiras porque davam uns frutos parecidos com figo, que explodíamos com as solas dos pés descalços quando caíam ao chão (e provocavam uma sensação indescritível). Quando o professor falou em Ficus Benjamina, entendi "Como estão os filhos do Benjamim?". Benjamim era o nome do meu tio, irmão da minha mãe, pai do Azael, o Gordo, que me jogou na piscina, lembra? E mandei na lata: "Os filhos do tio Benja vão bem, professor, o Azael está com caminhão transportando gado, o Nenê tomando conta da fazenda..." E o professor, rindo: "Não me consta que as árvores tenham filhos, José, eu perguntei pela árvore, cujo nome científico é Ficus Benjamina." Virei motivo de chacota. De cara meu apelido se tornou Caipira, logo substituído por Passa Quatro e depois, dada minha baixa estatura, Passinha.

•••

Uma das minhas maiores paixões da adolescência foi a Tilinha, Maria Cecília, que conheci em um baile de Réveillon em Tambaú, cidade vizinha, cheia de meninas bonitas. Ela estava também se mudando para São Paulo e ia morar na avenida Angélica, ao lado da nossa casa. Aquilo foi um indício de felicidade futura, "um bom sinal", ambos acreditamos. E nos apaixonamos muito, muito, foi lindo nosso amor, ao som dos Beatles e das músicas italianas da época, *Dio, come ti amo* ou *Io che amo solo te*.[7]

No fim de 1961, minha mãe alugou um apartamento grande na rua Albuquerque Lins, no meio da quadra entre a Praça Marechal Deodoro e a alameda Barros, a apenas duas quadras da casa onde moramos inicialmente. Terminei a quarta série do ginásio na Caetano e fui fazer Química Industrial, um curso que estava em voga e vários colegas da Caetano foram fazer. As aulas eram na Escola Técnica Oswaldo Cruz, também na avenida Angélica. Nesta época, minha mãe, para ganhar um dinheiro, resolveu transformar nosso apartamento em alojamento de estudantes da escola. Para isso, comprou beliches, dividiu os quartos e conversou com o diretor da Oswaldo Cruz. Resultado: toda vez que uma família do interior procurava onde deixar um novo aluno, o diretor indicava a casa da minha mãe. E ela era mais que dona de pensão, era uma mãe postiça mesmo, chata pra caramba, o que dava mais tranquilidade aos pais dos moçoilos interioranos jogados na selva da capital.

No meu quarto, morávamos em dois beliches, eu e mais três colegas de Química. Um deles era italiano e os pais moravam em Cunha (São Paulo), onde eram donos de uma serraria. O nome dele era Giorgio Giorgi Junior e veio a se tornar professor da FAU-USP e criador de luminárias. Ele jogava muito bem futebol e, como "não tinha esquerda", chutava de direita dando uma chaleira, fazendo o pé direito passar por trás do esquerdo, mas com muita violência, e o chute saía fortíssimo. Uma vez seu pai me convidou para passar férias na casa deles e foi

---

7 "Deus, como eu te amo" ou "Eu que só te amo" (T.L.)

uma experiência marcante: resolveram não falar uma palavra em português para que eu aprendesse italiano. Foi bom. Até hoje *parlo bene.*

O fato é que deu certo a empreitada da dona Gilda, e logo tínhamos oito estudantes em nossa casa, comendo e bebendo, o que dava certo lucro. Em seguida saiu uma bolada dos atrasados da aposentadoria do meu pai: minha mãe ficou com cinquenta por cento, os outros cinquenta foram divididos entre mim e a Maria Eulália, solteira. A Maria Elvira não teve direito porque já estava casada quando a grana saiu.

Assim que organizamos nossa vida no apartamento 501 da rua Albuquerque Lins, 566, comecei a fazer amizade com o pessoal da rua. Tinha o Emídio Luisi, italiano, filho do seu Nicola, o sapateiro. Tinha o Tchokoroko, na verdade Marcio Miname, filho do japonês dono da quitanda. Na época eu não sabia, mas nossas vidas viriam a se reencontrar, profissionalmente, anos mais tarde. Nenhum dos dois morava no bairro, mas frequentavam a rua por causa do trabalho dos pais. Havia dois irmãos que moravam na Praça Marechal, que ficava a meia quadra do meu prédio: Reinaldo e Ricardo Bisio, filhos de dona Alayde, que foi quase uma segunda mãe para mim. Havia o Ênnio Bernardo, filho da dona Olga e do seu Ênnio, gordo pacas, mas que na juventude tinha sido goleiro do Palmeiras. Moravam na esquina da Albuquerque Lins com a recorrente alameda Barros. Toda quarta-feira os pais do Ênnio saíam para jantar fora e ficávamos sozinhos no apartamento por algumas horas. A "Turma da Marechal" aprontou muita loucura ali.

Na primeira vez que vi seu Ênnio, ele me contou sobre o seu passado esportivo. Não me contive e falei: "O senhor tem mesmo físico de goleiro!" Ele me olhou meio atônito e começou a rir. Rimos todos, ainda bem. Eu era assim, digamos, piadista. Meu pai era, minhas irmãs também. Anos mais tarde, li: "Perde o amigo, mas não perde a piada", a respeito do Oswald de Andrade, mal comparando. Morando no meu prédio, tinha o Silvio Frezza, filho de pai italiano, estudava no Colégio Dante Alighieri. Depois se mudou para o prédio ao lado, onde um dia foi morar o Roberto Carlos — que havia comprado ali seu primeiro apartamento com o sucesso da Jovem Guarda. A rua virou uma loucura. Aos sábados juntava uma multidão na frente do prédio para esperar Roberto sair para a gravação do programa Jovem Guarda no domingo.

Essa era a base da "Turma da Marechal", em referência à praça do mesmo nome, em cuja padaria fizemos o nosso QG. Estou falando de uma Praça Marechal Deodoro sem minhocão.

Havia um terreno baldio ao lado do meu prédio na Albuquerque Lins. Um dia, resolvemos usar o espaço como sede de um time de futebol. Chamamos o time de Alins, o nome do prédio, forma apocopada do nome da rua. Construímos uma casa de madeira tosca, limpamos o local, fizemos as traves e deixamos tudo nos trinques. Quer dizer, era improvisado, havia entulho, mas fizemos o que pudemos. Perto de nós, no bairro da Barra Funda, ao lado da linha do trem, havia uma várzea com alguns campos de futebol onde aconteciam campeonatos entre os times da região. Conseguimos inscrever o Alins, mas era obrigatório ter uniforme completo, ou seja, camisa, calção e meias para o time e os reservas. Seriam uns quinze uniformes, caro à beça. Foi dona Gilda quem deu a ideia: "Peçam à dona Leonor!" Leonor Mendes de Barros era esposa do ex-governador de São Paulo, Adhemar de Barros, "o rouba, mas faz" e inventor da famosa "caixinha do Adhemar", onde teoricamente ele colocava toda a dinheirama da propina que recebia das obras da época... Até então, eu não imaginava que um dia teria contato íntimo com a tal caixinha.

Seguimos o conselho da dona Gilda e fomos, cinco ou seis de nós, até a casa do Adhemar de Barros, que ficava na mesma Albuquerque Lins, uma quadra acima. Chegando lá, fomos recebidos por um assessor de dona Leonor que, depois de nos ouvir, sugeriu que mudássemos o nome do time para "Infantil Dona Leonor" — assim, ela ficaria lisonjeada e nos presentearia. Nós nos entreolhamos, sem saber o que fazer, mas concordamos, e ele pediu que voltássemos no dia seguinte. Estranhamos a rapidez, mas encontramos o jogo completo, com camisas, calções e meias. Tudo azul e branco, e, do lado esquerdo do peito, um brasão. Acima dele, o infame nome: Infantil Dona Leonor. Que humilhação! Até hoje desconfio de que aquele jogo de camisas estava pronto e por algum motivo não foi entregue a quem de direito. Quando aparecemos com o nosso pedido, era hora de passar adiante o presente encalhado.

A primeira providência que tomamos foi colar em cima do brasão um pedaço de pano branco onde estava escrito "Alins". Treinávamos várias vezes ao dia, mas, mesmo assim, eu continuava ruim pra caramba. Tentei ataque, defesa, no fim fiquei com a camisa 4, que anos depois ficou famosa no restaurante Stockpot, onde lavei pratos em Londres. Participamos de vários campeonatos na várzea da Barra Funda, sem resultados dignos. Emídio, Ênnio e Reinaldo eram bons de bola. O outro italiano, Giorgio Giorgi, enquanto morou na minha casa, também jogou no Alins e era um ótimo atacante. Mas o resto do time era formado por pernas de pau. O Emídio era esquentado e ficava puto da vida quando a gente errava. E a gente errava muito!

Eu morava no quinto andar, apartamento 501, de frente. No décimo andar, moravam uns cariocas. Nas primeiras férias chegaram do Rio duas meninas, a Regina e a Sônia, primas, netas do morador. E soltas, muito soltas. A Regina, uns dois anos mais velha que eu, me provocava. Aparecia na minha casa quando não tinha ninguém, de shortinho que paulista não usava, e nos atracávamos. Na hora H, ela saía correndo, me deixando louco. Numa das nossas pegações, no sofá da sala — de um plástico branco e preto... era moda —, a coisa quase aconteceu. Não houve penetração, mas foi muito bom. De maneira grosseira, se dizia "gozar nas coxas". A "Regina Carioca" ocupou meus sonhos por anos.

Outra das nossas diversões juvenis era passar a noite de sexta para sábado sem dormir, só de papo furado, às vezes tomando uma cerveja, às vezes nem isso. Numa dessas noites parou um carrão vermelho na nossa frente, um Oldsmobile conhecido como "Rubi". A gente sabia de quem era: do Roberto Carlos, que tinha mania de dar nomes aos carros que comprava. Roberto perguntou se estava tudo bem, respondemos que sim, todo mundo meio inibido. Mas logo retomamos a cara de pau e passamos a perguntar coisas para ele sobre a Jovem Guarda e tal. Reinaldo era o mais óleo de peroba da turma e no fim estava íntimo do Roberto. Antes de ir embora, disse que ia avisar ao seu mordomo, o Nicolas Mariano, que a turminha podia entrar no apartamento quando quisesse. Nem preciso dizer que Reinaldo e eu fomos várias vezes e acabamos amigos do Nicolas, a quem conhecíamos da rua. Numa dessas visitas, só de curioso, desmontei uma pistola alemã Luger - Parabelum, uma arma da Segunda Guerra, e não consegui montar de novo. Foi na cozinha da casa do Roberto e fiquei na maior saia justa.

(Uma curiosidade: a campainha da casa era uma guitarra — em vez de apertar um botão, o visitante tocava as cordas.)

Nessas intermináveis madrugadas de sexta-feira, volta e meia minha mãe saía à janela e chamava, tentando gritar sem emitir voz, só o ruído no ar: "Sé Xunior!!! Vem dormir, meu filho!" "Zé Junior." Era assim que eu era conhecido em Santa Rita. O Zé Junior, filho do dr. Abreu. Depois, como já disse, virei "Caipira", depois "Passinha" na Caetano de Campos. Na turma da Marechal, me chamavam de "Junior" apenas. Na faculdade, a mania dos acadêmicos de Direito de chamar os colegas pelo sobrenome me transformou em "Abreu". O Zé só voltou como nome artístico, quando optei por usar oficialmente "Zé de Abreu". Na minha estreia no cinema em 1980 com *A Intrusa*, o diretor Carlos Hugo Christensen achou que "Zé" ficaria muito caipira e, como estava me lançando nacionalmente, me convenceu a usar "José de Abreu", que conservo até hoje.

Nossa casa na Albuquerque Lins era bem grande, quatro quartos, dois banheiros. A divisão do apartamento era assim: um quarto, o menor, era alugado para um advogado. Eu dividia outro quarto com mais três hóspedes do colégio; em outro, Maria Elvira ficava com mais duas hóspedes mulheres; e no último quarto dormiam minha mãe e Maria Eulália. E no quarto de empregada, outro hóspede. A Eulália trabalhava meio período no Departamento de Identificação, que emitia carteira de identidade e passaporte. Elvira tinha conseguido transferência da PUC de Campinas para a USP e estava trabalhando no IPESP-Instituto de Previdência do Estado. Lá ela conheceu um engenheiro que fiscalizava obras subvencionadas pelo Instituto. Começaram a namorar, noivaram e se casaram em um breve espaço de tempo. Ele se chamava Itamar Bopp e era sobrinho do autor do revolucionário poema Cobra Norato, Raul Bopp. O pai dele, também Itamar, era grande colecionador de selos. Foi na casa dele que vi alguns "Olho de Boi", os selos brasileiros mais raros. E caros. Ele tinha um com carimbo do dia que o correio brasileiro foi inaugurado, 1º de agosto de 1843. Dizia ele que só existiam três daquele, e um deles estaria no Palácio de Buckingham.

Eram de Tupanciretã, Rio Grande do Sul. A mulher do sr. Itamar era a dona Silvia Macedo, prima do jornalista esportivo Macedo Miranda e tia do jornalista Macedo Miranda Filho. Maria Elvira e Itamar tiveram três filhos: Itamar Neto, Bettina e Fábio.

Logo minha mãe conseguiu com o Prada o meu primeiro emprego. A diretoria das empresas Prada ficava na rua Florêncio de Abreu, 181, centro velho de São Paulo. Lá, além da Cia. de Chapéus Prada e da Cia. Prada de Eletricidade, funcionava a nova Cia. Comercial, Industrial e Administradora Prada. Havia também a Metalúrgica Prada, mas a diretoria ficava junto da fábrica num bairro distante. Todas tinham como factótum um homem baixinho, barrigudo, funcionário antiquíssimo do Prada: seu Chiquinho, homem de confiança, contador dos bons, e que ficava com a chave do cofre da empresa, numa época em que cofre cumpria seu objetivo de guardar dinheiro.

Foi a ele que o comendador Agostinho Prada me recomendou. Que me ensinasse tudo de escritório. Para começar, seu Chiquinho me colocou numa mesa na sala de entrada da empresa, no térreo, com vista para a rua. Era uma sala imensa, com umas vinte ou trinta mesas. Ali funcionava a Administração e Tesouraria central das empresas. Era muito moderno para a época. Eu trabalharia no fluxo de papéis. Colocaram em cima da minha mesa duas caixas de madeira do tamanho de uma folha de ofício. Numa tinha uma etiqueta onde se lia "Entrada" e na outra, "Saída". Fácil, né? Todos os documentos que eu devia levar ou mandar para dentro da empresa eram colocados pelos outros funcionários na caixa Entrada. Na Saída, tudo que eu teria que mandar para fora por meio dos office boys.

Só uma vez tive problema. Meu amigo da Praça Marechal, o Reinaldo Bisio, que trabalhava ali por perto, resolveu me visitar. Era final de expediente, muitos já tinham ido embora. Coloquei uma cadeira ao lado da minha mesa para ele se sentar e ficamos de papo esperando dar a hora de saída para bater o ponto. Lá pelas tantas, o Reinaldo acendeu um cigarro e jogou o palito de fósforo ainda aceso num cesto cheio de papel carbono. O papel carbono entrou em combustão imediata, lançando labaredas e soltando uma fumaça preta. Por sorte, o carbono queima e desaparece em segundos. Foi quase uma explosão, mas o fogo logo acabou. A fumaça e aquele cheiro de queimado quase me custaram o emprego. Mas eu era afilhado do Prada, lembram?

Reinaldo e eu fomos muito amigos, ele era um cara engraçado. Oposto de seu irmão Ricardo, pouco mais novo, sério, careta, sempre trabalhando. Já Reinaldo não gostava muito de trampo. Como em casa não tínhamos televisão, foi na casa deles, simples, pequena, um apartamento de dois quartos na desvalorizada Praça Marechal Deodoro, que vi os primeiros Jovem Guarda na TV Record.

Ainda da turma da Marechal, o Ênnio e o Emídio são meus amigos até hoje. Ênnio virou escultor, trabalha com pedra, mármore, granito, faz esculturas imensas e as tem espalhadas pelo mundo. Emídio virou fotógrafo, especialista em dança e teatro, é o fotógrafo oficial do Balé Stagium desde a sua fundação. O Silvio Frezza, único que morava no meu prédio, virou pintor, primeiro de quadros, depois — quando se mudou para Seattle, onde mora até hoje — de paredes. Silvio fazia micropinturas usando apenas uma cerda de pincel, com cerca de 4,5cm de cada lado. Lindo de ver com uma lupa.

Essa tendência para a Arte, principalmente Artes Plásticas, foi despertada pela Bienal de São Paulo de 1967. Não sei exatamente como isso aconteceu, eu estava muito envolvido com a faculdade.

Na Bienal, conheceram um suíço que estava expondo uma instalação onde o público entrava para se expor às sensações que a obra provocava. E ficaram amigos do cara. E o cara tinha LSD. E deu para eles. Eles tomaram. Adoraram!

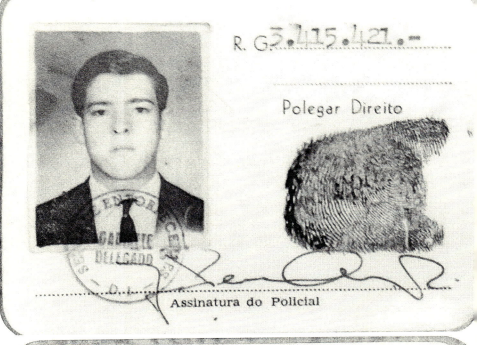

*Minha carteira de investigador de Polícia (1966)*

# CAPÍTULO 9

A Praça Marechal separava a rica Santa Cecília, vizinha a Higienópolis, da pobre Barra Funda. Era bem meia-boca. Na esquina da Albuquerque Lins havia a Casa Whisky, que vendia "o melhor sorvete de São Paulo". Aos domingos, havia filas e mais filas, principalmente à noite, dando ao local um ar de festa. Do outro lado da rua, outra sorveteria, a Santa Cândida, que atendia aos que não tinham saco de ficar na fila da Casa Whisky. Eu tomava os dois, não via a menor diferença. E gostava muito do Rocha, dono da Santa Cândida, que levava fama de pão-duro, mas às vezes até dava uma pazinha de sorvete para a galera. Dizem que ele infartou quando soube que uma estação do Metrô seria erguida ali, obrigando-o a sair.

No meio da quadra, entre a rua São Vicente de Paulo e a avenida Angélica, ficava a padaria Marechal, nosso QG. Tinha pizza de mozzarella superderretida, vendida aos pedaços o dia todo, um chope maneiro e tudo o mais que uma padaria grande em São Paulo oferece. Num dos cantos ficava o bar, com um balcão espaçoso e aqueles bancos giratórios. Mais perto da porta, um ambiente para tomar café em pé. Ali passávamos grande parte da nossa vida. Fazendo o quê? Meu Deus, nada! Batendo papo, fumando, bebendo pouco, porque nem dinheiro para beber tínhamos. O salário que eu recebia deixava ali. E em táxis, pois continuava a odiar andar de ônibus. E tinha uns caras que arrumavam "bolinha".

"Bolinha" era basicamente anfetamina, remédio que as mulheres usavam para emagrecer, mas que deixava doidão. Elas também ficavam, falavam pelos cotovelos, chegavam a ficar com uma espuma branca no canto da boca seca. Pervitin, Dexamil, Estenamina. Ao primeiro, fui apresentado ainda em Santa Rita do Passa Quatro. A gente tomava para varar a noite estudando, perto das provas de fim de ano. Seu Zezinho Palhares, farmacêutico, vendia na boa. Lembro que se dizia na época que pescadores tomavam para pescar madrugada afora. Só mais tarde começou-se a usar para curtir festas. Primeiro, porque tirava o sono. Segundo, porque aumentava a resistência à bebida. Depois vieram os nasais, como Rinosteg — colocávamos na vodca e ficávamos ligados.

Já do lado paz e amor, tinha maconha, com suas centenas de apelidos, vendida nos bancos da Praça Marechal pré-Minhocão. Ríamos muito, às quartas-feiras na casa do Ênnio, dia que seus pais saíam para jantar. Segundo a mãe do Ênnio, dona Olga, a conta dava dezoito chopes, uma pizza e mais dezoito chopes. Enquanto isso, fumávamos e ríamos a ponto de a barriga doer. E cantávamos, dançávamos. Uma vez, passamos semanas fazendo uma coreografia para *Mr. Tambourine Man* na versão mais suingada dos Byrds. Era hilária.

Imitávamos os Beatles fazendo cada qual seu papel. Reinaldo de Ringo Starr era muito engraçado: imitava aquela cara de peixe morto com perfeição. Eu adorava tocar guitarra imaginária, só mais tarde soube que havia até campeonatos de "guitarra aérea" ou *air guitar*. Virávamos crianças quando estávamos juntos, não havia nenhum limite para as nossas palhaçadas. Ou sofrimentos.

Na mesma época que eu namorava a Tilinha, o Ênnio namorava a Yara. Ambas moravam na avenida Angélica. Ambos terminamos com elas. Ambas não aceitaram quando quisemos voltar. Logo soubemos que ambas estavam namorando. Fossa. Fossa profunda, como se dizia, fossa negra! Toda vez que bebíamos demais vinha a fossa.

Uma bebedeira histórica foi em Santos, na Copa de 1966. No dia 19 de julho, Portugal desclassificou o Brasil, vencendo por 3 a 1. Estávamos bêbados e, assim que Eusébio fez o terceiro gol, alguém jogou o rádio de pilha pela janela! O rádio era de um amigo menos próximo, o Mauro Sposito (que depois ficou famoso como delegado da Polícia Federal: Mauro foi acusado de não ter evitado o assassinato do Chico Mendes ao se recusar a prender o assassino a partir de uma ordem de prisão trazida à sua mão por um bispo. Segundo ele, deveria ter vindo através da Justiça).

Descemos, bêbados, à procura do rádio, que achamos aos pedaços. Da frustração com a desclassificação do Brasil na Copa para a dor de corno foi um pulo. Logo, eu e Ênnio estávamos chorando. Queríamos beber mais, mas a bebida tinha acabado. Saímos para procurar, mas era madrugada, tudo fechado. Voltamos para o apartamento e algum engraçadinho resolveu tomar desodorante Phebo. Acordamos no dia seguinte na praia. Alguns numa poça de vômito. Jamais consegui chegar perto de alguém que usasse esse desodorante. Na novela *A Regra do Jogo*, a personagem da Bárbara Paz, filha do meu personagem, também bebia desodorante.

Outra hilária demonstração de desespero amoroso o Ênnio deu numa dessas noites de quarta-feira. Estava meio chumbado quando desapareceu da sala. De repente, começamos a sentir cheiro de gás. Chegando na cozinha, estava o maluco com a cabeça dentro do forno. Desligamos o gás e sacaneamos muito o Ênnio pela tentativa de suicídio desastrada.

Em outra quarta-feira resolvemos montar um grupo de teatro. Nessa altura, eu já tinha entrado no TUCA (Teatro da Universidade Católica), e resolvemos que eu seria o diretor. Alguém propôs o nome: Teatro da Turma. Genial, todo mundo aprovou na hora. Então pedi para o Silnei Siqueira, diretor do TUCA, uma sugestão de peça para começarmos e ele recomendou alguma coisa do Martins Pena. Escolhi *O Caixeiro da Taverna*.

Descolamos o salão de festas do prédio de um amigo do amigo. Dividi o elenco, chamamos mais algumas pessoas para os papéis menores e começamos a ensaiar. Ah, e fizemos alguns pedágios para arrecadar fundos para cenário, figurino etc. Incrível: muita gente dava dinheiro. Nós nos animamos, fizemos camisetas para vender no pedágio e deu certo. Mas os ensaios iam de mal a pior: além de eu não saber dirigir, o elenco faltava muito, e era difícil conseguir juntar todos os atores. Gastamos o dinheiro do pedágio em lanches para comer durante os ensaios. Depois desistimos.

Ainda que não tenha sido encenada, a peça aproximou a turma da Marechal do TUCA. E da política estudantil. Pouco tempo depois, o Reinaldo e o Ênnio foram presos distribuindo panfletos contra a ditadura. O Ênnio reagiu e tomou vários processos por desacato.

Mas voltemos alguns anos e falemos de novo da Prada. Depois do incêndio no cesto de lixo, seu Chiquinho, meu chefe, disse que eu ficaria na nova empresa, a Administradora, que na época estava construindo um edifício garagem na avenida Senador Queirós — acho que o primeiro em São Paulo. Seu Chiquinho arrumou uma mesa para mim na sua sala, em frente à mesa de dona Alice, sua secretária. "Antes que toque fogo na empresa", ele disse. A sala ficava no 2º andar do prédio, numa área nobre, ao lado da sala da diretoria. De fundos, sem barulho de trânsito. Eu me senti o dono da cocada preta. Na sala da diretoria, enorme, ficavam as mesas dos diretores, os filhos do Prada, Tulio e Aldo; e o diretor jurídico das empresas, o futuro ministro da Justiça da ditadura, Luís Antônio da Gama e Silva, o Gaminha.

Outra recomendação do Prada para o seu Chiquinho foi que houvesse tempo para estudar as matérias da escola — coisa que eu não fazia e seu Chiquinho ignorava — e aprender datilografia — isso, sim, era importante para ele. Dona Alice, supersecretária, atendia a toda a diretoria e não apenas a seu Chiquinho. Dava gosto ver algum diretor ditando cartas para ela — eram dezenas por dia —, e ela com seu caderno de taquigrafia — sim, existe um caderno próprio —, anotando bravamente. Em seguida ia para a máquina de escrever e transcrevia um rascunho, que era submetido ao autor. Depois das correções, voltava para a máquina para, aí sim, bater as várias cópias necessárias, para os arquivos, para os outros diretores etc. E aquele monte de papel-carbono entre uma folha de sulfite e outra para fazer as cópias. A cada erro, várias rasuras, uma em cada folha.

Ao ditar as cartas, Gama e Silva tinha uns tiques engraçadíssimos: levantava um ombro só, ajeitava o paletó, levantava os dois ombros, se ajeitava de novo, levantava o outro ombro várias vezes seguidas e ajeitava o paletó outra vez. Era difícil não rir. Anos depois, foi o principal responsável pelo AI-5.

Foi a dona Alice que me passou os primeiros conhecimentos de datilografia. Com ela, descobri a base da matéria. E também que a datilografia sofria de um problema grave. A letra "m" é maior que o "n", certo? Uma tem duas perninhas e a outra, três. Na escrita impressa, o "m" e o "n" têm comprimentos diferentes. Na datilografia antiga, não. Ambos tinham o mesmo tamanho, o que fazia o "m" ficar espremido, uma perninha quase encostando na outra; muitas vezes chegava a borrar quando a fita estava nova. O contrário acontecia com a letra "i", que ficava solta no espaço por ser menor que as outras. Dona Alice me contou que a Olivetti, a maior fabricante de máquinas de escrever ao lado da Remington, estava desenvolvendo uma máquina de espaçamento diferente, na qual cada letra iria usar o espaço necessário para uma escrita bonita, como esta que você, leitor, está vendo agora. Dona Alice nunca soube como essas aulas me foram úteis anos depois, quando virei vendedor de máquinas de escrever.

Aprendi também o funcionamento de um escritório. Além de arquivar papéis, distribuir a correspondência recebida para cada diretor e levar a correspondência a ser enviada para a Expedição, cabia a mim sair para fazer algum trabalho de office boy. Mas só quando era necessário alguém de confiança, como para buscar uma procuração no cartório ou reconhecer a firma de algum diretor. Dona Alice tinha um livro chamado Curso Básico de Datilografia e me emprestou. Depois, minha mãe me obrigou a fazer um curso completo, na Praça do Correio, que me ajudou por toda a vida. E me ajuda até agora, enquanto escrevo isso aqui numa velocidade não muito menor que a produção do meu cérebro.

...

A turminha da Marechal seguiu amiga, entrando nos dezoito anos. Na época do golpe de 1964, eu era muito alienado — foi o próprio golpe que me alertou. O pai do Ênnio pensou em ir para Porto Alegre se alistar na Rede da Legalidade do Leonel Brizola, mas todo mundo achou que não ia dar certo e eles desistiram. Eu tinha um amigo de São Paulo, Robertinho Meirelles, cuja família era fundadora de Santa Rita. O seu Ciroca, em cuja fazenda a gente ia nadar, era tio dele. O Robertinho passava as férias lá com a família e nos encontrávamos também em São Paulo na época das aulas. Ele morava no Pacaembu, na rua Avaré. Era outro lugar onde, para poder jantar, era preciso conhecer etiqueta. Lembro que foi na frente da casa dele, no seu rádio de pilhas, que a gente ouviu o discurso do Jango na Central do Brasil. Robertinho, como defensor de sua classe social, desceu a lenha no Jango com o mesmo raciocínio de sempre: "Comunistas vão acabar com a família, dividir as casas, tomar as fazendas" — aquele pensamento macarthista dos anos 1950 que perdura até hoje. Eu ainda não tinha opinião formada sobre o assunto, mas, desde o seminário, sabia que essa história de que poucos são ricos e muitos são pobres não era um desígnio divino como tentavam nos convencer.

...

Como bom geminiano, logo me enchi do trabalho na Prada. Aproveitei que estava estudando Química e disse para o meu padrinho que queria trabalhar em uma área afim. O Gama e Silva, que estava por ali, disse que era amigo do diretor jurídico do Frigorífico Armour. Pegou o telefone e em dez minutos eu estava empregado. Primeiro no Departamento Jurídico e, assim que abrisse vaga no laboratório, mudaria de função. Estando lá dentro, seria mais fácil. No Departamento Jurídico, meu trabalho seria de "office fórum", uma adaptação de office boy para quem só cuidava de coisas como fórum, cartórios e, no meu caso, dos departamentos federais encarregados de exportação. A Armour exportava toneladas de corned beef. Eu trabalhava de terno e gravata a partir das oito horas da manhã. Pegava meu roteiro de trabalho do dia, participava de uma reunião com os advogados e me mandava para o centro da cidade. A grande vantagem era que eu não precisava voltar ao fim do expediente: acabado o serviço, podia ir para casa. Isso era um perigo! Uma cervejinha depois do almoço e adeus tarde de trabalho!

Mas consegui me dar bem. Grande parte dos processos da Armour eram na Justiça do Trabalho e no Ministério da Fazenda, na rua Florêncio de Abreu, a mesma rua da Prada. Eu tinha que acompanhá-los e fazê-los andar — em troca de propina. Os advogados da Armour me orientavam a evitar conversar com os funcionários no balcão de atendimento, fazendo o possível para entrar na sala onde ficavam os processos. Valia mais a pena pagar para um processo de exportação andar do que deixar o navio parado no porto, carregado de carne. Na Justiça do Trabalho, era a mesma coisa. Era "criar dificuldades para vender facilidades" na veia. Estava tudo indo bem, eu pedi transferência na Escola de Química para o turno da noite e aguentei firme. Mas, quando chegaram as férias de fim de ano, todos os meus amigos voltaram para Santa Rita. Eu sabia que seriam ótimas férias. Comecei a ir para Santa Rita às sextas-feiras, às vezes nem ia para o centro da cidade; saía da Armour e ia direto para a rodoviária, ou então pegava carona na via Anhanguera. De São Paulo até Santa Rita são 225 quilômetros feitos em três horas de carro ou cinco no ônibus da Danúbio Azul, único que fazia o trajeto. Voltava na segunda-feira num ônibus que saía às duas da madrugada, chegava em São Paulo às sete horas e ia direto para o trabalho.

Nessa altura do campeonato, eu já me desinteressara totalmente pelo curso de Química Industrial. Frequentava as aulas por obrigação, matava o quanto dava, cuidava apenas para não perder o ano por falta. O emprego no laboratório estava demorando a aparecer e usei essa desculpa para pedir demissão. Não aceitaram, me deram um aumento e tudo. Eu sabia que estava me saindo bem, os processos corriam celeremente. E passava todos os fins de semana em Santa Rita. Uma vez, para conseguir uma licença, comprei um gesso na farmácia, coloquei no braço e disse que tinha quebrado. Fiquei uma semana sem trabalhar.

De uma dessas escapadas, não voltei. Só reapareci pouco antes de completar trinta dias fora, para não configurar abandono de emprego. Claro que me demitiram na hora. Adorei. Passei o resto das férias em Santa Rita e só retornei em março, para o começo das aulas.

Logo em seguida, saiu minha nomeação. Por meio de amigos de meu pai, delegados de polícia como ele, dona Gilda conseguiu me colocar na Secretaria da Segurança Pública, no cargo de escriturário-assistente de administração. Passei um ano e pouco batendo à máquina dados de pessoas que eram presas e passavam a ter ficha criminal, os "trutas" — como eram chamados os que cometiam crimes. Perdiam seu RG original por um de número baixo, de pessoas que haviam morrido. Assim, toda vez que se identificassem, os policiais saberiam que o indivíduo não era primário, ou seja, já fora processado. O Departamento de Identificação Criminal do antigo DI — atual DEIC (Departamento Estadual de Investigações Criminais) — trabalhava 24 horas por dia, em turnos de seis horas. Eu adorava o turno das 18h às 24h, para ficar com o dia todo livre. Depois foi introduzido o "turno por produtividade", ou seja, após datilografar determinado número de fichas, podia ir para casa. O menor tempo que a gente conseguia, se mandasse bala nas máquinas Remington velhas de guerra, era de cinco horas.

Começou a correr na repartição que iam promover alguns funcionários para substituir escrivães de polícia. Como eu era um exímio datilógrafo, fui convidado. Então me tornei escrivão *ad hoc*, ou seja, "designado para isso". Em outras palavras, um delegado me nomeara escrivão, com poder de polícia, embora eu não tivesse, para substituir alguém que por qualquer motivo não poderia assumir. E lá fui eu trabalhar como escrivão de polícia, com direito a arma e distintivo, no cartório da 1ª DP, no histórico Pátio do Colégio. Não no plantão, que seria mais movimentado, mas no Setor de Cartas Precatórias — pedidos de autoridades policiais de outras cidades para que se ouvissem réus e testemunhas que moravam em São Paulo em processos correndo fora. Era muito mais interessante e inteligente do que preencher fichas. Tive uma reunião com o delegado titular, amigo do meu pai, e uma aula rápida com o escrivão-chefe: havia perguntas básicas que eu devia fazer logo depois de identificar o "indivíduo", e todas as respostas começariam com "Que," — isto mesmo: "que-vírgula".

"QUE, ao ver que a arma havia disparado sem atingi-lo mortalmente, o depoente (se fosse réu era depoente, se fosse testemunha era declarante) a teria jogado em cima da cama; QUE, segundos depois, o depoente ouviu passos de pessoas subindo as escadas, certamente atraídos pelo barulho do tiro; QUE, logo em seguida, a porta foi arrombada e entraram seus dois filhos muito nervosos querendo saber o que havia ocorrido; QUE, chorando muito, confessou aos filhos que havia tentado se matar..."

Lembrei-me deste caso de uma tentativa de suicídio que acontecera em uma casa de praia no litoral paulista. Um milionário, morador da capital, tentara explodir a própria cabeça com uma espingarda cartucheira, mas a arma, pesada e de difícil manuseio quando apontada contra você mesmo, se moveu na hora e os chumbos apenas atingiram um pedaço da orelha. Tiveram que levá-lo ao hospital mais próximo, e no hospital avisaram à polícia. O filho mais novo do frustrado suicida tinha ido a São Paulo antes de ser ouvido na cidade onde a tentativa ocorrera. A carta precatória que eu recebera era para ouvi-lo. Assim fiz. Li o resumo do processo para me inteirar do assunto, a testemunha veio, depôs, tudo nos conformes. Assinei, anexei a declaração e despachei o processo.

Dois dias depois, fui chamado na sala do escrivão-chefe do cartório, que me disse mais ou menos o seguinte: aquele processo, na realidade, devia ser arquivado, uma vez que não havia uma vítima. O milionário, descontrolado porque sua mulher queria deixá-lo, resolveu se matar. Não conseguiu, se arrependeu, ficou sem um pedaço da orelha, mas conseguiu manter a mulher. Então não fazia sentido deixar o inquérito correr e encaminhar para a Justiça, o que só ia prejudicar a família, já tão abalada. Eu fiquei quieto, tentando entender aonde aquilo ia dar. Então ele se abriu: o advogado da família queria refazer o depoimento do garoto, para bater com os novos depoimentos que estavam sendo refeitos na cidade praiana, onde estava tudo acertado com o delegado e equipe, só faltando aquele para fechar a história. Nessa nova versão, não teria havido tentativa de suicídio nenhuma: o milionário estava limpando a arma e, sem se dar conta de que estava carregada, apertou o gatilho e disparou acidentalmente. Para que isso desse certo, eu teria que mudar o depoimento do filho. E isso tinha um preço alto. O chefe me explicou que suborno, quando vinha diretamente das mãos de um advogado, não oferecia risco algum, uma vez que eles jamais denunciariam, porque incorreriam no crime de corrupção ativa, passível de cassação do registro na OAB. Explicações feitas, meu chefe disse que o advogado do milionário daria o dinheiro diretamente para ele, e que ele passaria para mim 70%, ficando com 30%.

Entrei em parafuso. Não queria ser comprado, nem pensar! Ainda mais mudando um depoimento oficial, achei que todo mundo ia saber. (Aliás, todo mundo saber é uma maneira de manter todo mundo corrompido.) Quando percebeu minha dúvida, o chefe estrilou: "Porra, Abreu, não vai dar uma de filho de delegado, né? É o dinheiro mais mole de toda a sua vida, não tem ninguém prejudicado, o cara não feriu ninguém, só a si mesmo. Estava descontrolado, tentou se matar, não conseguiu, esquece. E olha, depois vai lá na Igreja do Santo Tal, deixa uns 10% da 'bola' e pede para que nunca mais falte."

O escrivão-chefe era baixo, careca e tinha uma barriguinha proeminente. Um policial simpático, a fim de ajudar quem chegasse precisando de alguma informação e também a fim de ganhar algum por fora. Senti que seria difícil negar e percebi que a armação estava acima dele. O milionário, afinal, era milionário. Concordei em refazer o depoimento.

No dia marcado, chegou o rapaz com o advogado. Depois de se trancarem na sala do chefe, foram até a minha mesa. Quando comecei o interrogatório, quem respondia era o advogado. Tudo foi feito para não haver dúvida de que jamais houvera tentativa de suicídio. O advogado chegou a levar cópia do depoimento do outro irmão para que as respostas do meu declarante batessem com as dele. Feito, assinado, meu chefe pegou o processo e mandou a quem de direito. À tarde, me chamou para um café num bar das proximidades e lá me deu trezentos dinheiros, não me lembro de que moeda era. Não era pouco, mas me queimou os dedos. Eu me despedi do chefe, peguei um táxi e fui procurar a Igreja do Santo Tal. Cheguei lá e enfiei os trezentos dinheiros numa dessas caixas de colocar donativos, não sem dificuldade. Nunca mais entrei em nenhum esquema de corrupção, o que me causou sérios problemas mais tarde. Eu tinha experimentado na Armour a corrupção ativa; na polícia, a passiva.

...

Numa ida à administração geral, na sede da Secretaria, onde funcionava também o DI, encontrei por acaso com um delegado que fora muito amigo do meu pai. Era o dr. Carlos Ferreira de Castro, que me convidou para um café em sua sala. No meio do papo, contei que estava trabalhando como escrivão. Imediatamente ele me chamou para trabalhar com ele na Delegacia de Entorpecentes e ligou para o delegado da 1a DP pedindo minha liberação. Um mês depois, eu assumia o novo cargo. A grande diferença era que ali eu interrogava réus ou testemunhas envolvidos apenas com tráfico de drogas: 80% maconha, 20% bolinha. Não mais "assuntos gerais" como no Setor de Cartas Precatórias. Durou pouco.

Aquele movimento das quatro equipes de investigação, a Equipe A, do próprio delegado, e as outras três, cada uma formada por quatro investigadores de polícia entrando e saindo do cartório, planejando ações, encaminhando gente para interrogatório, infiltrando gente em quadrilhas de venda de drogas etc., me deixou excitado. A equipe A era formada pelo delegado Ernesto Milton Dias e por três investigadores, Berardino Fanganiello mais dois. O primeiro ficou famoso como auxiliar do coronel Ustra no DOI-CODI. O segundo saiu da polícia, montou uma empresa de segurança, enriqueceu, e hoje é comodoro do Iate Clube de Santos. A equipe A estava levantando uma quadrilha que vendia heroína no bairro japonês. Coisa de filme.

Perguntei para o delegado se não dava para passar de escrivão a investigador. Dava! Eram dois cargos gêmeos: o salário era o mesmo, hierarquia policial idem. E assim foi feito. De um dia para o outro, estava eu pelas ruas de São Paulo, dentro de uma Rural Willys de chapa fria, pintada de verde e branco, disfarçada de carro civil. Logo de cara, quando tentamos prender um sujeito na zona leste, ele fugiu atirando. Foi a primeira vez que tirei meu Taurus 38 da cinta (investigadores e escrivães tinham direito a "fazer a carga" de uma arma no DOPS) e meti bala — com o cuidado de apontar para cima, afinal eu não estava a fim de matar nenhum inocente. A sensação de atirar é muito louca, ainda mais numa operação policial. Foi a única vez, pelo que me lembro. No dia seguinte, nos jornais, uma nota dizia que um passante havia sido atingido no pé. Tenho certeza de que não foi tiro meu.

•••

Aos vinte anos, eu fazia o quarto ano de Química Industrial e ainda tinha muita espinha na cara — o que me rendeu o apelido "Ferrugem". Aprendi a dichavar a maconha, a enrolar e fechar um baseado no Setor de Entorpecentes do DI! Insólito. Para fumar os baseados, dávamos um passeio de viatura. Sirene ligada, acendíamos o *beck*. E ficávamos passeando pelo Minhocão, indo e voltando, curtindo o vento na cara.

Então fui para uma diligência em Diadema. A reunião com os traficantes foi marcada num campo de futebol de várzea. O dedo-duro que trabalhava para a polícia em troca de drogas (!) foi quem marcou. Cheguei apreensivo: eram três caras e a primeira vez que eu fumaria maconha de verdade, visto que as anteriores tinham sido para treinamento. Claro que bateu, desde a primeira vez, só que na diligência eu teria que ficar doidão, mas não a ponto de vacilar. E vacilar é sinônimo de ficar doidão, ora pois! O fato é que eu sabia que estava cercado de colegas, disfarçados, andando por ali, um no carro, outro na padaria, dois batendo bola. A qualquer sinal de perigo, era só eu passar as duas mãos no cabelo e eles interviriam. Fumei com os caras — ainda bem que foi pouco, só deixaram que eu experimentasse por causa do dedo-duro. Comprei vinte gramas — era muito. A maconha era vendida em rolinhos embalados em papel de revista ou jornal, chamados de dólar, dolinhas, doletas, e só dava para fazer três ou quatro baseados. Depois de fumar, eu disse que voltaria em dois dias para buscar um quilo. "Para passar pra frente na faculdade", falei. O trafica grande foi embora e ficou um outro menos possante, mas com boa freguesia. Tentou me vender cem gramas e resolvi levá-lo para fazer o negócio perto da Rural Willys da Polícia. Quando nos aproximamos, peguei a maconha e, em vez de tirar dinheiro do bolso, gritei: Polícia! E o abracei com seus dois braços junto ao corpo, dando-lhe uma chave que o imobilizava. Durou alguns segundos, apenas o tempo de os colegas chegarem para algemá-lo. Foi tudo rápido para que ninguém visse, pois não queríamos estragar o "negócio" combinado para a semana seguinte. Em vez de lavrar o flagrante do cara em Diadema, onde havia sido preso, ou na especializada em São Paulo, o chefe da equipe o levou para uma delegacia do interior, para que ninguém do bando ficasse sabendo de sua prisão. Sabíamos que o flagrante ia cair, mas era uma forma de manter o cara fora de circulação sem que o maioral soubesse. De qualquer maneira, o evento entrou na "cota de produtividade" da delegacia, uma quantidade mínima de flagrantes que cada equipe da Entorpecentes devia apresentar. Sim, cota, como vendedores de livros. Como a maioria dos traficantes presos eram soltos em troca de suborno, a cota era cumprida muitas vezes com falsos flagrantes. Os tiras sabiam que o cara traficava, tinham provas, prendiam viciados com fumo dele, alcaguetes entregavam, mas não pegavam o cara com algo "em cima". Então "plantavam". Levavam o cara para a delegacia, pegavam um pacote de maconha no cofre e forjavam o flagrante. O cara negava, mas quase todo criminoso nega o crime.

Eu ficava passado com aquelas práticas. Quando o caso era de suborno na rua, a equipe me deixava num bar tomando uma e dava uma volta com o cara. Normalmente retornavam sozinhos. Havia um acordo tácito: eu não participava e fingia que não via, nem sabia. No caso de flagrante forjado, a mesma coisa. Que não me colocassem como testemunha. Porque tinha isto: a cada flagrante lavrado, três de nós tínhamos que assinar como testemunhas; isso queria dizer que dali a um mês, um mês e pouco, seríamos chamados para depor perante o juiz que julgaria o flagrante. Réu preso tem preferência de julgamento. A maioria dos flagrantes caía perante o juiz pela teoria do "flagrante forjado": na lei brasileira, a polícia tem obrigação de evitar o crime e não pode deixar acontecer a venda da droga, por exemplo, para prender o traficante em flagrante, como a lei americana permite. Dizem até que policiais americanas se travestiam de prostitutas para se oferecer e, quando o cara aceitava, ia em cana. Aqui não: tem que evitar o crime assim que tiver conhecimento dele. Então era tudo inventado: "QUE, estávamos passando com a viatura pela rua tal e vimos os meliantes em atitude suspeita [o significado de 'atitude suspeita' ninguém sabia]. Que, resolvemos revistá-los e encontramos as drogas escondidas, prontas para a venda..."

Os juízes estavam cansados de saber como a coisa funcionava e bastava um advogado bom para quebrar o flagrante e encerrar o inquérito. Isso justificava a maioria dos flagrantes comprados diretamente com a polícia, sem a interferência da Justiça: "O traficante não matava, não roubava. O mal que ele fazia era para os viciados, mas porque os viciados queriam se drogar. Então, que mal havia em soltar, desde que pagassem por isso? O dinheiro iria para o advogado mesmo..."

Essa também era a justificativa para a "caixinha", cota semanal que os traficantes pagavam aos policiais para poder trabalhar tranquilamente. As delegacias especializadas mais solicitadas pelos tiras eram justamente a de Costumes (que cuidava das prostitutas) e a de Entorpecentes, por causa das semanadas.

Pois então, voltando à vaca fria, no dia marcado armamos a campana para prender o grandão na hora em que ele trouxesse "meu" quilo. Foi mais fácil que pensei: assim que peguei a droga e coloquei na bolsa a tiracolo que estava embaixo do casaco, mostrei a arma e disse que ele estava cercado, portanto, era melhor não reagir. Mas o cara saiu numa disparada sem igual. Um colega que estava bem no caminho dele passou-lhe uma rasteira e ele se estabacou no chão. Foi dominado e algemado. E levado para o DI para dizer de onde tinha vindo aquele quilo. Prometemos aliviar o depoimento na Justiça e talvez até faltar aos depoimentos e deixar o flagrante morrer aos poucos... E ele falou.

Contou que um cara perto da Via Anhanguera tinha muito. Deu o endereço, foi com a gente lá. Itaberaba, para lá da Freguesia do Ó, ao lado da Vila Brasilândia. Ninguém em casa. Demos uma geral e saímos, sem achar nada. O alcaguete jurava que tinha maconha lá. Ficamos dois dias e uma noite de campana, esperando o trafica aparecer. Chegou de madrugada, nós o deixamos entrar, dormir. Demos um tempo depois que ele apagou a última luz e arrombamos a porta. Prendemos o cara sem resistência. "Cadê a maconha?" "Tenho maconha não, doutor."

Fui até o quintal e vi uns tambores de óleo diesel empilhados embaixo de uma árvore. Tambores vazios? Aquilo me deu um troço esquisito, chamei os colegas. Será? Começamos a observar o chão do quintal e notamos sinais de terra mexida. Comecei a cavar com as mãos e encontrei um tambor enterrado. Chamamos os dois traficas, achamos uma pá na casa e fizemos os dois trabalharem. No fim de pouco mais de uma hora de escavação, doze barris cheios de maconha até a boca. Foi um auê. Ligamos para o dr. Carlos, que logo chamou a imprensa. Quando chegamos no DI, fomos atacados por flashes. Estava conosco, além dos dois traficas, uma boa quantidade de maconha para mostrar para a imprensa. Entrando na sala do delegado, foi uma loucura. Saí nas primeiras páginas dos jornais sensacionalistas da capital. Se já existisse internet, diriam que eu era o trafica...

No mês seguinte, montou-se um esquema imenso para transportar toda aquela maconha até um forno de lixo da prefeitura, onde ela seria incinerada. O cortejo, de mais de dez viaturas, percorreu os poucos quilômetros que separavam os dois pontos. Em cada viatura havia um motorista, quatro tiras e vários travesseiros de maconha enchendo o resto do espaço. O que teve de tira saindo da viatura com um ou dois travesseiros debaixo do braço e entrando num táxi para levar para casa não estava no gibi. Certamente para venda. Tráfico. Eu já tinha ouvido falar de que havia policial traficante, mas ainda não vira.

O chefe dos tiras, o Russinho, disse: um sujeito com aquela quantidade de maconha deve ter algum esquema maior, sempre tem alguém maior. E ficou resolvido que o cara ia falar. Sabia-se que havia ligações com o Mato Grosso e o Paraguai e, em geral, quanto maior o traficante, maior o suborno. Mas o cara não queria falar. Foi levado para uma sala da Delegacia de Roubos e Assaltos, onde havia uma sala de tortura, e colocado num pau de arara. Eu fui lá ver. Foi foda. Davam choques em todo o corpo do cara, nu. O corpo pulava movido pelos choques elétricos. Poças de suor no chão. Ele gritava muito. Saí de lá para não mais voltar.

Fui exonerado meses depois, não antes de dona Gilda falsificar minha assinatura num pedido de exoneração. Se dependesse só de mim, teria sido exonerado a "Bem do Serviço Público", por "Abandono de Cargo".

*Estreia profissional na peça Electra, de Sófocles com Ana Maria (1968)*

Foto: arquivo pessoal

# CAPÍTULO 10

Foi no lupanar, que tio Primo e eu criamos na casa do Nono, que conheci um tipo de mulher muito comum naquela época, a chamada "biscate". A biscate dava porque queria dar. Não cobrava, mas queria algo em troca, algo que melhorasse sua vida, sem ser dinheiro — muitas até não aceitavam. Meu tio Primo (afinal, é tio ou é primo? Era tio e se chamava Primo. "Primo" quer dizer "primeiro" em italiano, ele foi o primeiro filho do Nono e da Nona) era expert em biscates. Sempre tinha umas meninas, algumas mais dadas, outras mais ariscas, mas foi o período em que mais transei na vida, se não contar o tempo de Casanova; 1966, entre a saída da polícia e a entrada na Faculdade de Direito da PUC. Eu me lembro de uma das biscates dizendo para o tio Primo que eu, quando gozava, tremia o corpo todo. Não se sabe se ela estava reclamando ou apenas constatando. E foi no lupanar que peguei a primeira gonorreia, doença comum numa época em que ninguém usava camisinha. Algumas injeções de Benzetacil, que doíam pra caramba, e *bye* gonorreia.

Numa noite, de porre, eu e o Décio Afonso, outro amigo de escola, resolvemos comprar um Ford 1929 do professor Cleolando. Por que e para quê? Até hoje não sei. Coisa de maluco. Entramos com 50% cada um e viramos donos do Ford Bigode, que andava direitinho, como um carro de época pode andar. Numa ida a São Paulo para visitar minha mãe — que não estava gostando nada de eu ter largado a polícia e estar morando com o tio Primo —, encontrei vizinhos da rua Albuquerque Lins, donos de um entreposto de queijos. Eles pediram para eu tentar vender seus queijos na região de Santa Rita, para bares, clubes e restaurantes, no atacado. Convidei então o Décio, sócio no Ford Bigode, para ser meu sócio também no entreposto de queijos.

Abrimos uma firma: ABRAFO — Abreu e Afonso Laticínios Ltda. Horrível, né? Como os queijos eram de boa qualidade, e os preços imbatíveis, acabamos vendendo bem. Depois de dominar Santa Rita, partimos para a região. Começávamos pelos bares dos clubes que costumávamos frequentar, pois conhecíamos os donos. Eles nos apresentavam a outros donos de bares, e assim o negócio cresceu. Uma vez por semana, pegávamos os queijos com uma Kombi alugada e usávamos o Ford Bigode para entregas em Santa Rita. Alugamos um quarto no quintal da casa de um amigo à guisa de depósito, compramos cinco geladeiras domésticas usadas e começamos a estocar os queijos.

No fim de um feriadão no qual estávamos com as geladeiras cheias, tivemos uma surpresa. O fusível de luz não aguentou e queimou, de modo que as geladeiras ficaram desligadas, com as portas fechadas, por quase quatro dias de verão. Cada uma que abríamos era uma explosão de fedor! Quebramos. Vendemos o Ford Bigode, pagamos o que deu de dívidas e fechamos a ABRAFO. Vida curta, graças a Deus. Jamais seria feliz sendo vendedor de queijos.

De volta a São Paulo, na padaria da praça Marechal Deodoro que frequentávamos diariamente, fiquei sabendo que três amigos da turma dos mais velhos — tinha duas turmas que se relacionavam, apesar de cada uma ter vida e interesses próprios — iam fazer vestibular para o curso noturno de Direito que a PUC abriria em abril de 1967. Resolvi fazer também, só de onda. Estávamos perto do Natal e a prova seria no fim de março. Entrei numa de estudar, varei noites nas vésperas dos exames e passei. Dois dos três amigos, não. Conseguiram a nota mínima em todas as matérias, mas, na classificação, ficaram de fora. Eram os chamados excedentes. Para entrar, a nota mínima era cinco. Mas os primeiros colocados preenchiam as vagas, e os que tivessem notas piores dançavam, não em silêncio: foram feitos acampamentos dos excedentes na porta da Católica, nas Perdizes, na rua Monte Alegre.

O fato é que entrei na faculdade de Direito em ritmo de batalha campal. A ditadura estava reformando o ensino na universidade brasileira após um tal Relatório ATCON, que deu início a uma "cooperação" dos americanos nessa reforma com o maldito acordo MEC/USAID: por esse acordo, a universidade brasileira, essencialmente europeia, passaria a ter a estrutura das americanas, com curso básico, créditos, matérias avulsas e optativas, uma maneira de pulverizar a unicidade de uma sala de aula e dificultar que a universidade continuasse a ser lugar de debate. O debate leva à politização. Essa luta dos excedentes foi só a primeira. A universidade respirava política e principalmente a luta contra a ditadura.

Logo no primeiro dia de aula, o José Dirceu, então presidente do Centro Acadêmico 22 de Agosto, foi até a sala dos calouros que estavam inaugurando o curso de Direito noturno. E já pegou pesado, denunciando as novas leis do ensino, principalmente a Lei Suplicy de Lacerda, que tornou ilegais a UNE, as UEEs e os Centros Acadêmicos. Logo após o Dirceu, falou o Omar Laino, outro líder estudantil, também diretor do Centro Acadêmico 22 de Agosto. E mais dois diretores, Eduardo Bonumá e Guilherme da Costa Pinto Filho. Fiquei muito impressionado com o conhecimento do país que tinham. No fim da fala do Omar, conversamos com eles e acabamos, Omar e eu, ficando sozinhos. Ele então me disse que precisava ir, com Eduardo e Guilherme, porque era hora de ensaio no TUCA. Não sei por que motivo ele me convidou para ir com ele. E eu fui. E isso mudou a minha vida.

O TUCA foi um grupo de teatro ligado à Ação Popular (AP), uma organização de esquerda, católica, originária da França, e que produziu, como primeira peça, uma versão do auto de Natal pernambucano *Morte e Vida Severina*, musicada por um estudante de arquitetura chamado Chico Buarque de Hollanda. O poema de João Cabral de Melo Neto jamais seria o mesmo. Morte e Vida, que estourou desde a primeira apresentação, era dirigida pelo Silnei Siqueira, com cenários do José Armando Ferrara e supervisão geral de Roberto Freire, o Bigode, os três profissionais contratados para dar suporte artístico ao grupo.

Depois do sucesso de *Morte e Vida Severina* no Brasil, o TUCA foi convidado a participar do Festival Internacional de Teatro de Nancy, na França, o principal do mundo. Além da peça concorrente, os grupos convidados precisavam montar uma apresentação menor, todos com o mesmo tema que, naquele ano, foi conflito de gerações. O Roberto Freire havia feito um roteiro bem simples chamado *O&A*, no qual o "O", vogal fechada, seriam os "velhos" e o "A", vogal aberta, seriam os jovens. Montada rapidamente, foi apresentada uma versão mambembe, sem muito alarde. Mas Morte e Vida foi uma loucura. Sucesso imediato, dez minutos de aplausos ininterruptos, Grand Prix, convites para apresentações em Paris e Lisboa.

Isso tudo havia repercutido muito no Brasil, e eu sabia exatamente o que significava o TUCA. O Chico estourou enquanto estava na Europa com o grupo. Com um compacto simples, uma música de cada lado: no lado 1, *Pedro Pedreiro*; no 2, *O Funeral do Lavrador*, composto

120

para a peça. Chico chegou chegando. Pedro Pedreiro é genial, tanto música como letra. Por tudo isso, quando o Omar me convidou para ir com ele ao ensaio, tremi nas bases. Fiquei superexcitado, como qualquer geminiano ficaria nessas horas.

Fui muito bem-recebido pelo pessoal do TUCA. O Omar, o Eduardo Bonumá e o Guilherme da Costa Pinto, também estudantes de Direito e membros, como Omar, da diretoria do Centro Acadêmico, seriam meus melhores amigos. Rolou uma sintonia imediata entre nós. Aliás, com o elenco todo! Eu estava de cabelo raspado (calouro!), e todos queriam saber quem eu era, que curso fazia etc. e tal. Logo vi que era um grupo de pessoas diferentes. A diferença era um clima de amor e solidariedade no ar, que me envolveu no mesmo instante. Foram os primeiros atores que conheci. E todos eram de esquerda. Muitos cristãos, como a AP.

Até hoje acho que atores são pessoas diferentes pelo seguinte motivo: vivemos muitas vidas numa só. Isso vai te marcando indelevelmente. Você cria um personagem e a partir daí ele ajuda a criar você.

Anos depois o Caetano compôs, para uma peça que fiz (*Miss Banana*, adaptação e direção de Wolf Maya, com Regina Duarte) a música *Merda*. É a melhor definição para "essa gente". Vale um Google.

Pois era uma nova versão da peça que foi apresentada em Nancy que o TUCA estava ensaiando. Pegaram *O&A*, roteiro original do Roberto Freire, aumentaram, e o Chico compôs temas lindos. A peça não tinha palavras: era toda cantada, usando apenas as vogais "O" e "A", exigindo, portanto, muita linguagem corporal. Foi contratada então uma professora de Expressão Corporal, Maria Esther Stockler, uma pré-hippie, casada com José Agrippino de Paula, o escritor de *PanAmérica*, um dos livros mais difíceis que li.

Lá pelas tantas, num intervalo do ensaio, alguém me perguntou se eu não queria participar do grupo. Não no elenco, que estava completo (até então eu nem de longe pensara alguma vez em ser ator), mas em cargos ainda não preenchidos nas equipes técnicas e de produção. Eu disse que me interessava, mas não sabia ao certo onde me encaixaria. Eles ensaiaram, eu assisti até o fim, maravilhado. Ver a Esther e o Silnei no palco, improvisando cenas, foi lindo. Fiquei de voltar no dia seguinte.

Quando cheguei em casa, não consegui dormir. Levantei e escrevi um texto sobre a importância daquela noite para mim, na qual eu não apenas havia começado o curso universitário de Direito, como havia sido convidado a participar do TUCA. Eu sentia um borbulhar interior, parecia que algo de muito bom ia acontecer. No dia seguinte, fui para a aula, mas não aguentei de curiosidade, matei as duas últimas e me mandei para o TUCA.

Minha vida se mudou para a faculdade. Chegava de manhã, ia para o Centro Acadêmico bater papo. O CA ficava bem em frente ao portão principal. Logo na entrada, o que seria um jardim frontal foi coberto e havia uma lanchonete que vendia barato. Passando por dentro da lanchonete, se chegava até a varanda que dava na entrada da casa. Na sala havia um conjunto de sofás e, em cima deles, dependurado na parede, uma foto do papa Pio XII — coisa de escola católica. Algum brincalhão bom de traço pintara com pilot vermelho uns galhos de veado sobre o vidro. Ficou bem-feito. Os chifres pareciam mesmo sair da cabeça do papa. Aquilo estava lá havia anos e por lá ficaria não fosse a agitação política da luta contra a Ditadura. Mal sabia eu que aquele quadro me livraria da cadeia anos depois.

De tarde, eu ia para a sala do TUCA, onde ficava a administração do grupo. De noite, me dividia entre assistir às aulas e aos ensaios. Numa noite, o Edson Braga, um dos atores, que ocupava o cargo de diretor-administrativo do grupo, me perguntou se eu tinha tempo disponível para substituí-lo. Eu não fazia a menor ideia das funções de um diretor-administrativo até que ele me explicou: um nome chique para uma atividade imprescindível no teatro, a produção. O diretor-administrativo do TUCA era na verdade o diretor de produção. E o produtor executivo era o diretor-superintendente, cargo ocupado pelo Henrique Suster. Tinha também um diretor-técnico, o Caparroz, estudante de engenharia no ITA ou Politécnica, não lembro, e um diretor-artístico — o único assalariado —, que era o Roberto Freire. Tá, mas eu também não fazia ideia de quais eram as atribuições de um produtor. O Edson então me explicou a partir de exemplos: quando o figurinista desenhava um figurino ou o cenógrafo, um cenário, o produtor fazia acontecer. Ia atrás do pano para o vestido, da costureira, da madeira para o cenário, do cenotécnico-carpinteiro para executar, enfim, produzia. "Ué, isso eu sei fazer", respondi. Como office boy da Prada e da Armour, eu tinha adquirido um jogo de cintura formidável. Então, topei.

No outro dia, ele me levou até a sala do TUCA, a dezenove, que ficava bem em frente à entrada principal do prédio velho. Um lugar excepcional: da mesa dava para ver todo mundo que entrava e saía da faculdade! Era uma época maravilhosa! Lá conheci o Henrique Suster, de quem logo fiquei amigo. O Henrique, além de estudante de Psicologia da São Bento, era cantor de sinagoga, uma figura! Inteligente, culto, pragmático, dava respostas bem-humoradas para os problemas mais cabeludos. Ele me ensinou tudo o que sei de produção teatral, o que não é pouco. Depois de sair do TUCA, ele mesmo se tornou um grande produtor de espetáculos memoráveis. Aliás, ele e o Edson Braga, que virou diretor de novelas da TV Tupi — dirigiu a primeira versão de *Mulheres de Areia*, entre outras —, foram os únicos que continuaram na carreira. Dos atores, só a Ana Lucia Torre — que fez tanto *Morte e Vida* quanto *O&A* — e eu nos tornamos profissionais. Ah, e o Fernando Benini também, excelente mímico, que depois fez carreira como humorista no SBT. Mas olha que passaram uns cem atores nos dois espetáculos montados pelo Silnei.

Eu estava levando minha vidinha no Centro Acadêmico, onde cada vez mais me envolvia com o ME, o Movimento Estudantil. Afinal estudavam na faculdade de Direito da PUC tanto o Dirceu, presidente do CA, quanto o Luís Travassos, presidente da UEE-SP, União Estadual dos Estudantes de São Paulo. O Travassos logo em seguida foi substituído pelo Zé Dirceu na UEE-SP e assumiu a UNE.

Então não era pouca a força da nossa faculdade no ME. E cada um desses dois era de uma "O" diferente. "O" era como chamávamos as organizações políticas de esquerda que lutavam contra a ditadura e o domínio americano e pela implantação de um regime que privilegiasse os menos favorecidos. Cada "O" tinha sua ideia, seu plano traçado. Havia o PCB, o partidão, e suas inúmeras dissidências — o Dirceu era da DI-SP (Dissidência Paulista) —, a Ação Popular (AP), a Política Operária (POLOP), o Partido Operário Comunista (POC). Travassos era da AP, assim como o TUCA. Entre as dissidências do partidão, havia o Partido Comunista do Brasil (PCdoB), a Ação Libertadora Nacional (ALN), o Partido Comunista Brasileiro Revolucionário (PCBR), o Movimento Revolucionário 8 de outubro (MR-8), a Dissidência da Guanabara (DIGB) e a Dissidência de São Paulo (DI-SP), entre outras.

Do jeito que sempre fui, já comecei com os pés em duas canoas. O Centro Acadêmico era dirigido pela Dissidência. O TUCA, pela AP. Não vou falar aqui do Partidão e sua história porque não participei de nada, só conheço por livros e por acompanhar com curiosidade distante. A AP era outra coisa, inspirada na *Action Populaire* francesa, uma "esquerda cristã", guiada pelos ensinamentos de Emmanuel Mounier, Teilhard de Chardin, Jacques Maritain e Louis-Joseph Lebret, muitos deles religiosos — mais palatável para mim, que nunca me considerei comunista; me achava, como ainda me acho, um socialista sonhador.

A AP foi fundada em 1959 como uma evolução política da Juventude Universitária Católica (JUC), à qual depois se juntou a Juventude Estudantil Católica (JEC). Nessa época, a AP dominava o ME. Elegeu todos os presidentes da UNE até o Travassos, em 1967. O José Serra foi o único de seus presidentes que fugiu do país sem terminar o mandato. Isso em 1964, quando a repressão era leve. Mesmo em 1968, com a barra muito mais pesada do que em 64, o Travassos segurou a onda, até o Congresso da UNE onde caiu. A AP e a DI-SP brigavam pela hegemonia do Movimento Estudantil, e os dois principais líderes, Travassos e Dirceu, estudavam na mesma faculdade. Havia assembleia do Centro Acadêmico toda hora, havia

124

reuniões políticas o tempo todo, passeatas, ocupações de faculdades, enfim, 1967 esquentou os tambores para o que viria a ser 1968, o ano que não terminou. Além disso, aconteceu um fato que mudou definitivamente minha vida.

Gravando a base vocal de A Salamandra do Jarau no estúdio da Rádio Universitária de Pelotas, RS (1976)

Foto: arquivo pessoal

# CAPÍTULO 11

Em tempo algum eu havia pensado em ser ator. Na infância, como já disse, estudei música: primeiro acordeão, piano e violão, depois pistom, trombone e bombardino. Cheguei a tocar por alguns anos na banda infantojuvenil da cidade. Como ator, apenas aquele Luís XVI, experiência ainda no jardim de infância do colégio de freiras. Aí virei o diretor-administrativo do TUCA, um cargo que os artistas não queriam. Assistia às aulas mais importantes e fugia para o Auditório Tibiriçá, o nome original do hoje TUCA, que ficava a poucos metros das salas. Todas as noites, antes de começar o ensaio, rolava aula de expressão corporal com a Maria Esther Stockler. Eu ficava por lá, curtindo só observar. Um dia, num exercício em duplas, uma menina ficou sobrando e a Maria Esther me pediu para quebrar um galho. Tremi, mas topei. Subi no palco e comecei. Fiz tudo o que ela pediu. A Maria Esther me elogiava a cada exercício que fazíamos, dizia que eu tinha um ótimo domínio do corpo. Nem eu sabia. Acho que era resquício dos bailes e campeonatos de rock.

Quando o Silnei chegou, ela insistiu que me queria no elenco. Após uma reunião com a equipe de criação, recebi um papel pequeno: um dos jovens da turma dos As. Eu cantava bem, dançava bem, e tinha uma cara de pau imensa. Logo ganhei um papel melhor, de um dos líderes do grupo dos As. Mais um tempo e veio o papel do chefe dos As. Os ensaios seguiram, a peça se estruturando, até que, poucas semanas antes da estreia, fomos gravar a base musical sobre a qual cantaríamos.

O maestro Júlio Medaglia, que acabara de voltar de um curso na Alemanha, fora contratado para dar um aspecto orquestral, quase sinfônico, à música do Chico, ao lado de outros três maestros, Damiano Cozzella, Rogério Duprat e Sandino Hohagen, cada um tocando um instrumento. A gravação foi num estúdio enorme, a orquestra toda e grande parte do elenco estavam lá. Era uma técnica supermoderna para a época, aliás como tudo na peça. A começar por não se dizer uma só palavra, coisa inédita. Um dos temas mais lindos de O&A era um canto do chefe dos velhos Os, representado pelo Manoel Domingos, em cima da estrutura metálica que fazia o cenário, enquanto mostrava — em retroprojeção de slide, também então inédito em teatro — um mapa da Amazônia sendo ocupado gradativamente, a cada troca de slide, pela bandeira americana. Quando a Amazônia era toda ocupada pela bandeira, o Manoel descia as escadas e cantava no centro do palco, como a convencer o público de que aquilo seria o melhor para o Brasil. Uma cena primorosa. E o maior canto solo da peça.

Pois bem, o Manoel era um dos mais duros do elenco, trabalhava de dia e não pôde estar na gravação. O Júlio Medaglia gravou a parte dele num tom que achou conveniente para a voz do ator. A gravação foi uma das coisas mais lindas que aconteceram na minha vida.

Três dias de puro êxtase: todos aqueles músicos, quatro maestros geniais (logo depois Rogério Duprat estouraria como o maestro e arranjador da Tropicália) e eu lá, de ator-cantor-diretor-administrativo, responsável pelo pagamento do estúdio, dos músicos, de tudo.

Depois de três dias de gravação, esperamos mais uns quatro ou cinco para o Júlio mixar. Quando as fitas chegaram, foi uma festa. Ouvimos a trilha inteira sem respirar. Estava maravilhoso! Solos de contrabaixo de arrepiar. Muitos cellos, violinos, enfim, uma coisa. Sem demora, o Manoel percebeu que a base musical sobre a qual ele solaria estava no tom errado. Ele não conseguia cantar: se entrasse uma oitava acima, não atingiria os agudos; uma abaixo, não atingiria os graves. Foi um anticlímax.

Adorado pelo grupo, Manoel havia passado por uma situação chatíssima quando *Morte e Vida Severina* foi para a França participar do Festival de Nancy. Os pedidos de passaportes para atores e técnicos foram feitos num só movimento. Todos saíram, menos o do Manoel: ele tinha um processo — fora preso numa pichação, algo assim — na Lei de Segurança Nacional e foi impedido de deixar o país.

Mais uma vez o Manoel sofreria. "Vamos mudar o tom", sugeriu Silnei. "Impossível", disse Júlio Medaglia. Seria caríssimo alugar o estúdio de novo, pagar os músicos, "estouramos a verba". O TUCA tinha ganhado bastante dinheiro na viagem a Paris e Lisboa, mas estava acabando, tal a parafernália elétrica do espetáculo: cinco projetores de slides Carrossel da Kodak recém-lançados; cinco telas de acrílico para retroprojeção; um projetor de cinema de 16 milímetros e sua respectiva tela, que baixava antes da peça e passava um minidocumentário do Maurice Capovilla e do João Silvério Trevisan sobre as guerras, principalmente a do Vietnã; a produção desse *doc*; fora a estrutura metálica imensa que tomava o fundo do palco. Era uma estrutura metálica Rohr ou Mills, usada para pintar prédios altos. Mais o gravador de rolo Akai, o amplificador de som e as caixas espalhadas pelo palco e pela plateia. Como diretor-administrativo, eu tinha acabado de comprar o tal gravador de rolo Akai (chamávamos de *tape-deck*) e ficava tomando conta do bicho, raro e caro na época. Enfim, o TUCA estava sem verba, não dava para mudar a música. O Silnei ficou de pensar.

No ensaio seguinte, num sábado à tarde, fizemos uma pausa para o lanche. Eu não estava com fome e fiquei mexendo no Akai sozinho no teatro. Liguei a trilha da peça e comecei a cantar em cima. Chegou a música do líder dos Os, a do Manoel, e estava no tom perfeito para mim. Soltei os pulmões e cantei com tudo. Quando acabou a música, ouvi um bater de palmas solitário, no fundo do teatro. Levei um susto. Era o Silnei que ficara para tirar uma soneca... Ele se levantou e disse: "Resolvido o problema: você faz o Chefe dos Velhos e o Manoel faz o dos jovens." Perguntei: "Ele não vai ficar chateado?" E ele: "Acho que vai preferir, vive me pedindo para fazer um dos jovens. Agora vai fazer." Logo os atores chegaram, o Silnei me fez colocar a base e cantar. Quando acabei, fez-se um silêncio, que só foi quebrado pelo Manoel, que gritou: "Eu troco!!! Troco agora!" O Silnei piscou para mim com aquela cara de menino sorridente que ele conservou por toda a vida, e eu ganhei meu primeiro papel de destaque. Há mais de cinquenta anos. Em junho de 1967.

Nessa época havia censura, e os espetáculos eram obrigados a fazer um ensaio geral para uns idiotas da Polícia Federal, os censores, que diziam o que podíamos fazer ou não. Como a peça não tinha palavras, eles não sabiam o que cortar. Cortaram uma série de slides na qual um capacete militar se transformava num penico de ouro cheio de dinheiro. Havia um Certificado de Censura que no cinema era obrigatoriamente exibido antes do filme começar, mas em teatro, como a princípio não havia projetor, não era obrigatório. Só que nós usávamos um projetor. Daí alguém teve a ideia de projetar o Certificado de Censura da peça. Na frente havia o lembrete: "Com cortes. Vide verso." E no verso: "Proibida a exibição das fotos de capacete militar que se transforma em penico de ouro e depois se enche de dinheiro." Quando entrava o slide do verso, era uma gargalhada geral. A descrição da censura teve um efeito muito mais devastador do que os slides proibidos. Normalmente era assim: como eles não tinham a menor ideia do que era teatro, ficava muito fácil enganá-los.

• • •

O TUCA promovia muitos cursos e debates, e o Roberto Freire, o diretor artístico, vivia reunindo gente para debater, dar aulas, ou simplesmente tocar violão e cantar. Uma vez ele marcou uma festa musical na casa dele porque queria apresentar um compositor-cantor novo que estava chegando em São Paulo. Era o caipira-pira-pora-nossa Renato Teixeira.

Em outra ocasião, de volta de uma viagem a Paris, Roberto parou o ensaio e colocou um disco para tocar. "Uma obra-prima", disse ele. Demorei para reconhecer The Beatles naquele ultramoderno *Sgt. Pepper's Lonely Hearts Club Band*. Roberto também falava com entusiasmo da viagem no novo jato recém-lançado, o Douglas DC-8, em que "o vinho nem mexia dentro do copo".

Uma das coisas de que eu mais gostava no TUCA eram as palestras do Frei Betto sobre realidade brasileira. Aliás, a relação do TUCA com os freis dominicanos era intensa. Tanto que, quando não podíamos ensaiar no teatro por estar ocupado para festa de formatura ou até balé de fim de ano, a gente ensaiava no convento, que ficava a três quadras da universidade. Afastávamos os bancos da capela e tínhamos um espaço quase do tamanho do nosso palco. Lá conheci praticamente todos eles, Tito, Ivo, Fernando, Betto... Frei Betto resumiu o que eu penso até hoje sobre o assunto, dá uma boa visão do envolvimento dos freis dominicanos com a luta contra a ditadura: que todo verdadeiro cristão é um comunista sem o saber; todo verdadeiro comunista é um cristão sem o crer. Como Frei Betto dizia, sou socialista em decorrência de minha fé cristã.

Todo cristão é discípulo de um prisioneiro político: Jesus de Nazaré, condenado por dois poderes políticos.

Quanto a Frei Tito, um amigo garante que foi ele quem conseguiu o sítio para o 30° Congresso de Ibiúna, no qual foram presos mais de setecentos líderes estudantis do Brasil inteiro. Frei Tito e Frei Ratton Mascarenhas também foram presos nesse arrastão que fichou toda a liderança estudantil da época.

Mais tarde, em 1969, os dominicanos foram presos, barbaramente torturados e obrigados a participar de uma armadilha para Carlos Marighella, líder da Ação Libertadora Nacional (ALN), que contava com o apoio logístico dos frades. Na emboscada, Marighella morreu. Seu motorista era Aloysio Nunes, que, numa guinada ideológica, acabou se tornando Ministro das Relações Exteriores do governo Temer.

Durante os ensaios de *O&A*, saí de casa. Não fazia mais sentido morar com a minha mãe. Tinha uma grana mensal da pensão do meu pai que ela me passava, logo depois de dar uma boa mordida — "pensando no seu futuro, meu filho" —, que dava para pagar uma vaga num apartamento, rachando com colegas.

Dois campineiros moravam numa quitinete na avenida São João, bem em frente ao Cine Comodoro-Cinerama. Um era o Serra, não o tucano, e outro o Janot (ambos conhecidos pelos sobrenomes, dado que também faziam Direito). Eles estavam procurando mais um para dividir o aluguel. Era uma sala grande com a tal quitinete (anglicismo que significa pequena cozinha) e um banheiro. Só. Sem paredes divisórias. O Serra tinha sua cama na parede ao lado da janela e que ficava oposta à do Janot, encostada na parede da porta, um beliche no qual eu também dormiria. A parte de cima do beliche era do Janot, a de baixo seria minha. Dona Gilda quase infartou. Estas palavras enlouqueciam qualquer mãe: "sair de casa." Fazia eu me lembrar da música dos Beatles que fazia parte do LP *Sgt. Pepper's*, e que trata muito bem do assunto, *She's Leaving Home*. Mas dona Gilda aceitou, não sem antes vaticinar, numa descrição apavorante, o que seria viver sem alguém que lavasse minhas cuecas. Acho que o discurso me marcou tanto que até hoje eu as lavo.

Eu me mudei para o apê da São João com roupa, lençol e toalha. Foi legal ir para um lugar tão diferente, habitado apenas por homens, eu que me acostumara a viver com a minha mãe e duas irmãs.

No meu primeiro sábado como morador da quitinete, de manhã, umas onze horas, bateram na porta. Tínhamos acabado de tomar café quando fui abrir. Era minha mãe com produtos de limpeza. Dona Gilda entrou dizendo que tinha certeza de que o apartamento estaria um lixo, "portanto me deem licença que filho meu não vai morar num lugar sujo". E saiu levantando camas, armários, varrendo tudo com uma energia que parecia que ia arrancar o assoalho. E, como estávamos atrapalhando, expulsou os donos de suas próprias casas. O Janot até que não ligou muito, mas o Serra, um gordinho atarracado e metido a brigão, ficou puto da vida. No bar ao lado, esperando a faxina terminar, me disse que isso não poderia se repetir. Caso dona Gilda voltasse lá, eu teria que sair. Como o apartamento estava alugado em nome dele, engoli. E, quando subimos, eles curtiram: o apê estava um brinco.

Mas aquilo não ia dar certo: o Serra tinha grana e o Janot era duro. Eu ficava no meio-termo. Era difícil comprar qualquer coisa. O Janot era contra e o Serra queria o mais caro. Pelo Janot, comeríamos sopa Maggi com pão seco todo dia. Pelo Serra, filé mignon com arroz à piamontese.

Foi quando o João Silvério Trevisan apareceu no TUCA com a proposta de alugarmos um apê juntos. Ele, como eu, havia sido seminarista e tínhamos ficado amigos. Quem fez a ponte foi o Flavio, outro seminarista que eu havia conhecido em Ribeirão Preto e que também estava no TUCA, assim como o Fernando Benini. O Trevisan conseguiu um apezinho de dois quartos na rua Major Quedinho, 302, perto da sinagoga e do Ferro's Bar, o primeiro bar de lésbicas de que tive notícia. Estávamos em 1968, lembra? O prédio tinha duas entradas, uma por cima, e outra pela avenida Nove de Julho, por baixo.

Além das divergências na hora de fazer as compras, não dava mais para morar com o Serra e o Janot na São João por um motivo óbvio: era impossível levar namorada para lá. E eu estava namorando a Neusa Serroni, que era operadora dos projetores de slides — eram cinco, lembram? Então precisava de um lugar para namorar, visto que ela ainda morava com os pais. Fui o primeiro dela, o que me deu uma grande felicidade e também uma grande responsabilidade cristã.

Alugamos o apartamento que não era mobiliado, portanto exigia que providenciássemos alguns móveis. Levei cama e mesinha de cabeceira, os móveis do meu ex-quarto na casa da Albuquerque Lins. E uma cadeira de balanço linda, de palhinha trançada, que tinha vindo de Goiás com tia Nana, passado por Santa Rita e acabado em São Paulo. Eu adorava ler naquela cadeira, ela me acompanhava desde que nasci. Pois dona Gilda — depois de muitas recomendações — me emprestou a cadeira de balanço que, por algum tempo, foi o único móvel da sala. O Trevisan era de difícil convivência, ainda não havia assumido sua homossexualidade, pelo menos não publicamente. Era exigente com relação à casa: limpeza, coisas no seu lugar, respeito aos alimentos dos outros, essas regras que, para mim, era impossível respeitar. Mesmo porque eu quase não parava em casa, era tempo de agitação, teatro e sexo.

Foi nessa época que fui preso, e durante o tempo em que fiquei atrás das grades ninguém pagou minha parte do aluguel. Trevisan não tinha muita grana, trabalhava pesado para se manter. Teve um encontro com dona Gilda que terminou em briga. Adivinha o objeto central da discussão? A cadeira de balanço! Trevisan queria ficar com a cadeira em troca do aluguel, mas minha mãe não se conformava. Não aquela cadeira. O fato é que não voltamos a ver a cadeira. Aliás, nem vi de novo o Trevisan. Ele estava certo. Mesmo sem saber detalhes da briga, dou razão a ele. Dona Gilda tinha suas verdades e as defendia com unhas e dentes. Ela que pagasse o aluguel se quisesse a cadeira de volta!

Depois de um tempo, o Trevisan ficou famoso como criador da primeira revista gay, *Lampião da Esquina*, ao lado de Aguinaldo Silva e outros gays que estavam se assumindo publicamente.

Lobo Mau arrependido, peça Serafim-fim-fim (1976)

Foto: Sandra La Porta

# CAPÍTULO 12

Entre os subgrupos formados no elenco de *O&A*, tinha o do pessoal que fazia Direito: o Omar Laino, que namorava a Nair Shimizu, a Mina; o Eduardo Bonumá, que namorava a Zinha, Terezinha, única que não era do TUCA; o Guilherme da Costa Pinto, que namorava a Vic Dvoreka; e eu, que estava com a Neusa. Começamos a andar grudados. O Omar tinha um apartamento de família na recorrente alameda Barros. E o Guilherme morava com a família numa casa enorme no começo da Oscar Freire, em Pinheiros. Maior que a casa era o coração dos pais do Guilherme. A gente estudava lá, dormia lá, namorava lá, e principalmente, comia muito bem lá. A mesa grande e farta tinha sempre lugar para quem chegasse. Seu Guilherme, o pai, era banqueiro ou bancário de alto nível, não sei bem, superfino no trato. Dona Lydia, sua esposa, uma mulher especial.

A liberação feminina, que começara com a minissaia da Mary Quant, continuava com o advento da pílula anticoncepcional. Estávamos começando uma nova era: os namorados transavam com as namoradas. Pelo menos no nosso meio estudantil. Era a primeira geração em que as mulheres não casavam virgens e os homens não tinham que "ir às putas". Imaginem que felicidade! As mulheres ainda sofriam com essa história de virgindade, um tabu fortíssimo a ser quebrado. E nossa geração quebrou. Ainda assim, tanto o Eduardo quanto eu, mais tarde, acabamos nos casando com nossas primeiras namoradas-mulheres.

A Neusa engravidou. Apesar de se falar muito em pílula, nem todas tomavam. Vergonha de comprar na farmácia — baita bandeira! —, pânico dos efeitos colaterais; medo, enfim, daquela novidade carregada de simbologia. Várias amigas engravidaram. E havia um hospital na rua da Liberdade que fazia "curetagem legal" com toda segurança. Fazíamos vaquinha para ajudar a pagar. "Impossível ter filho nessas condições políticas", dizíamos. E éramos estudantes militantes ativos do ME, atores de um teatro eminentemente político e tínhamos como objetivo participar da luta armada contra a ditadura que estava cada vez mais radicalizada.

Mas, apesar da ditadura, fomos felizes. O Guilherme e o Bonumá pegavam os carros dos pais no fim de semana ou em toda oportunidade que pudessem. Farreávamos muito, bebíamos muito, adorávamos comer. Meu apelido era "Manja Cavalo", eu comia muito mesmo. Devia ser uma *Taenia solium* avantajada. Eu me lembro dos jantares na churrascaria A Toca, na esquina da rua Turiaçu com Cardoso de Almeida, perto do TUCA, para onde íamos depois da peça. Lembro também o gosto do molho de cebola carregado no azeite que a gente colocava no pão para encher a barriga antes de dividir um bife por quatro. O Janot, duro, fazia questão de só comer isso.

Eu, depois de comer minha parte do filé, saía raspando as travessas dos companheiros, num autêntico ato Manja Cavalo.

O Bonumá e o Guilherme me ensinaram a comer bauru no Jeca, esquina da São João com Ipiranga, embora o sanduíche tenha sido criado no Ponto Chic do Largo do Paissandu. Lá, além do bauru, eu adorava comer o sanduíche de aliche com molho de ervas, realmente fenomenal. Nossa amizade foi muito intensa, muito forte. Dura até hoje, apesar da distância física. A cada vez que nos encontramos, o papo segue reto, como se o tempo fosse apenas uma vírgula numa conversa sem fim. Eles eram um pouco mais velhos do que eu, uma vez que estavam no terceiro ano quando entrei na faculdade. Neusa era apenas um ano mais velha, mas já estava terminando o curso de Direito.

Enquanto isso, no TUCA, os ensaios iam esticando, esticando. Durante esse período, o TUCA-RIO, um filhote do TUCA, assim como o TUCA-NE, fez uma minitemporada no Auditório Tibiriçá e eu acabei fazendo as vezes de produtor local. A peça era *O Coronel de Macambira*, de Joaquim Cardozo, com direção do Amir Haddad. Na montagem, estavam Renata Sorrah e Roberto Bonfim, entre 36 atores universitários cariocas.

O Silnei ficou inseguro: a peça era moderna pra caramba, o Brasil não tinha visto nada igual. Para começar, quebraríamos a "Tríade Essencial": para haver teatro, temos um ator que passa um texto para um público. Ator/texto/público, sem esses três "elementos essenciais do teatro" teoricamente não haveria teatro. Mas e se o texto for falado de outra maneira que não a tradicional? Era isso que a peça propunha como linguagem.

E a censura? A peça começou a ter problemas de censura ainda na Reitoria da PUC. O reitor, Celso Antônio Bandeira de Mello, resolveu pedir ao capelão-chefe da PUC que fizesse uma análise do roteiro do Roberto Freire. E ele simplesmente proibiu a peça! Antes da Censura! Numa análise retrógrada absurda! Criou-se o pânico. Pensamos em fazer em outro teatro, mas o TUCA tinha que se apresentar ali, na sua sede, ainda mais depois que a universidade se apropriara do sucesso de *Morte e Vida* no Brasil e no exterior. Além disso, o Auditório Tibiriçá estava começando a ser conhecido pelo nome do nosso grupo, TUCA. Urgia tomar providências para neutralizar a censura do capelão. Não sei se foi por sorte, por desígnios divinos, ou por um esquema montado entre o nosso diretor-superintendente Henrique Suster — que apesar de judeu tinha alto poder de convencimento no seio dos católicos da PUC —, o Penteado (assessor do reitor) e o subcapelão, depois promovido, monsenhor Benedito. Só sei que este último mandou um ofício ao reitor dizendo que havia conversado com o autor da peça, Roberto Freire, que se mostrara flexível para fazer mudanças no texto; que aceitara a sugestão do grupo para que a censura só fosse considerada após o capelão assistir ao ensaio geral; que havia convidado três professores eméritos, diretores de três Faculdades da PUC — as mais importantes — para com ele assistirem ao ensaio e ajudá-lo na decisão.

O reitor concordou — foi uma jogada de mestre. Os três professores-diretores que o monsenhor Benedito havia convidado eram pessoas evoluídas, com um pensamento muito mais libertário do que o antigo capelão: Enzo Azzi, Joel Martins, da Faculdade São Bento, e a querida madre Cristina, diretora da Faculdade Sedes Sapientiae.

Esse júri liberal realmente liberou, mas em seguida a Censura Federal proibiu. Primeiro encrencaram com o filme de abertura, depois com os slides; pediram uma semana, depois mais uma, e a gente ia adiando a estreia, até que um dia vazou para a imprensa que a censura estava impedindo o TUCA de estrear. Liberaram rapidinho, apenas com alguns cortes. Enfim estreamos. Seria a primeira vez que me apresentaria para o público. Eu me sentia muito bem, estava seguro das marcas, do canto, voz aquecida. Cá entre nós, no TUCA tivemos toda a infraestrutura necessária para fazer o melhor. Não éramos profissionais, mas também não éramos amadores. Sabíamos o que estávamos fazendo depois de ensaiar por quase um ano! Foi incrível. Eu me lembro do Gilberto Gil me elogiando, e elogiando meu canto! A peça era linda, esteticamente falando, as músicas, a iluminação, os slides... Genial.

Houve uma celeuma com o crítico Décio de Almeida Prado, do caretíssimo *Estadão*, que alegou que a peça não era teatro e disse que ia mandar um especialista de dança. Este disse que a peça não era dança. E não era mesmo! Era teatro, só que, em vez do texto falado, as ideias eram transmitidas pelos atores para o público por meio de mímica, expressão corporal, canto e, sim, mas só às vezes, dança. Era novo, muito novo. Houve também uma discussão no ME e na classe teatral sobre a validade de se fazer uma peça tão *up to date*, de difícil compreensão. De fato, politicamente *O&A* não foi tão porrada como *Morte e Vida Severina*, mas artisticamente foi.

O TUCA não era um grupo que pretendia fazer "arte pela arte", e sim fazer política através da arte. E estamos falando de um tempo em que teve passeata até contra guitarra, a guitarra simbolizando o rock, a invasão estrangeira, e também o moderno. Um movimento reacionário, que na época não foi muito bem compreendido, de uma "patrulha" que teve seu ápice com o TUCA. No mesmo período em que Caetano cantou no Festival Internacional da *Canção É Proibido Proibir*, foi vaiado e fez aquele discurso histórico. Depois se repetiu com a vaia a Tom e a Chico ao ganharem o primeiro lugar com *Sabiá*. As pessoas queriam ouvir mais do mesmo, *O Dia que Virá, A Volta do Cipó no Lombo de Quem Mandou Dar*, e não aceitaram o passo à frente de *É Proibido Proibir* (que tinha sido o grito de guerra de maio de 1968 na França!), nem a canção de exílio *Sabiá*, que se antecipava ao que realmente viria.

· · ·

Uma vez chegou ao TUCA um convite muito louco, da Elis Regina. Ao voltar para o Brasil após uma temporada na Europa, ela havia sido contratada para uma série de shows na TV Record, não lembro se *Show do Dia Sete* ou *Saudades do Brasil*. No primeiro deles, ela iria para o Nordeste — musicalmente falando, digo. Ela cantaria a versão do Chico Buarque para *Funeral de um Lavrador*, de *Morte e Vida Severina*, e convidou o elenco do TUCA para cantar com ela! Puta que nos pariu! Cantar com a Elis Regina? Nem nos mais loucos e megalômanos sonhos! E aconteceu. Foram selecionados os melhores cantores, mandamos lavar os figurinos de *Morte e Vida* e, no dia do show, fomos para a TV ensaiar logo cedo. Elis era incansável, passou todas as músicas do show várias vezes, até que chegou a nossa vez. Se o ensaio tinha sido emocionante, imagina no show ao vivo para todo o Brasil.

Elis solava: "Esta cova em que estás, com palmos medida, é a conta menor que tiraste em vida." E nós, no coro, repetíamos a última estrofe: "É a conta menor que tiraste em vida."

O TUCA, por ser berço de Chico Buarque e por ter como diretor-artístico Roberto Freire — com frequência parte do júri —, tinha entrada livre nos Festivais da Record. Fui a todas as apresentações entre 1967 e 1968. Era uma loucura. Vi o Sérgio Ricardo ser tão vaiado a ponto de não poder cantar *Beto Bom de Bola*, quebrar e atirar o violão na plateia — o que levou o jornal sangrento do Grupo Folha, o *Notícias Populares*, a cometer a manchete histórica "Violada no Festival".

Vi Caetano segurar o público — que começou a vaiá-lo assim que ele entrou com o grupo The Beat Boys — com a simplicidade e a leveza de *Alegria, Alegria*, assisti ao pranto de Marília Medalha cantando *Ponteio* com Edu Lobo, e muito mais. Em 1968, a Record já tinha esgotado a fórmula e entrou a Globo na parada, com o seu Festival Internacional da Canção (FIC).

No FIC de 1968, eu estava que estava. A parte paulista do Festival, que teria a final no Maracanãzinho, seria realizada no TUCA, onde eu era rei. Aí é que entra na minha vida um dos maiores gênios que conheci, o Geraldo Pedrosa de Araújo Dias, então conhecido como Geraldo Vandré.

Alguns meses antes, o Vandré tinha sido contratado pela TV Bandeirantes para um programa semanal chamado *Canto Geral*. Ele gravou o primeiro episódio no TUCA, no cenário de *O&A*. Acabamos ficando amigos. Eu era o responsável por fazer o meio de campo entre o TUCA e a Bandeirantes. No início do programa, fizemos parte de uma cena de *O&A*, ele entrava no cenário, conversava com o elenco e o programa seguia. No dia da gravação, ele me deu o endereço da casa dele e pediu que eu fosse lá o mais rápido possível — tudo para aquele Vandré era urgente. Ele morava num belo apartamento no último andar do prédio da esquina da alameda Barros com a rua Barão de Tatuí, ao lado da casa onde eu havia morado quando cheguei à capital. Cheguei lá às onze da manhã e fui recebido pelo Geraldo, seu empresário. Vandré apareceu ao meio-dia, pilhado, como era seu feitio. Falava pelos cotovelos, animadíssimo com os arranjos de *Caminhando*, com o programa novo da Bandeirantes, cheio de ideias para o lançamento do seu novo disco, *Canto Geral*. E queria que eu fizesse o meio de campo entre ele e os universitários, que marcasse palestras, conversas, o que fosse, que ele estava a fim de unir o útil ao agradável.

Topei na hora. Combinei um salário com o Geraldo, e o Vandré começou a relacionar faculdades às quais queria ir. Começamos pela PUC, onde eu tinha boa entrada. Foi no próprio prédio central da PUC-SP na rua Monte Alegre, de tarde, onde funcionava a Faculdade de Filosofia São Bento. (Havia Direito de manhã, Filosofia, Ciências e Letras à tarde e Economia — depois Direito também — à noite.) Vandré chegava na faculdade com seu Ford Galaxie 500, o carro nacional mais caro na época. Como se não bastasse, seu empresário tinha outro. Vandré, quando cobrado pelo "esquerdismo caviar", respondia: "Querem que me fantasie de proletário? Não sou, sou artista." O papo foi um barato! Ele declamou, cantou, contou piadas, enfim, foi um sucesso. E vendeu todos os discos que o Geraldo havia levado. Era um campo promissor tanto para fazer política quanto para vender discos. E Vandré fazia mil coisas: compunha, ensaiava, fazia shows, programas de TV, afinal, era o autor de *Disparada* com Theo de Barros, a campeã do Festival da Record. Depois fizemos só

143

mais um debate, na Faculdade de Arquitetura (FAU), porque ele não tinha tempo para nada. Acabou por aí. Foi um dos empregos mais rápidos da minha vida.

Para se ter uma ideia de como era seu posicionamento político, *Canto Geral*, o disco que estava lançando, abria com a música *Terra Plana*, na qual Vandré declamava um "a que vim": "Meu Senhor, minha Senhora, me pediram para deixar de lado toda a tristeza, para só trazer alegrias e não falar de pobreza. (...) Deixo claro que a firmeza do meu canto vem da certeza que tenho, de que o poder que cresce sobre a pobreza e faz dos fracos riqueza, foi que me fez cantador."

Mas o que mais me lembro da curta relação com Vandré — além do suco de mamão com água, que tomávamos em jejum de manhã para regularizar os intestinos, e que tomo até hoje — foi o dia do ensaio, no TUCA, do FIC, etapa de São Paulo. Vandré ia cantar *Caminhando (Pra Não Dizer que Não Falei das Flores)*, uma resposta aos críticos sobre supostamente só fazer música de protesto, apresentando então a maior música de protesto da história do país.

Estávamos na plateia do TUCA, Vandré, Geraldo e eu, assistindo aos ensaios dos outros músicos, esperando chegar sua hora de ensaiar. Ele ia fazer *Caminhando* com o mesmo grupo de músicos que havia acompanhado Jair Rodrigues na vitoriosa *Disparada*: o Quarteto Novo, composto por Theo de Barros no violão (Theo é o autor da música de *Disparada*, sempre esquecido, Vandré fez a letra), Heraldo do Monte na viola caipira, Airto Moreira na percussão e Hermeto Pascoal na flauta. E o Trio Marayá, formado por Behring Leiros no tantã, Marconi Campos no violão e Hilton Acioli no afoxé. O trio Marayá tinha uma enorme carreira nacional e internacional. Hilton Acioli — que anos depois entraria para a História como o criador do jingle *Lula Lá* — compôs com Vandré, fez várias músicas do disco *Canto Geral*, como *Ventania*, *O Plantador*, *João e Maria* e *Guerrilheira*. Eram todos músicos de primeiro time, todos: Airto Moreira e Hermeto Pascoal depois virariam os gênios musicais que viraram.

Voltemos à plateia do TUCA onde estavam Vandré, Geraldo (seu empresário) e eu. E, claro, outros músicos, produtores, a parafernália de uma produção daquele porte, caminhões de luz, câmeras, mesas de corte e toda a traquitana.

Chegou a hora do Gil ensaiar. Ele ia defender (sim, era uma guerra!) a música *Questão de Ordem*, acompanhado pelo grupo argentino de rock The Beat Boys, os mesmos que haviam acompanhado Caetano em *Alegria, Alegria* no Festival da Record do ano anterior. Vandré nem piscava. Logo depois, Caetano ensaiou *É Proibido Proibir* com Os Mutantes. A música começou com um solo distorcido de guitarra... Vandré calado, olhando. Caetano repetiu inúmeras vezes, os meninos dos Mutantes mandando ver nas distorções. Rock pauleira. Eu estava adorando, achava o Vandré meio careta, enquanto Caetano, Gil e Gal faziam a bola rolar. Mas Vandré, assim como todo mundo, estava aparvalhado, antecipando o que aconteceria na hora da apresentação, que foi inacreditável. A vaia começou assim que Caetano subiu no palco com uma roupa de plástico vermelha. A resposta de Caetano foi implacável. Com um discurso ácido e irado, acompanhado pelas distorções das guitarras dos Mutantes, Caetano deixou frases de antologia. A mais famosa e profética delas: "Essa é a juventude que diz que quer tomar o poder?", Caetano contra-atacou: "Vocês não estão entendendo nada!" E emendou: "Se vocês forem em política como são em estética, estamos feitos."

Logo depois da apresentação do Caetano, Nelson Motta entrevistou o público, inclusive a minha então namorada — depois primeira esposa —, que soltou um enorme palavrão ao vivo (mas em preto e branco) na Globo, agredindo violentamente o cantor. Depois disso, fiquei um tempo sem falar com ela. No dia seguinte, estava todo mundo arrependido de ter vaiado Caetano. Foi outro momento catártico, só que oposto ao do Vandré.

Antes disso tudo acontecer, quando Caetano saiu do palco ainda no ensaio, Vandré me perguntou: "Tem o telefone dos Beatles?" Se virou para Geraldo e ordenou: "Traga os Beatles." A gente riu. "Ô, Geraldo, estou falando sério! Ou você me traz os Beatles ou nós estamos fodidos. Não tem como entrar com o Quarteto e o Trio. Para enfrentar essas guitarras, só com os Beatles." E, num momento de total iluminação, decretou: "Ou você me traz os Beatles ou entro sozinho." E o Geraldo: "Como assim? Para de brincar, porra." Mas deu para ver que ele não estava brincando. Geraldo ainda tentou convencê-lo: como dispensar os sete músicos que tinham perdido horas de ensaio, ajudaram a fazer o arranjo, foram contratados pela Globo e estavam ali esperando para ensaiar? E Vandré no mantra: "Ou entro com os Beatles, ou entro sozinho." "Mas, Vandré, quem vai tocar violão?" "Eu." "Mas você nem toca direito..." Ele não arredou pé. Enquanto Geraldo foi cumprir a difícil tarefa de dispensar os dois grupos de músicos e enfrentar a ira decorrente, fiquei com Vandré na plateia. Ele mudou de estado de alma, estava inexplicavelmente tranquilo. E chegou sua vez de ensaiar. Pediu um banco alto que ficou no meio do palco, uma luz em cima dele e cantou quase sem emitir voz. Acho que nem passou a música inteira. Também não tinha necessidade: um microfone para voz, outro para o violão, mais simples impossível. Só fomos notar o significado daquela sacada genial dias depois.

Aquele homem sozinho em um palco enorme, apenas com uma luz sobre ele, cantando com seu violão, tocando basicamente dois acordes, fez o público ir à loucura, "Caminhando e cantando e seguindo a canção". E quando Vandré, numa afronta direta aos militares, mandou "Há soldados armados, amados ou não / Quase todos perdidos de armas na mão / Nos quartéis lhes ensinam uma antiga lição / De morrer pela pátria e viver sem razão", houve uma catarse coletiva. Era tudo o que aquele público queria ouvir. Quem sabe faz a hora! O TUCA foi abaixo. A gente achava que estava fazendo a nossa hora! Íamos sair de lá, pegar uma metralhadora e fazer a Revolução! Com a mesma intensidade que vaiou Caetano, o público aplaudiu Vandré. E se no palco do TUCA a presença solitária já causou um impacto enorme, imaginem na imensidão do Maracanãzinho, onde foi feita a final. Caminhando ficou em segundo lugar, o que provocou a maior vaia da história dos festivais. E os vaiados eram simplesmente Tom e Chico, que venceram com *Sabiá*.

E se *Caminhando* fez uma carreira ímpar na Música Popular Brasileira, acabou por tirar Geraldo Vandré dela. A música foi a gota d'água para os militares acabarem com ele. Acabaram. Nos anos 1980, o próprio se chamava de Geraldo Pedrosa, porque o Vandré havia morrido em 1968.

1968. O ano! Recomendo urgentemente, para quem não leu, o livro do Zuenir Ventura: *1968, o ano que não terminou*. Como estava minha vida dentro desse ano tão especial? *O&A* havia estreado em outubro de 1967 (A crítica do Sábato Magaldi foi publicada no Jornal da Tarde de 27/10). Dois meses antes, numa afronta ao regime militar, realizamos o 29º Congresso da UNE, na clandestinidade, num convento na cidade de Valinhos, em São Paulo, quando Travassos foi eleito. A vitória da UNE contra a ditadura militar pela organização do congresso foi imensa. Quando a polícia política chegou, todos os estudantes já tinham ido para os seus estados. Deram com os burros n'água.

As passeatas pelo país eram quase diárias, contra a ditadura, contra o acordo MEC-USAID, contra a Guerra do Vietnã etc. Eram comuns ocupações de faculdades e assembleias permanentes no CRUSP — o Conjunto Residencial da USP, na Cidade Universitária, que havia se tornado o centro da resistência do ME, naquele momento a maior força de oposição ao regime militar.

· · ·

Depois que o secundarista Edson Luís foi assassinado a tiros pela PM, durante um protesto dentro do restaurante universitário Calabouço, no Rio de Janeiro, todos os Centros Acadêmicos do Brasil se organizaram para enviar representantes ao enterro. Era a primeira vítima fatal, um estudante, da brutal escalada de repressão aos protestos contra a ditadura. Fui escolhido para representar o Centro Acadêmico 22 de Agosto e fui para o Rio, viajando pela primeira vez de avião. O cortejo, que atravessou vários bairros do Rio, acabou apenas à noite, no Cemitério São João Batista. O ano havia começado.

Em São Paulo, praticamente todas as faculdades estavam ocupadas por estudantes, menos a PUC. O nosso Centro Acadêmico era da DI-SP, portanto menos radical que os dominados pela AP. A DI tentava impor uma agenda universitária ao ME — sem deixar de lado a luta contra a ditadura —, e a AP uma agenda mais política. Ao fim de cada passeata, falavam o presidente da UEE — Zé Dirceu —, pedindo para dispersar e continuar a discussão sobre reformas universitárias na faculdade, e o presidente da UNE — Luís Travassos —, incitando mais protestos, como ir até o prédio do *Estadão*, no Viaduto Major Quedinho — um representante da mídia que dava sustentação aos ditadores.

Depois de uma dessas passeatas, em que a repressão havia sido violentíssima, eu e um grupo de estudantes, com os nervos à flor da pele, voltamos para a faculdade num ônibus que confiscamos, com o motorista junto — ele foi liberado assim que chegamos na rua Monte Alegre, feliz da vida por ter passado pela experiência. Estava escuro e sem aulas porque o reitor havia mandado fechar as portas. Subi numa mureta da entrada central da PUC e comecei a discursar contra ele. Lá pelas tantas, sabedor de que várias faculdades estavam também sem aulas, resolvi desafiar o reitor, perguntando se ele estava com medo de que tomássemos a faculdade também. Nisso a massa que me ouvia começou a gritar: "Ocupa! Ocupa!" Não deu outra. Ocupamos. Pedimos aos funcionários que saíssem. O reitor, Bandeira de Mello, estava de férias na Europa (se bem me lembro), e o vice-reitor era o agora capelão da universidade, o monsenhor Benedito. Como a gente se dava bem (assisti suas aulas de Direito Romano), ficou chato pra caramba, mas não havia como voltar atrás. Ele morava na faculdade, em um pequeno apartamento perto da sacristia da capela, e alegando que a capela tinha que ser respeitada, fechou com cadeado a porta que a ligava ao prédio da faculdade. Ok, concordamos sem problemas.

Evacuamos todos os funcionários e começamos a organizar a ocupação. Teríamos que dormir lá, aliás, tínhamos que ficar lá dentro 24 horas por dia. Alguns realmente se mudaram para a PUC. Outros foram até suas casas para pegar roupas, colchonetes, roupa de cama, toalhas, enfim, o necessário para viver. E comida, óbvio. Já tínhamos *know-how* de ocupação, afinal, quase todas as faculdades de São Paulo estavam ocupadas, algumas delas havia meses. Dividimos as funções e, como de costume, nos separamos em grupos de estudos para discutir a realidade brasileira, a reforma universitária, a luta contra a ditadura, a implantação de um regime popular etc. e tal. Éramos estudantes, e o que faz um estudante? Estuda. Mesmo sem ter aula.

As noites eram muito agradáveis. Violão tocando e ótimos músicos, como Dino Galvão Bueno, estudante de Psicologia. De vez em quando aparecia o Toy, outro ator-músico de *Morte e Vida*, que tocava atabaque. Como disse, estávamos vivendo plenamente a libertação feminina com a chegada da pílula. Transava-se muito nas ocupações. Uma vez, à falta de um lugar melhor, transei com uma menina da São Bento na mesa de pedra de dissecar cadáver das aulas de Medicina Legal, não sem antes colocar um colchonete por cima.

Só uma coisa nos amedrontava: o CCC — Comando de Caça aos Comunistas —, de triste memória. Eles tinham acabado de invadir o Teatro Galpão, onde Marília Pêra — agredida violentamente — e Rodrigo Santiago protagonizavam a peça *Roda Viva*, do Chico Buarque, com direção do Zé Celso. Os canalhas do CCC — a maioria policiais, militares ou alcaguetes — tinham a mania de sair em dois ou três carros, passar pelas portas das faculdades ocupadas e atirar para cima, numa tentativa de intimidação. Numa noite começou a correr pelas faculdades ocupadas o boato de que o CCC ia invadir uma delas para depredá-la e colocar a culpa nos estudantes. Eles podiam tudo, eram policiais, militares — fora os que só eram dedos-duros, fascistas ou malucos mesmo. Era para ter medo dessa gente.

Nós nos organizamos, várias faculdades ocupadas entraram em alerta, convocamos colegas em grande número para defendermos a faculdade, e até a nossa vida, da fúria daqueles bárbaros. Ninguém estava a fim de apanhar ou morrer nas mãos do CCC. Apesar da tensão, a noite transcorria normalmente, até que, lá pelas três da manhã, escutamos um barulho. Que susto! Corremos de "armas" na mão — paus, pedras, o que tínhamos — na direção da porta da capela, de onde viera o barulho. Quando nos aproximamos, mais barulhos. Tentamos arrombar a porta que o monsenhor Benedito dissera que ia trancar com cadeado. Ela resistiu um pouco até que se abriu com tudo. No escuro, demoramos a reconhecer, tão ou mais assustado que nós, vestindo pijama, o monsenhor Benedito. Um minuto de espanto coletivo. E uma gargalhada geral. Histérica. De alívio. Ele explicou que havia escutado um barulho, achou, como nós, que era o CCC. Levantou-se e saiu correndo para ver o que era e, no breu, derrubou uma mesa com tudo o que tinha em cima, que, ao cair, fez todo o barulhão que havíamos escutado. E não teve CCC nenhum.

Não lembro bem como terminou a ocupação da faculdade. Acho que a coisa foi degringolando. Logo começou a preparação do 30º Congresso da UNE e ninguém podia mais ficar 24 horas por dia tomando conta do prédio vazio da universidade.

*Personagem sem nome da peça (De)colagem em Porto Alegre (1977)*

Foto: Sandra LaPorta

# CAPÍTULO 13

Mais ou menos na mesma época, o cônsul em São Paulo da antiga Tchecoslováquia, que conhecia o pessoal do TUCA da época de *Morte e Vida*, assistiu à nova montagem. Ao final, conversou com o elenco e marcou para o dia seguinte um jantar na casa dele para quinze atores. Eu era um deles. Após o jantar, ele fez uma preleção sobre os cursos universitários que a Tchecoslováquia oferecia para estrangeiros e disse que, para nós, atores, havia muitos cursos de cinema na área de atuação e direção. E que estava autorizado por seu governo a dar cinco bolsas para os membros do TUCA.

O curso de Direção de Cinema era tentador, pois os filmes tchecos faziam grande sucesso no mundo todo. Com a Primavera de Praga no seu auge, uma *nouvelle vague* surgiu no cinema tcheco: *A Pequena Loja da Rua Principal*, dirigido por Ján Kadár, Oscar de melhor filme estrangeiro de 1965; *Trens Estreitamente Vigiados*, de 1967, de Jiří Menzel e o não menos genial *Um Dia, Um Gato*, dirigido por Vojtěch Jasný, são exemplos. O fabuloso Miloš Forman era, antes de se exilar nos EUA, um dos diretores do Cinema Novo tcheco.

No especial que a revista *Cinéma 67, Le Guide du Spectateur*, fez sobre o país em agosto de 1967, Pierre Billard assinala que a *nouvelle vague* tcheca vivia o status de cinematografia a ser olhada com cuidado pela crítica francesa: "Vinte cineastas de talento realizaram em três anos um, dois ou três filmes marcantes. O que já seria excepcional para uma grande nação produtora, é fenomenal para um país de catorze milhões de habitantes."

O líder da Primavera de Praga foi Alexander Dubček (aprendi que se pronunciava Dubishcú), que permitiu um pouco de liberdade para os criadores tchecos, o que durou pouco mais de dez meses, de janeiro a outubro de 1968. Então, ir para Praga estudar cinema seria uma experiência incrível. O candidato à bolsa teria que passar um ano estudando a língua e, se conseguisse aprender, no ano seguinte começaria o curso propriamente dito. O curso de interpretação seria impensável, exatamente por causa da língua, mas o de direção... preenchi os documentos que o cônsul pediu e levei até a casa dele. Ele leu e disse que eu estava aceito, assim, na cara dura. Que me preparasse para ir a partir de março de 1969 — estávamos em agosto de 1968 —, para começar a estudar a língua. Cheguei em casa e pensei em contar para minha mãe, mas desisti. Imagine se ela ia gostar de ver seu filho, único homem, o caçula da família, estudando Cinema fora, por cinco anos, e num país comunista ainda por cima! Seria uma batalha que achei melhor deixar para combater quando chegasse mais perto. Nem precisei. No dia 20 de agosto, chegando à universidade, vejo estampado na capa do *Jornal da Tarde* algo como "Tanques russos invadem Tchecoslováquia". Fim. Dubček foi preso e levado para Moscou.

Liguei para o cônsul, que me disse não ter ideia do que ia acontecer, mas que certamente a bolsa seria mantida. A situação se complicou, pois a população tcheca não se conformou com o endurecimento do regime. Um estudante se imolou em praça pública. Mas, como dizia dona Gilda, "não adianta lutar com quem tem a espada", referindo-se aos militares. Mesmo com a volta de Dubček ao poder — sob controle total dos russos —, a Primavera de Praga havia de fato acabado. Adeus, bolsa. Pensando bem, lá no fundo, eu não amadureci a decisão. Mas pelo que sei de mim, se não tivesse havido a invasão soviética, é bem provável que eu tivesse ido. Ainda mais agora, sabendo o que virou o Brasil logo em seguida.

Voltemos ao Congresso da UNE: como o Centro Acadêmico era ligado à DI-SP, uma das dissidências do PCB, o partidão, e o TUCA era ligado à AP, organização de esquerda cristã, sem dúvida o pau ia quebrar. A DI tinha dois candidatos fortíssimos para a presidência: Zé Dirceu (presidente da UEE-SP) em São Paulo e Vladimir Palmeira (presidente de sua correspondente no Rio, a União Metropolitana dos Estudantes (UME), que havia herdado o nome dos tempos em que o Rio era a capital federal). Vladimir liderara a Passeata dos 100 Mil no Rio de Janeiro, e Zé Dirceu fora o herói da Batalha da Maria Antônia. Então a DI estava muito forte.

Já a AP só tinha o Jean Marc von der Weid, uma liderança que ainda estava despontando no Rio, pouco conhecido nacionalmente. A DI, pela primeira vez, enxergava a oportunidade de ouro de ganhar a UNE da AP, mas a AP não queria largar o osso.

Nas Assembleias de todas as faculdades, o pau começou a quebrar. Numa Assembleia da UNE foi votada, não sem briga, uma proposição de que a UEE-SP seria encarregada de organizar o Congresso, que mais uma vez seria realizado em São Paulo. E a UEE estava nas mãos da DI. Isso não ia dar certo. Eu ficava com o pé nas duas canoas, mas as coisas começaram a se radicalizar, e um grupo de atores menos envolvidos com a AP queria que o TUCA ficasse independente dela. Eu me juntei a esse grupo, e o TUCA rachou. Continuamos a fazer a peça, até que um dia o racha chegou ao palco. Alguns atores exigiram que o dinheiro do TUCA fosse dividido igualmente para as duas organizações, e não só para a AP. Nós nos recusamos a fazer a peça, pois estaríamos trabalhando para a AP e não queríamos mais. Foi um baque.

Fomos substituídos rapidamente: não havia texto para decorar e as melodias eram de conhecimento de todos. A peça continuou em cartaz e me afastei um pouco do TUCA, mas não de todo. Eu namorava uma das meninas do elenco, a Beth, e, no fim das contas, éramos mesmo todos irmãos, na arte e na luta política.

Foi então que pintou o primeiro convite profissional como ator. E da forma mais insólita possível. Havia no TUCA um grupo de músicos — originários de *Morte e vida* — conhecido como "os bandidos", porque gostavam de aprontar: Chico Buarque, Maranhão, Toy, Melquíades "Capitão" e Dino Galvão Bueno, que continuavam se encontrando para beber. O Álvaro e a Pii, irmãos do Chico que atuaram em *O&A*, se juntaram à turma. Ficamos muito amigos, principalmente o Toy e eu. Algumas vezes, ele, que era de Itapira e tinha os mesmos vícios, tiques e gostos caipiras que eu, me levava para as festas que o Chico dava na casa dos pais, na rua Buri, no Pacaembu, aonde iam todos os músicos e compositores da época. Frequentávamos também os bares da Galeria Metrópole, um restaurante na Augusta, e o Jogral, bar do Luiz Carlos Paraná. As mesas precisavam ser grandes, porque, além dos artistas, se reuniam os empresários e diretores, enfim, uma festa.

Numa dessas noites, quando fui ao banheiro fazer xixi, se encostou do meu lado um senhor que eu não sabia quem era e perguntou: "Você é ator?" Respondi pela primeira vez na vida que sim, era ator. Normalmente eu enrolava, dizia que estava começando e tal, mas dessa vez, talvez por estar com o pinto na mão, respondi na lata: "Sou!" Ele era produtor da TV Bandeirantes e fazia *O Sítio do Picapau Amarelo*. Tinha ido ao TUCA, a pedido do diretor da série, à procura de novos atores. Se eu quisesse fazer um teste, que fosse no dia seguinte à emissora, no Morumbi. "Ah, tem cachê", ele falou balançando o pinto, tentando evitar a gota da cueca. E me deu um cartão de visita, com a mesma mão. Peguei, né?, fingindo normalidade, e disse que iria, sim.

No dia seguinte, estava eu na TV Bandeirantes em busca do meu primeiro trabalho profissional e do meu primeiro cachê. Embora o TUCA fosse fantástico, éramos amadores, no máximo atores de teatro universitário. Se eu fizesse um episódio do *Sítio*, me tornaria profissional, cacete. Pelo menos era o que eu pensava.

Chegando lá, me mandaram esperar. E entendi o significado desse verbo na televisão. O ditado "Quem espera sempre alcança" foi escrito para nós. Tem até a velha piada de ator que diz assim: "Eu gravo de graça, mas pela espera cobro uma nota." E, copiando o Mário Lago, o querido padre Lara de *O Tempo e o Vento*: "Tenho cinquenta anos de carreira — vinte de gravação e trinta de espera!"

Esperei umas duas ou três horas — não sei ao certo, porque dormi —, até que apareceu o casal responsável pelo imenso sucesso que *O Sítio do Picapau Amarelo* fez na TV, primeiro na Tupi, depois na Cultura, na Bandeirantes e, por fim, na Globo. Na Tupi e na Bandeirantes, eles eram o diretor e a adaptadora: Júlio Gouveia e Tatiana Belinky. Perguntaram sobre minha experiência. "Dirigi um Martins Pena e estou fazendo *O&A* no TUCA." "Ah, você é do TUCA, vamos entrando." E fomos para a sala de leitura de texto, que ia começar. Sem teste, sem papo. Chegamos na sala, sentamo-nos à mesa — eu e o elenco todo do *Sítio*: Dona Benta, Emília, Sabugosa... epa, conheço esse Sabugosa! Era o Ewerton de Castro, meu primo em segundo grau, filho de um primo da minha mãe. Antes de começar a leitura, me disse o Júlio Gouveia: "Os capítulos dessa semana são do Pinóquio e você vai fazer o dono do circo, Stromboli, que prende o boneco-menino para trabalhar e depois tenta comê-lo." Distribuiu o texto e começamos a leitura de mesa, na qual cada ator lê seu papel, discutem-se as falas, o modo de dizê-las, e o diretor dá as indicações de interpretação. Muito diferente de teatro, na TV se faz a leitura de mesa apenas uma vez, quando se faz! Em novelas, são feitas leituras apenas dos primeiros blocos de capítulos, ainda na fase anterior às gravações. No teatro, os trabalhos de mesa podem durar até duas ou três semanas; quando a gente se levanta da mesa e fica literalmente de pé para ensaiar, as discussões intelectuais sobre os personagens se esgotaram.

Júlio Gouveia e Tatiana Belinky não disseram uma palavra sobre a minha leitura, o que me fez chegar à seguinte conclusão: ou eu era bom e não precisava ser dirigido ou era tão ruim que nem mereceria direção. Esperei mais um pouco enquanto ele conversava com os protagonistas e, quando finalmente veio falar comigo, foi curto e grosso: "Amanhã chegue às nove horas para fazer maquiagem, que é bem pesada. Stromboli tem barba e cabelos enormes, é gordo, barrigudo, vai dar trabalho. Decore o texto e faça como você fez na leitura."

No dia seguinte, eu estava lá. Como não havia barba do tamanho que o Júlio queria, adaptaram uma peruca que aí, sim, ficou grande. Com outra peruca na cabeça, enchimentos no peito e na barriga, nascia o Stromboli, o dono do circo. Quando todos os atores estavam prontos, fomos almoçar no bandejão da Band. Usei tanto postiço na carreira que desenvolvi uma técnica especial. Mas naquele dia foi difícil comer com a peruca fazendo as vezes de barba. Sujei de comida, mas foi até bom para o personagem, um gordo comilão.

A cena era praticamente a mesma do filme da Disney. E tinha a faca com a qual o personagem cortava um pedação de carne crua, enquanto ameaçava fazer o mesmo com Pinóquio. Nos ensaios, não cortei a carne de verdade, só na hora de gravar. Cortei e, surpresa, a faca ficou cheia de sangue. Seguindo um impulso que eu não sabia que tinha e que me fazia ator, segui a cena como se fosse vida real (vide Constantin Stanislavski), ou seja, limpei a faca. Como não vi um pano, passei a faca nas calças, na altura da coxa, gesto mais que natural. Só que a faca estava afiada e cortou não só o pano, como a minha coxa. No calor da cena, nem notei, mas, desafiando minha presença de espírito, o sangue escorreu. Quando o diretor gritou "Corta", no final da cena, comecei a sentir a dor. Olhei para o meu pé direito e estava cheio de sangue. Falei, meio inibido: "Acho que me cortei." Logo fui levado para o camarim, tirei a calça e nos deparamos com um corte de uns dez centímetros, e profundo apenas o suficiente para sangrar. E me transformar em herói. Todo mundo me cumprimentou pela cena: eu estava ótimo, mesmo ferido não parei etc. e tal.

Algumas semanas depois, me chamaram de novo para fazer uma espécie de figuração: o guarda do castelo de O Mágico de Oz. Toda semana a Tatiana Belinky adaptava uma história infantil, que costumava começar com o Visconde abrindo um livro para contar aos moradores do sítio. E a aventura ganhava vida, misturada com a entrada da Emília e de outros personagens. A cena era simplíssima: quando o homem de lata batia na porta, eu dizia "Não tem ninguém" e fechava na cara dele. Repeti duas ou três vezes, e fim. Teve cachê e foram as únicas participações que fiz em TV antes de entrar na Globo, doze anos mais tarde.

Naquela ocasião, aprendi uma norma de vida que jamais abandonei: não recuse um papel por ser pequeno, porque você não sabe o que vem atrás dele. Nesse dia, depois de tudo gravado, meu primo em segundo grau — Ewerton de Castro, lembram? Que fazia o Visconde de Sabugosa? — me ofereceu outro trabalho. Uma diretora de Campinas estava procurando um ator. Era o Grupo Rotunda, que havia feito muito sucesso com a montagem de Electra, de Sófocles, e fora convidado pelo diretor do Teatro Anchieta-SESC, Miroel Silveira, para fazer uma montagem em São Paulo. O Ewerton me passou o contato da Terezinha Aguiar e fui atrás dela.

Baixinha, atarracada, culta e braba, Terezinha então me disse que tinha conseguido com o SESC a montagem de uma peça nova, escrita por uma poeta de Campinas chamada Hilda Hilst. A peça se passava num futuro remoto, num sistema político altamente repressor, que muito lembrava Orwell ou Huxley. O papel que seria meu era

159

o "Grande-Chefe" e a peça se chamava *O Novo Sistema*. Tivemos umas reuniões com a Hilda Hilst para discutir a peça, tanto em São Paulo como em Campinas, no sítio dela, por ela chamado de "Casa do Sol", um encanto.

Hilda era um gênio e se comportava como tal. Uma vez, por eu ter perguntado se a peça era anticomunista, perguntou se eu era comunista. Só para provocar, respondi que sim. E ela, rindo: "Que bom, quer dizer que depois dos trinta não vai ser um filho da puta." E explicou que não, que a peça era contra qualquer regime autoritário, não importando a ideologia que tivesse. Eu me lembro de ter passado um tempo no sítio dela trabalhando a peça. Como era de São Paulo, me hospedei lá, enquanto os outros atores iam dormir em suas casas em Campinas. Foi nada menos que incrível.

Começamos a ensaiar no Teatro Anchieta, na rua Dr. Vila Nova, que ficava ao lado da rua Maria Antônia. O cenário ficou pronto. A Hilda sempre presente, mas sem encher o saco, coisa rara em autores que assistem aos ensaios. O Miroel Silveira aparecia também. Um dia, Terezinha Aguiar foi chamada na direção do SESC: haviam desistido de produzir a peça. Pediram para fazer uma temporada de *Electra* e depois veriam se fariam *O Novo Sistema*. Não entendemos o motivo. Censura? Falta de coragem de enfrentar uma peça moderna, que tratava de um assunto difícil, no auge da ditadura? Todos ficamos frustrados, a Hilda mais ainda. Terezinha topou remontar e me convidou para fazer Orestes. Eu preferia estrear profissionalmente como Orestes — além de protagonista, era muito auspicioso iniciar a carreira com uma peça escrita nos primórdios do teatro na Grécia.

Como quase todos os atores já tinham apresentado *Electra* inúmeras vezes, a estreia foi marcada para dali a três ou quatro semanas. Apenas dois iniciantes, eu e a Lourdes de Moraes, teriam que ensaiar muito. E um outro que faria o personagem Pilades, mudo, portanto ensaiaria pouco. Sua função dramatúrgica era evitar que o protagonista falasse sozinho. Lourdes faria Clitemnestra, um papel pequeno, e que deu a ela o Prêmio Molière de melhor atriz de

1968. Quase todo o trabalho da Terezinha foi comigo. Ela me levava para um descampado na Cidade Universitária perto da ECA-USP, onde dava aula, e me fazia dizer o texto de Sófocles ao vento, ao ar livre, como se estivesse numa colina de Atenas. Isso fora dos horários de ensaios, realizados no Teatro Anchieta. Consegui decorar relativamente rápido e, como a peça tinha um formalismo grego, a interpretação era "para fora". Ela me dizia exatamente o que queria, me dirigia fala por fala. Foi um grande aprendizado. A protagonista, Ana Maria, era uma Electra fabulosa, ganhou vários prêmios, além de ter sido indicada ao Molière. Foi um sucesso, fui elogiado pelos críticos, principalmente o Apolinário, que escrevia no jornal *Última Hora*. João Apolinário era um português libertário exilado no Brasil que adorava a montagem e, principalmente, sua protagonista.

Eu estava adorando fazer tragédia grega. Havia a "Lei das Três Unidades", de Aristóteles, nas tragédias clássicas, que as faz ter sempre o mesmo assunto, no mesmo lugar e tempo. Unidade de tempo, lugar e ação. E *Electra* é uma tragédia clássica. A rotina do teatro me encantava pela segunda vez. Chegava ao teatro duas horas antes da peça, depois de passar o dia fazendo agitação política na faculdade. Fazia exercícios de expressão corporal e de concentração, aquecimento vocal, tudo que aprendi no TUCA.

Numa sexta-feira, saí com amigos da faculdade, meus futuros sócios, Guilherme da Costa Pinto e Eduardo Bonumá. A noite terminou numa padaria do Largo do Arouche. Estávamos completamente bêbados, saiu uma briga, eu tentei apartar e levei um soco que me quebrou o nariz. Fui levado para a casa do Guilherme, me trataram e eu apaguei lá pelas sete da matina. Acordei, no susto, às 14h30. Eu tinha peça às 16h (uma apresentação especial para uma escola), então saí voado para o teatro. Cheguei meia hora antes, todo mundo achando que eu havia esquecido. Tive tempo suficiente apenas para me preparar e entrar em cena. De ressaca, com o nariz quebrado. As primeiras entradas até que foram bem. Mas, talvez pela ressaca, talvez pelo nariz quebrado, certamente pela soma dos dois, minha energia estava estranha, eu estava me sentindo fraco.

A trama da tragédia, grosso modo, é a vingança de Electra contra sua mãe (Clitemnestra), que matou seu pai (Agamemnon). Orestes, seu irmão, que viveu todo o tempo longe, volta para ajudá-la a se vingar, a mando dos deuses. Quando se encontra com Electra após contar-lhe o plano divino, recomenda que tenha cautela, num bife (um texto imenso) de mais de meia página: "Se não puderes dominar-te, quando chegarmos ao palácio com esta urna nosso segredo se exporá a tua mãe em teu semblante alegre..."

Era o meu momento. Então, no estado em que me encontrava, coloquei uma energia bem maior que o normal no auge da ação dramática. Enchi o baixo pulmão de ar, prendi o diafragma, e com a dignidade de um herói trágico, mandei, em alto e bom som: "Se não puderes dominar-te, quando chegarmos a São Paulo com esta urna nosso segredo se exporá a tua mãe em teu semblante alegre..." A plateia começou a rir, um riso nervoso, logo contido. Mas ouvi aquela onda de gargalhada engolida, que ia e voltava, discreta, mas audível. Continuei como se não fosse comigo. Então me virei para o coro, como mandava a marcação. Ariclê Perez, que fazia o Corifeu, e os outros cinco ou seis coreutas estavam rindo muito. Uns, com as máscaras gregas brancas que usavam na ponta de um pau, tampavam o rosto. Outros simplesmente viraram de costas para o público para rir a bandeiras despregadas.

Em teatro é como em igreja: quando um começa a rir, o riso pega. É difícil parar, o nervosismo de saber, mesmo inconscientemente, que se está quebrando o rito do teatro faz a gente rir ainda mais. Foi aí que caiu a ficha, minha cabeça começou a doer e a repetir internamente — enquanto eu continuava a dar minhas falas imensas — "quando chegarmos a São Paulo com esta urna nosso segredo, quando chegarmos a São Paulo com esta urna nosso segredo, quando chegarmos a São Paulo com esta urna nosso segredo..."

Que vergonha, meu Deus, que vergonha. São Paulo na Grécia do século V a.C.! A peça estava terminando e eu ainda ouvia internamente "quando chegarmos a São Paulo com esta urna nosso segredo", e a vergonha aumentava. Estava naquele momento aprendendo como a cabeça do ator é dividida quando se está em cena. Um pedaço dela continuava dando o texto, respeitando as marcas, fluindo naturalmente como se nada tivesse acontecido. Outro pedaço me criticava, me fazia ouvir de novo "quando chegarmos a São Paulo com esta urna nosso segredo" e me fazia corar de vergonha. Juro que até hoje, ao escrever estas memórias, escuto "quando chegarmos a São Paulo com esta urna nosso segredo..." Ao fim da peça, aplausos, muitos. Ana Lucia e eu éramos os últimos a receber os aplausos. Quando nos dirigimos à boca de cena para agradecer, uma ideia maluca me ocorreu. Assim que agradecemos e o restante do elenco se aproximou, desmaiei. De propósito! Para que o público soubesse que errei porque estava mal. Foi um auê. Mas logo "despertei", me levantei, com a ajuda dos colegas, fui tirado do palco. Foi uma apoteose de aplausos. Eu tinha aprendido a representar.

• • •

Além das duas experiências em TV, tive uma em cinema, no começo de 1968, estando ainda no TUCA, no filme *Anuska, Manequim e Mulher*. Baseado num conto de Ignácio de Loyola Brandão, foi dirigido por Francisco Ramalho Jr. e coproduzido pelo João Silvério Trevisan, que tinha feito o documentário de abertura de *O&A*. Um dia, ele convidou alguns atores do TUCA para fazer pequenas participações no filme. Quando soube o que eu ia fazer, gelei.

O maior galã do Brasil era Francisco Cuoco. Ele, além de protagonizar o filme, fazia teatro e uma novela na TV Excelsior, *Legião dos Esquecidos*. Filmava à noite, após a peça, e nos dias em que não gravava a novela. A protagonista, Anuska, era interpretada por Marília Branco — uma atriz que acabou indo para a Itália, esposa do ator-diretor italiano Adolfo Celi, que morava havia anos no Rio e tinha sido casado com Tônia Carrero.

Na minha única cena no filme, Anuska saía do carro onde estava com Cuoco, pois eles haviam brigado. O meu personagem estava conversando com um amigo na balsa e, ao vê-la, dava um longo assobio de admiração e dizia alto o suficiente para que ela também ouvisse: "Mas que gata! Eu vou ganhar essa gata. É muito boa, né?" O Cuoco via a paquera, chegava junto, a gente discutia, ele me empurrava e eu dava um soco nele. Essa era a cena, e morri de medo de acertar a cara do Francisco Cuoco. Seria uma tragédia nacional!

Na hora de filmar, ele foi de uma gentileza fora do normal — me ajudou, me ensinou a bater nele, sem acertar, claro. E no ensaio falava: "pode vir, pode bater mesmo, eu saio..." E ele era forte: quando me empurrou pela primeira vez, quase caí da balsa. Depois, soube que havia sido feirante. O pai, imigrante italiano, tinha uma barraca; então ele trabalhava de dia com o pai e estudava à noite. Primeiro Direito, mas logo abandonou para estudar Teatro na Escola de Arte Dramática do Alfredo Mesquita, anos depois incorporada à ECA-USP. Ficamos muito próximos quando fui dirigir minha primeira novela na Globo, *O Outro*, do Aguinaldo Silva.

A noite anterior à filmagem, minha estreia no cinema, foi um desastre. A Kombi que foi nos buscar nos deixou numa casinha alugada pela produção no bairro do José Menino, em Santos. Lá dormiam os técnicos e o pessoal da produção. Me colocaram (eu era "o ator da cena da balsa", o personagem era o "rapaz da balsa", não tinha nem nome) para dormir num colchão no chão. Foi a primeira noite de insônia da minha vida. Vivi um inferno, nunca me esqueci daquela noite. Suava frio, com medo de errar tudo, de não conseguir fazer, de bloquear, de dar branco, e aquele pavor terrível de acertar a cara do Cuoco. Acho que foi nesse dia que descobri o grande problema da insônia: tentar raciocinar, tendo o raciocínio embotado pelo sono. Não adianta. Por isso, hoje, quando não consigo dormir e minha cabeça começa a tentar racionalizar — chamo de "pensar merda"

—, levanto e espero o sono voltar com tudo, antes de tentar dormir outra vez. Quase nunca dá certo.

*Anuska* era um filme pobre, o primeiro produzido pela TECLA Cinematográfica, que juntava o Sidnei Paiva Lopes (técnico de som), o João Batista de Andrade e o João Silvério Trevisan, também diretores, que produziram o filme, e o diretor Ramalho Junior. Ramalho Jr. foi meu primeiro diretor em cinema. Era gentil, superculto, apaixonado por Física. Chegou a ser professor de curso pré-vestibular para ganhar a vida...

O filme fez relativo sucesso, estreou no Cine Olido. A festa de lançamento foi numa casa de dança chamada Avenida Danças, na avenida Rio Branco, muito famosa na época. Era um tipo de boate chamado taxi-girls, em que as moças dançavam com os clientes ao som de uma orquestra que tocava "seleções musicais" de vários ritmos, como nos bailes do interior. Na entrada, o cliente ganhava uma cartela de papel-cartão e, a cada dança, as dançarinas picotavam nela os minutos dançados, com picotadoras iguais às usadas pelos fiscais dos trens nos bilhetes de viagem. Na saída, o caixa contava os minutos e você pagava pelo tempo, não importando com quantas tivesse dançado. Nessa festa, conheci uma das pessoas mais geniais, uma atriz fantástica que fizera um papel de prostituta no filme, Ruthinéa de Moraes. Ela tinha ganhado vários prêmios dois anos antes, ao representar outra prostituta, a Neusa Suely, na primeira montagem da peça *Navalha na Carne*, do Plínio Marcos, dirigida pelo Jairo Arco e Flexa; a mesma que a Tônia Carrero faria na montagem carioca.

Naquela noite, junto com o elenco do filme, senti que não queria mais sair daquela vida. Eu me lembrava de Santa Rita, do cinema de mesmo nome que era do meu tio Jaime, me lembrava do filme que ele produzira, o primeiro bangue-bangue brasileiro, e eu queria ser mocinho, queria andar a cavalo a galope dando tiros nos bandidos. Eu queria ser aquilo que aquelas pessoas eram, eu queria ser ator.

*Foto feita para o fichamento no DOPS após o Congresso da UNE*

# CAPÍTULO 14

A preparação do Congresso da UNE andava a pleno vapor. E eu, com mil atividades paralelas, achava tempo para participar de reuniões, levantar dinheiro e conseguir carros para transportar as centenas de universitários que viriam de todo o país. Clandestinamente, é mole? Afinal, a UNE estava proibida, e o Congresso, por extensão, também.

Um dia, fizemos um pedágio na rua Maria Antônia para arrecadar fundos. Os estudantes do Mackenzie — tradicionalmente reacionários, sede estudantil do CCC —, que tinham que passar pela Maria Antônia para chegar na faculdade, protestaram contra o pedágio — eram contra a UNE —, e a briga começou. Houve uns entreveros, mas o bicho pegou mesmo quando eles, do alto do prédio do Mackenzie

— bem maior do que o prédio da Filo-USP —, começaram a jogar rojões para cima da gente. Devolvíamos com coquetéis molotov que não chegavam até lá. Estilingues eram a única saída. Eles começaram a usar molotov contra a gente, conseguiram tocar fogo no prédio da Filosofia. Tinham armas, atiravam contra a gente, mas acho que para amedrontar, a princípio. Foram três dias de batalha, ao fim dos quais José Carlos Guimarães levou um tiro na cabeça. De fuzil. Morreu na hora.

Não vou descrever a guerra porque tem muito material na internet, é só dar um Google. Ou ver o filme do Renato Tapajós, *A Batalha da Maria Antônia*. Mas a passeata que fizemos com a camisa ensanguentada do José Carlos foi de uma violência nunca vista. Queimamos cerca de doze carros, entre viaturas da Polícia Civil e da PM, carros de chapa branca, o diabo. Depois de passar pelo largo do Paissandu, onde Zé Dirceu fez um discurso histórico, caminhamos até a sede do Citibank — que se chamava The First National City Bank of New York —, na esquina da Ipiranga com a Rio Branco, onde se lia nos vidros enormes da fachada do banco "representante maior do imperialismo americano". Quebramos um ponto de ônibus e, usando-o como aríete, fomos para cima dos vidros. Quando quebramos o primeiro, senti uma explosão de flash. Mas o sangue quente me fez esquecer. No dia seguinte, o falecido *Jornal da Tarde*, vespertino do Estadão que revolucionou a estética jornalística da época, publicou, tomando 60% da capa, a minha foto na frente do vidro quebrado. Tomei um processo pela Lei de Segurança Nacional. Foi o primeiro. O segundo viria logo em seguida.

A organização do congresso da UNE foi uma loucura, com disputas internas entre as várias tendências de esquerda que dominavam o ME, basicamente a AP — Ação Popular, que tinha a presidência da entidade havia muitos anos — e as várias dissidências do PCB — Partido Comunista Brasileiro, como as DI-SP e DI-RJ, Dissidências de São Paulo e do Rio de Janeiro. Pela primeira vez a possibilidade da AP perder a eleição era real. A DI-SP tinha Dirceu, e a DI-RJ,

Vladimir, enquanto a AP tinha o quase desconhecido Jean Marc. As assembleias que fazíamos no CRUSP — Conjunto Residencial da USP —, que se tornava um espaço independente, onde a polícia não entrava, eram cada vez mais radicalizadas. Se o congresso fosse um evento pequeno, com poucos participantes como os anteriores, era provável que o candidato da AP ganhasse pelo número de Centros Acadêmicos que a entidade dominava em todo o país. Para reverter essa tendência, era preciso, além de facilitar a vinda de congressistas pró-DI, dificultar a chegada do pessoal da AP.

De vez em quando, eu era solicitado a levar ou buscar alguém de outro estado. A tensão era enorme. Como se estivéssemos cometendo um crime imenso: organizar um congresso de universitários! Quando chegou o dia de começar a levar o pessoal para Ibiúna, o Eduardo Bonumá, com sua possante Vemaguete (uma perua com motor dois tempos fabricada pela Vemag), foi um dos escalados. Cada congressista deveria esperar em um ponto predeterminado, mas, como eram muitos e a infra era precária, deve ter gente esperando até hoje, por desorganização ou porque era da AP e foi esquecido de propósito...

Havia um esquema de segurança: depois de apanhar todos os passageiros, Eduardo (e dezenas de outros motoristas) os levava para a estrada principal e os deixava na entrada de uma fazenda, perto de Ibiúna. Numa dessas idas, Eduardo não conseguiu achar um dos congressistas e passou no CA para decidir o que fazer. Haviam me pedido para ir ao Congresso, para reforçar a equipe de segurança, mas eu estava em cartaz com *Electra*. Estava louco para ir, imaginem, sabia que ia ser um evento inesquecível. Como o Eduardo não conseguira localizar um dos seus passageiros, sobrou um lugar no carro. Um dos organizadores me desafiou: "Você não vai por medo?" Respondi: "Quem disse que não vou?"

As apresentações de *Electra* estavam toda hora sendo suspensas por causa de insegurança nas imediações da rua Maria Antônia. Eu fui. O Eduardo deixou a gente na estrada principal que ligava São Paulo a Ibiúna. Lá, andamos por uma estrada de terra até encontrarmos o jipe que nos esperava. Fomos conduzidos então até outro "aparelho", uma casa inacabada onde ficamos horas esperando ordem para ir para o sítio — mais meia hora a pé. Desabou uma chuva. Quando anoiteceu, o nosso guia chegou: ninguém menos que o Paulo de Tarso Wenceslau, o encarregado de organizar a infraestrutura e a segurança do Congresso. Seguimos debaixo de chuva em direção ao sítio Muduru, localizado no Bairro dos Alves, na cidade de Ibiúna (Serra de São Sebastião), a setenta quilômetros da capital de São Paulo. A estrada de terra havia se transformado em um lamaçal. Estava ficando difícil caminhar; escorregávamos, caíamos. Éramos uns trinta ou quarenta estudantes, entre homens e mulheres. Além de enfrentar aquele barro todo, tínhamos que aguentar a ladainha do Paulo de Tarso, com sua língua presa que dava a impressão de uma criança falando, sibilante, perturbando o pessoal de AP: "Ué, não querem fazer guerrilha rural? Pois vão se acostumando... faltam só dez quilômetros, gente!" E ria para mim, numa cumplicidade contra a AP. Eu não estava gostando nada do que estava vendo.

Fomos os primeiros a chegar ao sítio. Na hora vi que não ia dar certo. Haviam armado uma lona de circo para abrigar as assembleias plenárias, local que acabou virando também dormitório — já que ninguém tinha pensado nisso. Havia uma casa simples, de colono, uma pocilga sem os porcos, e nada mais. E não parava de chegar gente. Foram três dias insanos. Nas plenárias, só se discutia credenciamento, num controle rigoroso para eliminar o maior número de eleitores "do outro lado". Os credenciados que deixassem qualquer dúvida sobre sua representatividade eram submetidos a discussões infindáveis, o que atrasou muito o início da eleição, motivo maior do congresso.

Só uma união enorme em torno de um objetivo comum, a luta contra a ditadura sangrenta que não nos permitia sequer nos reunir para eleger nossos representantes, nos fez superar as adversidades. A chuva não parava. Os cobertores que a organização mandou buscar em São Paulo — e que ficaram famosos nas centenas de fotos da prisão — foram insuficientes e ficaram molhados com o passar das horas. Para que o circo armado para as plenárias não virasse um caos ainda maior, resolvemos cobrir o piso com uma lona e tirar os sapatos para entrar. Foi pior a emenda que o soneto. E não parava de chegar gente. Eu praticamente não dormi os três dias que lá fiquei. Como não tinha direito a voto nem saco de fazer vigília, ajudei a cozinhar, a servir e a cabalar votos para o Zé Dirceu. E a chuva caía. O barro entrava pelo nariz, pela boca, pelos poros. A comparação com Woodstock foi inevitável — se bem que faltavam o rock e o amor livre, não por falta de amor, mas por falta de lugar para exprimi-lo. Mas, cá entre nós, não posso dizer que voltei pagão.

Na madrugada de sexta-feira, chegou a notícia de que a polícia ia cercar o sítio e nos prender. O Eduardo Bonumá armou um plano para a fuga da liderança: esperar na Vemaguet num determinado ponto da estrada, facilmente alcançável a pé. Era sair naquele instante e estaríamos a salvo da prisão. Luís Travassos, Zé Dirceu, Vladimir Palmeira, Jean Marc e eu, claro, iríamos levá-los até o Bonumá. Fizeram uma reunião para avisar os líderes sobre o iminente cerco policial e o plano de fuga. Mas o pessoal da AP não acreditou nas informações do pessoal da DI-SP, achando que era armação para melar o congresso e não perder a eleição. Grande burrada! O Bonumá ficou cinco horas na estrada esperando a gente. E nós lá, esperando a polícia chegar. Não sabíamos se chegaria uma viatura, um pelotão ou um batalhão. Viriam de helicóptero? Jogariam napalm? Chegariam atirando? Tínhamos algumas armas pessoais, calibre 22 e 32. Uma Luger velha, algumas armas de caça usadas no interior para matar codornas e só. Resistiríamos ou nos entregaríamos pacificamente? Resolvi ir até a pocilga fazer um café.

Quando cheguei lá, pulei a mureta em vez de entrar pelo portão. No que bati o pé no chão do outro lado da mureta, dei de cara com um PM com uma metralhadora apontada para minha cara, a, no máximo, um metro de mim. Como se o chão fosse uma cama elástica, do jeito que cheguei, voltei. Pulei a mureta de volta, numa reação mais que espontânea, e corri para avisar o pessoal que eles haviam chegado. Estava amanhecendo quando ouvimos a primeira rajada de metralhadora. Imediatamente, veio a ordem de não resistir. Eles eram muitos e estavam fortemente armados, seria uma carnificina. Outras rajadas. E começaram a invadir o sítio. Os soldados também não sabiam o que fazer. Pediam para levantarmos as mãos, para não corrermos, "está todo mundo preso". Ninguém ali tinha forças para reagir depois de três dias de fome, frio e sono. Sem banho. Com barro até as orelhas. Para muita gente, a prisão foi um alívio. Fim do pesadelo. Zé Dirceu foi o primeiro a ser reconhecido. Acho que o Travassos também, pouco depois. Mas o Vladimir e o Jean Marc não foram.

Eles nos fizeram formar duas filas indianas na estrada e começamos a caminhar, os estudantes no meio e os soldados armados nas laterais da estrada. Pelo tamanho da fila, imaginei que éramos muitos. Só soubemos quantos quando saiu nos jornais: 756 estudantes do Brasil inteiro presos. Toda a liderança nacional e todos os líderes estaduais e municipais estavam no Congresso. Portanto, presos. Inclusive o Orestes, irmão da Electra. Era sábado, Dia das Crianças, 12 de outubro de 1968. Depois de horas de caminhada, chegamos a um descampado cheio de troncos no chão, parecia uma madeireira abandonada. Ali esperamos chegar uma comitiva de peruas, ônibus e caminhões que nos levariam até o Presídio Tiradentes. Era um comboio enorme, que ia passando de cidade em cidade para mostrar ao público os presos da ditadura. No meu ônibus estavam o Jean Marc e o Vladimir. Ambos estavam condenados à prisão por liderar passeatas no Rio. O Jean era suíço, tinha seu passaporte suíço com ele por precaução. Urgia dar um sumiço no passaporte, e ele, sem documento, diria se chamar João da Silva, de Recife. Não teriam como provar, ainda não havia entrosamento entre as polícias estaduais. A maneira mais segura de sumir com o passaporte foi... comê-lo. Isso mesmo, o Jean picou o passaporte em pedacinhos e deu lentamente para os passageiros do ônibus para que comêssemos. E, pela causa, comemos. Quando chegamos ao Presídio Tiradentes, ficou aquela fila de ônibus, peruas e caminhões. Tínhamos que esperar que o presídio se preparasse para a entrada de tantos presos de uma só vez. Foi nessa hora que o Vladimir resolveu fugir pela janela do ônibus. Só que ele era gordo e ficou entalado. Tivemos que empurrá-lo e, pelo que me lembro, ele perdeu a camisa. Saiu correndo, mas foi reconhecido e preso por um major da Aeronáutica. Mais tarde, me disse que devia a vida a esse major, pois teria entrado na barra-pesada e morrido.

Entramos no presídio como heróis. Os presos comuns nos receberam com uma salva de palmas. Fomos levados para um andar que fora esvaziado poucas horas antes e seria ocupado apenas por nós e por algumas prostitutas. Em cada cela, uns quarenta ou cinquenta estudantes. Havia uma pia e um buraco no chão no lugar da privada. A comida era uma droga e não tinha talheres. Comíamos usando carteira de identidade, caixa de fósforos, ou o cabo da escova de dentes, derretido com isqueiro e batido, para fazer uma minicolher. Alguns comiam a gororoba com a mão mesmo.

Dormíamos de lado para caber na cela. Ou fazíamos rodízio de sono. Cantávamos, discutíamos política, linhas de ação e o grande problema: o que fazer com o ME com sua liderança toda presa? Um dos vice-presidentes da UNE era o Zé Roberto Arantes, olhos grandes, esbugalhados. Engraçado, culto, inteligentíssimo, havia sido estudante do Instituto Tecnológico da Aeronáutica (ITA), e tentara sequestrar um avião da FAB no dia do golpe de 1964. Fora expulso e entrara na Filo-USP. Ele era um dos animadores da cela. Sacaneava os guardas que nos gozavam, como se fôssemos macacos de zoológico.

Uma noite, ouvi o carcereiro chamar meu nome. Gelei. Às vezes, eles pegavam alguém para levar para interrogatório no DOPS. Alguns voltavam, outros não. Os que não voltavam tanto podiam ter sido soltos, como torturados e mortos. Como saber? Eu me identifiquei, com medo, e ele me entregou um pacote de frangos assados. Minha mãe, certamente usando seu pistolão de viúva de delegado, havia furado o cerco. Depois que saí da prisão, soube que ela era uma das mães que ficavam todos os dias na frente do DOPS segurando cartazes com os dizeres "LIBERTEM NOSSOS FILHOS". Dona Gilda saiu no jornal e tudo.

Depois de uns dias, começaram a nos levar em grupos para prestar depoimentos no DOPS. Aí comprovei que o ditado "A esquerda só é solidária na cadeia" não procede. Nem na cadeia.

Foram horas de discussões para tirar uma posição, se devíamos todos declarar que estávamos em uma reunião cultural (posição das DIs), ou se estávamos realizando o Congresso da UNE — o que equivalia a assumir o crime (posição da AP). Quando fui chamado, não tínhamos decidido coisa nenhuma. Ao prestar depoimento, disse que tinha sido escolhido pela classe para representar a faculdade "numa reunião festiva de estudantes para debater teatro, já que eu era também ator". O delegado disse que ia mandar me colocar asas, porque eu era um anjo, e me mandou de volta para o Presídio Tiradentes.

Aos poucos, os estudantes de outros estados começaram a ser enviados de volta para os seus lugares de origem. Como havia também aqueles que iam para o DOPS e não voltavam, fomos ficando solitários. Só os paulistas. Numa noite, bem tarde, todos dormindo, fomos acordados. Os GPs, guardas de presídio, têm a mania de acordar os presos batendo o cassetete nas barras de ferro das grades das celas, o que provoca um barulho bem desagradável. Alguns sonados, outros raivosos, fomos colocados em camburões de transporte de presos totalmente fechados. Nenhum dos policiais dizia para onde estavam nos levando. Fizeram terrorismo, dizendo que íamos fazer um passeio sem volta e outras brincadeiras de mau gosto. Depois de viajar por alguns quilômetros sem que tivéssemos a menor noção do que estava acontecendo, o camburão parou. Abriram as portas e nos vimos dentro de um presídio enorme! Logo alguém identificou:

o Carandiru! Caramba, pensei, se nos trouxeram para cá é porque vamos mofar na cadeia.

Fomos levados para um corredor, tiramos a roupa, que foi apreendida, tomamos banho, fomos examinados superficialmente por alguns enfermeiros e recebemos os uniformes obrigatórios: calça e camisão de brim azul-claros, japona de lã azul-escura, alpargatas Roda e um barbante à guisa de cinto. Fomos colocados em grupos menores, seis ou oito em cada cela. E no Carandiru, diferentemente do Tiradentes, havia beliche com colchão. O Tiradentes era para prisões provisórias; o Carandiru, para definitivas. Quando pensávamos nisso, dava desespero. Os dias demoravam a passar. A memória falha, não consigo lembrar direito, mas acho que comíamos em refeitórios, e não nas celas, como no Tiradentes. Mas realmente não lembro. Mistura com cinema. Até que chegou o primeiro dia de visita. Todos os presos juntos no pátio, à espera dos visitantes. Quando minha mãe me viu com roupa de presidiário, quase infartou. A coitada começou a chorar um pranto tão sofrido que me comoveu.

Imagino o que era para ela ver o filho do delegado, o caçula, único homem, o "Barão", preso. Por sorte ou por destino, o fato é que dias depois nos levaram, dez ou doze estudantes, para o DOPS.

Chegando lá, nos colocaram em fila para que o delegado passasse, olhasse na cara de cada um e dissesse: "você fica, você fica, você sai..." E ia decidindo a vida da gente assim, aleatoriamente. Quando chegou a minha vez, pegou com violência o meu cabelo comprido, olhou bem para minha cara — gelei — e disse: "Você sai." Filho da puta!

Junto comigo saiu o Zé Roberto Arantes, que, assim como Jean Marc, foi preso sem documento e deu nome falso. Soltaram sem saber quem ele era realmente. Quando nos vimos soltos na Praça Tiradentes, nos demos conta de que não tínhamos um puto no bolso. Fazia quase dois meses que estávamos em cana. Era dia 10 de dezembro. Andamos apressados para deixar para trás o prédio de tijolos vermelhos do DOPS, símbolo da prisão e da tortura, e que mais tarde virou o Memorial da Resistência. Pedimos dinheiro aos passantes para tomar um ônibus e fomos para a Cidade Universitária, para o nosso espaço ainda não tomado pela ditadura, o CRUSP.

Sabíamos que a UNE estava em Assembleia Geral permanente, as notícias chegavam ao Carandiru sem problemas — ao contrário do DOPS e do Tiradentes. Arantes, como já disse, era um dos vice-presidentes da UNE, eleito com Travassos no 29º Congresso realizado no convento dos dominicanos em Valinhos. A UNE estava acéfala, todos os diretores presos, urgia que ele, como vice, assumisse a presidência. Arantes era muito querido. Foi uma festa quando chegamos ao CRUSP, direto para a Assembleia. De imediato, Arantes assumiu legalmente a presidência da UNE, motivo de alívio para a estudantada.

Mas a situação estava tensa também ali. Havia alguns dias chegara a informação de que iam invadir o CRUSP, que naquela altura tinha se transformado, de centro residencial para alunos vindos de outras cidades, em esconderijo de estudantes perseguidos pela ditadura — sem desalojar os antigos residentes. Então estava superlotado. Havia quartos onde dormiam dez, doze pessoas. Arrumaram alojamento para mim e para o Arantes. Na primeira noite, dormi pacas, mas na segunda, nada. Ficávamos a noite inteira acordados fazendo barricadas, juntando pedras, tentando construir barreiras para evitar a chegada da polícia. Em vão.

Quando houve a invasão, segundo o IPM — Inquérito Policial Militar, farsa jurídica inventada pela ditadura —, estavam morando no CRUSP cerca de 1.400 estudantes. A peça jurídica é hilária e dizia que o IPM era muito complexo devido ao fato de envolver uma comunidade estudantil de mais de 1.400 pessoas, marginalizadas, que constituíram um gueto no qual, ainda segundo a peça, havia sido destruído qualquer resquício de princípio de autoridade.

Saí do CRUSP antes da invasão, como todo mundo, e fui pra casa da dona Gilda. Foi uma festa. Teve banho de banheira, comida especial; minha mãe estava muito feliz e eu também. Passar tanto tempo preso não tinha sido uma experiência legal. Mas eu sentia que essa felicidade ia durar pouco. A ditadura havia recrudescido — como mais tarde diria o ditador João Batista Figueiredo — nos quase dois meses que fiquei na cadeia. A possibilidade de um "golpe branco", ou "golpe dentro do golpe", era tratada em prosa e verso. Seria questão de dias.

Os líderes do ME continuavam presos, o Dirceu, o Travassos, o Omar, cacete, não tinham soltado o Omar! Fui procurar o Bonumá e o Guilherme, me mandei para a faculdade. Encontrei o Centro Acadêmico fechado. No TUCA, o Jorge, funcionário da PUC que tomava conta do teatro, disse que a polícia havia invadido o CA e levado tudo que tinha lá, inclusive o famoso retrato do papa Pio XII chifrudo. Fui para a casa do Guilherme e todos se reuniram lá. A Mina, namorada do Omar, estava desesperada, claro. Se viesse o tal "golpe branco", os estudantes presos não sairiam mais. E veio.

Com Maria Luiza Martini em São Francisco de Paula, RS (1972)

Foto: arquivo pessoal

# CAPÍTULO 15

No dia 13 de dezembro de 1968, às oito horas da noite, acabou o mundo. O Ato Institucional N° 5, o famigerado AI-5, foi anunciado em cadeia nacional. E quem redigiu o inglório ato? O Gaminha, o Luís Antônio da Gama e Silva, o que tinha tiques do ombro, lembra? Que levantava um ombro, consertava o paletó, levantava os dois, consertava o paletó, levantava outro, consertava o paletó. Esse era o homem forte do regime. O diretor jurídico da Prada que me conseguiu o emprego na Armour... "Ê, volta do mundo camará, ê, mundo dá volta, camará".

O AI-5 simplesmente levava o Brasil para a treva. Costa e Silva virara o Luís XIV, de *L'État c'est moi*, "o Estado sou eu". Logo o Costa e Silva, considerado o mais tapado dos ditadores tapados. Quando ele adoeceu e foi substituído por Emílio Garrastazu Médici, a piada que correu foi: "Sabe qual a diferença entre os dois ditadores? A ignorância do Costa e Silva era incomensurável. A do Garrastazu, Médici."

Foi um bode. Como isso pôde acontecer? Um grupo de militares colocar o país de joelhos? Tínhamos que lutar. Fim do habeas corpus? Fim das garantias individuais? "Chama o ladrão", pediria Chico. E o cerco se fechava. Todos que tinham ficha no DOPS começaram a ser presos. Fui até o TUCA buscar uns pertences que estavam lá quando deixei o grupo, ainda antes da estreia de *Electra*. Quando cheguei, o Jorge me contou, apavorado, que a polícia tinha estado lá, perguntado por mim e por vários outros membros do grupo. Que tinham até quebrado parte da madeira do palco em busca de armas... Que besteira. As únicas armas do TUCA eram nosso corpo e nossa voz.

Liguei para a casa da minha mãe e soube que a polícia estava na porta do prédio perguntando por mim ao porteiro. Estava ferrado. Liguei para o Guilherme e ele me mandou ir para lá, porque o Bonumá tinha novidades nada boas. Estávamos na mira do Exército. A Tereza, a Zinha, hoje mulher do Bonumá, tem uma irmã que namorava um empresário do ramo de consórcio. Os militares tomaram para si a defesa do povo nos "crimes contra a economia popular", no lugar da Justiça. Pura fachada, na realidade era uma forma de forçar a propina. Um general podia prender um empresário na hora que quisesse sob essa genérica acusação. E isso aconteceu com esse empresário. Fora chamado num quartel, na sala de um general, e levou um esculacho. Que seria preso, que isso, que aquilo. Não sei se levou logo a mordida, porque ninguém teria coragem de confessar isso. O medo de generais era imenso. Ao final do encontro, o general fez um discurso contra o comunismo, contra os que seguiam a doutrina "alienígena" — todo milico adorava a palavra — e contra os que exploravam a ingenuidade do povo para extorqui-los, como faziam os donos de consórcio. O que uma coisa tinha a ver com a outra, o empresário não entendeu. Mas levou um susto quando, ao se levantar para se despedir, viu atrás da cadeira do general um quadro de um Pio XII com chifres de veado pintados com pilot vermelho. Ele conhecia aquele quadro, pois estivera com a Zinha e a irmã no Centro Acadêmico em alguma festa. Perguntou ao general o que significava aquilo e o general explicou que era uma das apreensões feitas num antro comunista. E contou da invasão ao Centro Acadêmico 22 de Agosto, o nosso CA, para coleta de provas, onde haviam encontrado o tal quadro "subversivo". "Veja", disse, pegando o quadro e o exibindo para o empresário, "nem o papa esses comunistas respeitam". E, pousando o quadro em cima da mesa, pegou uma lista manuscrita e leu para o empresário os nomes dos estudantes que estavam sendo procurados: Omar Laino (ele nem sabia que o Omar já estava preso havia mais de dois meses), Eduardo Bonumá, Guilherme da Costa Pinto, José Pereira de Abreu Junior, e mais outros da diretoria do Centro.

Com o AI-5 em vigor, a prisão seria o fim da linha. Sem habeas corpus, como sair da cadeia? Nós íamos mofar como Omar, Dirceu, Travasso, Vladimir, que estavam presos desde o Congresso? Não, não íamos dar mole. Resolvemos nos esconder, os três. Tínhamos que partir para a clandestinidade, após a confirmação de que estávamos na lista negra. Levantamos várias possibilidades, até resolvermos nos esconder em Itapira (SP), na casa do Toy, o tocador de atabaque de *Morte e Vida*. Ele também fazia Direito e era um dos nossos melhores amigos. Depois de uma semana na casa dele em Itapira, decidi ir para o Rio.

A Neusa, nessa altura minha ex (vivíamos terminando e voltando — a culpa cristã!), tinha uma irmã, a Nísia. Ela era casada com o Antônio Perosa, engenheiro agrônomo do Incra — Instituto Nacional de Reforma Agrária —, e morava no Rio. E eu sabia que ele era de uma organização de esquerda armada. Não havia para mim outra possibilidade senão reagir à ditadura. Segui para São Paulo e fui direto para a rodoviária. No caminho, liguei para a casa de um vizinho — com medo de o telefone da dona Gilda estar grampeado — e pedi para avisar que eu queria encontrar com ela perto do guichê da

Viação Danúbio Azul. Uma hora depois, ela estava lá. Tinha levado dinheiro, roupas, sanduíches, frutas, enfim, tudo de que eu precisava. Sem eu ter pedido nada. Dona Gilda era assim, antecipava as coisas. Avisei a ela que ia morar no Rio, depois de receber uma oferta de trabalho como ator, mas sei que ela não acreditou. Só dizia, agoniada: "Tenha cuidado, meu filho, ninguém pode contra a espada." Deve ter sofrido muito por minha causa. Mais uma vez, fiz o contrário do que ela mandava.

Meu cunhado, Itamar Bopp, tinha parentes no Rio, a família Macedo Miranda. Minha mãe me deu o telefone deles, "gente muito boa". Peguei um ônibus da Cometa para a Cidade Maravilhosa, que eu conhecera no enterro do Edson Luís, o estudante morto no Calabouço. Na Rodoviária, liguei para a família Macedo Miranda. Eu e Macedinho marcamos um encontro no Jornal do Brasil, onde conheci um colega dele, jornalista nordestino porreta, que morava num apartamento na rua do Catete e podia me hospedar. De esquerda, evidentemente. Imagine um jornalista nordestino de direita no *JB* em pleno 1968. Podia ter, mas não creio. Não consigo me lembrar do nome dele, e o Macedinho, que poderia se lembrar, morreu. Não sem antes entrar para a Globo, criar e dirigir o *Fantástico* por anos a fio e ser o primeiro diretor do *Rock in Rio*. Estive com ele quando fui para a Globo em 1980. Mas éramos de unidades diferentes, nos vimos poucas vezes, normalmente quando eu fazia alguma coisa para o *Fantástico*, como cabeças para clipes musicais.

Enquanto estive hospedado na rua do Catete, tentei encontrar o Perosa, que trabalhava ali perto. O Incra ficava na Glória, na rua Santo Amaro. Fui atrás dele, mas estava viajando. Eu não tinha condições de ficar escondido na casa do jornalista por muito tempo. Era um apartamento pequeno, apertado, não fazia sentido ficar lá, apesar de o cara nunca ter me cobrado nada.

Consegui achar nos classificados do *JB* dois caras dividindo apartamento em Copacabana, na avenida Prado Júnior, que era, para quem não sabe, um puteiro a céu aberto. O prédio ficava quase na esquina da Barata Ribeiro, em cima do cinema e da padaria. Os dois moradores não tinham absolutamente nada a ver comigo: um deles era cabeleireiro, macho, nordestino e ganhava bem. O outro era vendedor de fitas adesivas da 3M, carioca, paquerador e ganhava mal. O apartamento tinha uma sala com a tal quitinete, um quarto com banheiro e só. Eles queriam alugar o quarto, pois dormiriam os dois na sala, mas eu propus que a gente revezasse o uso do quarto, uma semana cada, para reduzir o valor do aluguel. Eles toparam e no mesmo dia me mudei, começando enfim uma vida nova, com uma merreca no bolso que dona Gilda tinha me dado, numa cidade que eu não conhecia. E sem saber se a repressão no Rio sabia de mim. Na época, não havia ligação entre as polícias, então pedi a um despachante um Atestado de Antecedentes Policiais, que saiu limpo. Liguei para o despachante antes para saber. Se tivesse saído sujo, eu é que não ia buscar!

Foram dias de sofrimento e solidão atroz. Eu nunca tinha ficado sozinho na vida, não gostava, não queria, não suportava. Meus colegas de apartamento trabalhavam o dia inteiro. E à noite saíam para paquerar no fusca do cabeleireiro. Segundo ele, desde que comprara o carro, jamais dormira desacompanhado. Era colocar o fusca para rodar e chamar a moçada. Algumas noites, além de trazerem mulheres para eles, traziam uma para mim.

Mas nada sabiam do meu tormento. Minha grana estava no fim. Dei preferência ao aluguel, e a comida ficou em segundo plano. Comprava aqueles quadradinhos de caldo de carne ou galinha Maggi ou Knorr, pedia na padaria "pão de ontem para torrar" e fazia aquele caldo com o pão velho. Ficava uma gororoba consistente, só o gosto não era tão bom.

E passei fome. Várias vezes.

Não queria pedir dinheiro para a dona Gilda toda hora. E ficava naquele apartamento, solitário, sem conseguir contato com alguma organização de esquerda. E o Perosa, mesmo depois de chegar de viagem, estava arredio — e com razão. A barra estava pesadíssima e ele tinha poucas referências de mim. Eu não fazia ideia da importância dele na Vanguarda Popular Revolucionária (VPR), a organização de esquerda à qual ele era ligado. Conheci na época uma galera do Incra. Lembro-me bem da Rosa, Rosalina, depois presa e barbaramente torturada.

Eu não aguentava mais ficar sozinho, não tinha nada a ver com os meus colegas de apartamento, eles não sabiam quem eu era, o que eu fazia, nada. Eu tinha dito que ia fazer vestibular, afinal era dezembro. Dezembro. O pior mês do ano para estar longe dos amigos e da família. Eu ligava para a minha mãe, a cobrar, uma vez por semana, da farmácia da esquina da Prado Jr. com a N. Sra. de Copacabana. Em uma dessas vezes, surpresa: a Neusa estava lá. Havia perguntado por mim, minha mãe não quis falar por telefone, ela fora lá.

Falamos por telefone e, num acesso de loucura, voltamos a namorar. Ela passou o fim do ano comigo, ficou na casa da irmã, Nisia, que era casada com o cara que ia me colocar na luta. Neusa tinha se formado e trabalhava no Jurídico da CESP, então as vindas dela, que se tornaram constantes, eram curtas, só para os fins de semana, e nem todos. Apesar de vir de ônibus, ficava cara a brincadeira. Durante a semana eu continuava sozinho. Aos poucos, o Perosa me passou coisas simples para fazer para a organização. Logo eu estava "cobrindo pontos", uma grande responsabilidade.

Funcionava assim: todos os dias um companheiro de cada aparelho se comunicava com alguém da organização para confirmar que estava tudo bem. Então eu ia, por exemplo, às 12h30 de uma segunda-feira à praia do Flamengo, atrás do Palácio do Catete, me sentava no banco com uma revista embaixo do braço. O companheiro chegava com outra revista debaixo do braço, sentava e falava uma senha previamente combinada, como "O ônibus demora". Eu respondia "Demora, mas chega". E ele: "Quem espera, alcança". Pronto, estava "coberto o ponto".

Se o cara não aparecesse, eu tinha que ligar imediatamente para um número de telefone. Isso significava, na maior parte das vezes, que o companheiro havia caído nas mãos da repressão. Todos sabiam a importância de cobrir ponto para a segurança dos companheiros e da própria Organização. Quando acontecia de o ponto furar, tínhamos 24 horas para desmontar tudo que os possíveis presos soubessem e pudessem dizer sob tortura. Tínhamos a intenção de aguentar pelo menos 24 horas de tortura sem abrir a boca, mas ninguém sabia o nível de resistência de cada um. Então, tudo era urgente. Mais tarde, a repressão descobriu essa história das 24 horas e passou a enganar os companheiros presos: logo que chegavam, eles eram levados para a sala de tortura, onde havia um relógio no qual os companheiros viam as horas com facilidade. E batiam violentamente neles até que desmaiassem de dor. Adiantavam então o relógio de modo que, quando os presos acordassem, pensassem que as 24 horas estariam chegando. E os carrascos diziam que eles tinham desmaiado rápido, que eram covardes, que passaram horas desacordados, que não aguentaram o pau, coisas assim. Os coitados voltavam a ser torturados e às vezes diziam coisas, certos de que já estava tudo desarticulado.

*Foto tirada para o documento de policial no Departamento de Investigações Criminais de São Paulo (1966)*

Foto: arquivo pessoal

# CAPÍTULO 16

Com o Atestado de Antecedentes em mãos, pensei em arrumar um emprego, pois, além de ganhar algum dinheiro para me manter, poderia ter uma vida legal, até que acontecesse alguma outra coisa. Sem conexão entre as polícias, quem sabia de tudo e viajava pelo Brasil inteiro era o delegado Fleury, um dos maiores torturadores da história da civilização, algo que havia aprendido torturando barbaramente presos comuns, na Delegacia de Roubos e Assaltos do D.I nos anos 1960, quando ainda era investigador de polícia. Tirei uma carteira de identidade do estado do Rio de Janeiro, uma carteira de trabalho nova, e fui à luta. Comprei o *Jornal do Brasil* de domingo, Neusa comigo, e vi um anúncio que me interessou de cara. Era da Olivetti, pedindo vendedores de máquinas de escrever e calcular. Ofereciam um salário fixo baixo e uma boa comissão em cada venda. Ótimo, trabalharia na rua e poderia continuar a prestar apoio logístico à organização, com carteira assinada e todos os direitos trabalhistas. Fui lá, me inscrevi, fiz uma prova de conhecimentos gerais, acertei tudo, era muito simples para um acadêmico de Direito. Mais uma entrevista e fui contratado.

Participamos de um curso de vendas e de conhecimento dos produtos, com duração de um mês, ministrado num hotel na rua da Glória, onde ficaram hospedados vendedores de todos os estados do Brasil. Foi uma experiência incrível. Passávamos oito horas juntos por dia, almoçávamos, aprendíamos, discutíamos. Foi minha entrada no mundo empresarial de uma multinacional. Aprendíamos a despertar o interesse pelo produto, a demonstrar o produto, a fazer contas para provar que o produto se pagaria pela rapidez de terminar o trabalho etc. Terminado o curso, confiante, fui eu de terno e gravata, pasta de *courvin*, vender máquina de somar para os portugueses da rua da Carioca. Como iniciante, eles me deram uma zona — cada vendedor era responsável pela sua — bem difícil de vender. Todo comerciante tinha sua máquina de calcular, então a ideia era trocar por um modelo mais novo. As de escrever eram mais difíceis ainda de vender, porque os escritórios das lojas eram pequenos, usavam uma ou duas e fim. Os grandes compradores eram os escritórios de empresas grandes, que usavam de trinta a quarenta máquinas. Mas esses eram raros na rua da Carioca. Meus possíveis clientes eram lojas de malas e instrumentos musicais, basicamente. Mas a política de vendas da Olivetti era agressiva. Aceitava, por um pequeno valor, a máquina velha como parte do pagamento, dava desconto, financiava. O resto dependia das graças do vendedor. E eu era engraçado. Aprendi a manejar as máquinas de calcular de maneira que, a cada demonstração, eu fazia um pequeno show. Os clientes paravam para ver. No final, o proprietário acabava comprando uma ou duas máquinas... E às vezes eu usava minha técnica de formado para dar cursos de "proficiência em datilografia", que era ensinar às datilógrafas e secretárias como tirar o máximo proveito das bichinhas. O horário era livre, quer dizer, eu chegava na empresa às nove horas, pegava as fichas dos clientes e ia à luta. Voltava às cinco da tarde, redigia meu relatório e fim. Durante o dia, ninguém sabia o que eu fazia.

Era um barato conhecer o centro antigo do Rio de Janeiro, ainda mais para um caipira de Santa Rita: a região da rua da Carioca com seus casarões, as transversais da avenida Rio Branco, a Primeiro de Março com suas igrejas inacreditáveis. Trabalhando na rua, entre um cliente e outro, curtia o Centro do Rio como turista. Nos fins de semana, levava a Neusa para passear, quando conseguia tirá-la da praia.

De segunda a sexta, conseguia cumprir a cota mínima de vendas, cobria os pontos e a vida seguia. Aos trancos e barrancos, mas seguia. E a gente segurando o rojão de viver num país sem lei, com companheiros sendo presos, torturados e mortos. Alguns não aguentaram e saíram do país. E nós vivendo com a tortura interior de cair a qualquer momento e viver o terror.

Um dia, meu supervisor me chamou para me dar uma pequena promoção. Disse que eu havia tirado leite de pedra naqueles poucos meses na rua da Carioca e que ia me dar uma zona melhor. Aliás, bem melhor. E ele queria que eu vendesse as novas máquinas de escrever elétricas, que tinham uma novidade incrível: escreviam respeitando o tamanho de cada letra, o "m" tendo espaço para as três pernas, e o "i" apertadinho como ele gosta. Isso ia revolucionar a datilografia, as cartas pareceriam impressas, como os livros. Minha zona de atuação seria na rua do Ouvidor, repleta de prédios cheios de empresas com muitas máquinas manuais para serem trocadas por elétricas. Fiz mais um curso, este só para máquinas elétricas, na sede da Olivetti, na rua Rodrigo Silva. E saí atrás de secretárias como a do seu Chiquinho da Prada, a dona Alice. Ela me dissera que a Olivetti estava criando essa máquina alguns anos antes, e agora eu era o representante de vendas no Rio de Janeiro. Saí para prospectar clientes. Era assim que falávamos, "prospectar", como a Petrobras faz com petróleo. Visitávamos os clientes, procurando primeiro a secretária do presidente da empresa, depois as dos outros diretores. Obviamente, se algum departamento de uma empresa fosse comprar uma máquina de escrever elétrica de espaçamento diferenciado, a Olivetti Tekne III, com fita plástica que colava no papel no lugar da fita tintada da máquina comum, seria a presidência e as diretorias. Para outros departamentos, tínhamos as mais simples: a Tekne I era basicamente uma máquina comum, porém elétrica; sem espaçamento diferenciado e ainda com fita tintada. A II era igual à I, mas com o avanço da fita plástica. Era para os departamentos mais administrativos, para bater fichas, tabelas etc. Mas as cartas dos diretores precisavam ser batidas em Tekne III, essa era a ideia. Para ajudar ainda mais a venda, a Olivetti disponibilizava máquinas "em demonstração" por um mês. Se sentíamos que o cliente estava mesmo interessado em comprar, oferecíamos, como chave de braço final, o desafio: uma máquina sob empréstimo. "O senhor fica um mês com ela, usa como se fosse sua. No final do mês, se não quiser comprar, problema meu, levamos de volta, sem custo."

Era tiro certo, quase todos aceitavam, mas não tínhamos máquinas de demonstração suficientes. Então eu precisava sentir a verdadeira vontade do cliente. Alguns, após o mês de uso, não só compravam como queriam ficar com a própria máquina de demonstração usada, para o presidente, para os diretores e para todo mundo que precisasse de uma carta bonita. Acabou sendo a mesma coisa que uma Xerox, a copiadora, que a empresa toda usava. E vendi pra caramba. Comecei a ganhar dinheiro pelas comissões. Comprei meu segundo carro, depois do Ford Bigode 1929 de Santa Rita. Era um Volvo 1946, azul. Queixo duro, ou seja, a embreagem não era sincronizada. Para mudar a marcha, só no tempo certo do motor. Motorizado, podia fazer outras coisas mais importantes para nossa luta contra a ditadura.

Um dia fui "prospectar" uma empresa marítima. Não tinha ideia do que faziam. Na realidade, era uma empresa que estava reformando e construindo portos, aproveitando o boom do milagre brasileiro. O

190

presidente da empresa era um almirante reformado, "tinha acesso". Gente boníssima, inteligente, culto, sabia que tinha uma chance em mil nas mãos e não ia perder. Era engenheiro naval, estudara a vida inteira, conhecia o métier. Como oficial no topo da carreira, ofereceu seus projetos aos ditadores de plantão. E ele tinha na sala dele uma máquina de escrever IBM elétrica, a única concorrente da Olivetti. Mas a IBM era um BMW: caríssima, pouquíssimas empresas podiam comprar.

Voltando ao almirante, uma das coisas que um vendedor tem que aprender a fazer é ouvir. A ideia que se tem de um vendedor é a de um chato que fala pelos cotovelos tentando convencer alguém a comprar algo que não quer. Isso estava ficando ultrapassado naquele tempo, com as multinacionais usando os novos conhecimentos da psicologia para, em vez de pedir, induzir o cliente a lhe pedir. Como? Primeiro, não tentando vender nada. O primeiro contato era para saber mais da empresa, se mostrar interessado, fazer o cliente falar. Nesse caso da Marítima, foi fogo na palha. O almirante estava muito entusiasmado com seus projetos. Eu sou curioso como todo geminiano, talvez um pouco mais. Gosto de entender as coisas que não domino, pergunto com uma dose de "verdade verdadeiramente verdadeira", como dizia um personagem que fiz. Na segunda visita, me dediquei à secretária do almirante. Perguntei sobre sua rotina de trabalho diária, quantas laudas datilografava por dia, quanto tempo do dia passava datilografando, enfim, me interessando pelo trabalho dela, e, mais importante, por ela. Perguntei também pela IBM que ela usava. Fez um muxoxo. Percebi que havia alguma coisa errada na relação da Marítima com a IBM. Visitei a empresa mais umas duas vezes até que levei uma Tekne 3 de demonstração. Sem autorização. E fui para cima do almirante: "O senhor me convenceu de que está fazendo um trabalho importante para o Brasil. Sei que isso está sendo prejudicado pela IBM, que lhe vendeu uma máquina de escrever que não está dando conta do recado. Uma simples máquina de escrever, mas é a primeira comunicação de sua empresa com o mundo exterior, seu verdadeiro cartão de visita. O senhor faz um projeto maravilhoso, e quando quer mostrar ao mundo não tem uma ferramenta que lhe permita fazê-lo com a qualidade que merece. Experimente a nossa máquina por um mês. Se gostar, compra, senão, continuamos amigos, e quero acompanhar cada etapa do seu projeto."

Eu sabia que tinha me tornado um baita vendedor. E estava gostando. Depois disso, dei um tempo na Marítima, para que provassem a máquina. Confiava no equipamento. Isso é fundamental, acreditar no que você está vendendo. E se realmente o produto for bom, melhor ainda. Um belo dia, o almirante me chamou. Cheguei lá e ele foi logo dizendo: "Comprei essa IBM por uma fortuna e não estou satisfeito. Quero três máquinas das suas, mas, olha, não me decepcione!" Três Tekne III? "Sim, testamos e a máquina realmente é boa. E bem mais barata que as da IBM." Ótimo! Claro! Abri a pasta — que não era mais de *courvin* —, peguei o talão de pedidos e mandei brasa. Com o pedido assinado, saí da Marítima na maior alegria! Eu não tinha certeza, mas achava que era a primeira vez que a Olivetti vendia três das top de linha de uma só vez. Quando dei a notícia na sede, foi a maior sensação. Meu supervisor não acreditava, beijava o pedido, chamou o gerente, enfim, foi foda! Além de ganhar prestígio na empresa e uma senhora grana de comissão, dias depois veio o prêmio maior: a IBM me mandou um telegrama. Pegou meu nome na Marítima e mandou para a Olivetti, telegrama fechado, sem problema. Era um convite para visitar a sede da IBM que, por acaso, ficava na minha zona de venda. Tecnicamente, portanto, era minha cliente.

Deixei passar alguns dias, para não parecer afoito, e fui até a IBM. Quem me recebeu foi o gerente do OPD — Office Products Division —, Paulo Plinio, ao lado do subgerente, Carlos Policarpo. Eles queriam conhecer o garoto paulista que tinha derrubado a IBM da Marítima para vender três Olivetti. Conheceram. E contrataram. Fiquei duas semanas coçando (ou cobrindo ponto e usando meu Volvo 1946 para transportar companheiros) até que começasse o

Curso de Preparação para RT — Representante Técnico, como eram chamados os vendedores da IBM. *Très chic.*

Eles me botaram num hotel cinco estrelas na praia de Copacabana por quinze dias, junto com mais uma dúzia de jovens de todo o Brasil. E tome lavagem cerebral. Perto da IBM, a Olivetti era amadora. Ali a história era mais científica ainda. Claro que usavam ensinamentos de psicologia, como na italiana, mas juntavam também matemática: não só despertar no cliente o desejo de ter o produto, mas provar matematicamente que sua compra daria lucro para a empresa. Como? Aumentando a proficiência das datilógrafas. Ensinando a elas como tirar o máximo proveito, fazendo aumentar sua produtividade. E uma excelente apresentação do trabalho final. O curso foi espetacular, teve de tudo, até teatro para treinar técnicas de venda.

Depois do curso, numa das vindas da Neusa para o Rio, resolvemos casar. Ela ia tentar uma transferência da sede da CESP em São Paulo para o escritório da empresa no Rio. Se desse certo, casaríamos. Noivo, comecei na IBM. Fui trabalhar direto com o Carlos Policarpo, que era responsável pela conta de várias entidades do governo, como o Detran e outras grandes, como a PUC e o Rio-METRÔ. Como tinha sido promovido, estava passando essas contas.

A IBM era dividida em dois grandes departamentos: Data Processing (DP) e Office Products Division (OPD). A primeira, de processadores de dados e periféricos, e a nossa, de produtos para escritório, como as máquinas de escrever elétricas comuns, as com "espaçamento diferenciado" e uma máquina, meu Deus, muito louca chamada IBM72 — em vez de ter as alças de metal com as letras na ponta como as outras, tinha uma bolinha, com as letras sobre ela. E a bolinha poderia ser facilmente trocada, ou seja, trocava o tipo de letra! Era uma revolução. Senão vejamos: as outras máquinas de escrever elétricas, fossem de que produtor fosse, eram apenas máquinas comuns com motor. Você não precisava mais bater à máquina, isto é, empurrar as alças de metal com força até bater no papel. Mais tarde colocaram molas que ajudavam a dar impulso, diminuindo o esforço. As elétricas substituíram as molas por impulsos elétricos detonados pelo simples toque dos dedos nas teclas, como hoje nos teclados dos computadores.

A mudança que a nova "máquina da bolinha" trouxe foi enorme. Não havia mais aquele feixe composto por dezenas de alças de metal; era simplesmente um eixo maluco que girava para todos os lados em milésimos de segundo, na ponta do qual você instalava a bolinha. Com um simples click. Por ter apenas 30% das peças que tinham as outras, era bem mais leve, quebrava menos e ainda dava para escrever de trás para frente e de baixo para cima. Superimportante! Para que, mesmo? Para nada! No máximo, facilitava a execução de tabelas, mas comprovava os superpoderes da IBM-72, "a máquina da bolinha". Para completar, o design era lindo. Vendia que nem água. Único defeito: não era de "espaçamento diferenciado" (problema corrigido dois anos mais tarde com o lançamento da IBM-82). Mas era perfeita para dar shows de demonstração para possíveis clientes. E show era comigo mesmo. Comecei a ganhar dinheiro; pela primeira vez, dinheiro grande.

Além desse fenômeno de vendas, a IBM havia criado um sistema de gravação em cinta magnética que lançou um novo conceito. O equipamento tinha dois elementos: um gravador, com microfone externo, para o executivo; e um reprodutor da cinta, para secretárias, com fone de ouvido e controle no pé, uma vez que as mãos estariam ocupadas datilografando. O executivo parou de ditar o documento a ser datilografado para a secretária — que, usando a linguagem da estenografia, copiava para um bloco — e passou a ditar direto no gravador. Depois, tirava a cinta magnética do gravador e mandava para a secretária. Ela, com seu leitor, ouvia a cinta e datilografava. Pisando no pedal, iniciava o ditado. Quando tirava o pé, ele voltava para a última frase e depois começava de novo, sempre voltando um pouco para não perder o sentido. Era genial e significava um ganho imenso de tempo. O sistema, porém, era caro demais, o que dificultava as vendas. Então a IBM lançou um gravador pequeno, portátil, para vender a ideia de que o executivo poderia gravar seus documentos em qualquer lugar, no carro parado no trânsito ou no aeroporto esperando o embarque. Era como se sua secretária estivesse com ele o tempo inteiro. Até no banheiro!

Apesar de todo o esforço, eu vendia bastante a máquina da bolinha e muito pouco o sistema de gravação. Até que minha estrela brilhou de novo. Um dia, fui ao Detran atender um chamado da diretoria, que queria comprar uma máquina nova. Era muito comum esse tipo de chamada, que facilitava sensivelmente o nosso trabalho: clientes que já conheciam o produto e queriam comprar mais uma máquina. Tive que esperar cerca de meia hora na sala da diretoria, para que o diretor acabasse de despachar com um assessor. Eles discutiam sobre multas de trânsito, mais especificamente sobre como facilitar o envio da via da multa que os guardas mandavam para o Detran para serem digitalizadas — através de máquinas perfuradoras — e cobradas dos motoristas infratores. Essas cópias eram feitas à mão, com carbono. O guarda tinha que recolocar o carbono a cada multa e o original ficava no talão, que era arquivado quando terminasse. Enquanto ouvia, fiquei só matutando... Acabou a reunião, o diretor me atendeu, pediu o que queria, nem lembro o que foi. E antes que ele me mandasse embora, provoquei. Disse a ele que tinha a solução para o problema da demora no processamento das multas: e se os guardas usassem um gravador portátil recém-lançado pela IBM no lugar dos velhos talões de multa? Ao final do dia eles enviariam as cintas magnéticas ao centro de processamento de dados. Seria muito mais ágil. Os olhos do diretor brilharam. Pedi licença para voltar em uma hora e fui até a sucursal buscar um gravador. Quando voltei, o homem tinha chamado a imprensa. E me fez demonstrar para ele na frente das câmeras! Quando voltei para a sucursal, contei para o Policarpo, que contou para o Paulo Plinio. De noite, eu estava em todos os jornais da TV: "Detran revoluciona sistema de multas". Nasci ou não virado para a lua?

No dia seguinte, festa na sucursal. Policarpo assumiu as negociações, afinal tinham que fazer concorrência, era um processo longo. Eu ficaria com as comissões.

Tive também experiências muito legais na Rio-Metrô e na PUC-Rio. Na primeira, curioso que só, aprendi tudo sobre a construção que estava começando. Às vezes ficava contente apenas por ver as plantas, maquetes, desenhos, tudo muito fascinante. Quase meio século depois, vejo o Metrô no Jardim Oceânico, onde moro quando estou no Rio. Na PUC-Rio eu atendia a Reitoria, que ficava numa casinha no meio da floresta. A universidade fica no alto da rua Marquês de São Vicente, na Gávea, num terreno enorme que preserva muitas árvores nativas. Fiz amizade com o pessoal, afinal eu tinha sido do TUCA, da PUC-SP. Era outro lugar aonde eu ia só para passar momentos agradáveis, uma das grandes vantagens de ser vendedor.

# CADERNO DE
# FO
# TOS

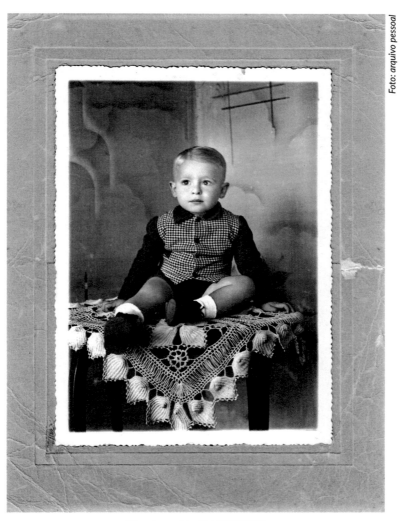

2º aniversário, 24/05/1948

Meu nono Francesco Domenico Lot e minha nona Elvira Menegassi com dez de seus filhos

Os tios Lot (da esquerda para direita) em pé: Waldemar, Benjamim, Amadeu, Guerino, Florindo, Noé e Primo. Sentadas: Antonieta (Zita), Irene, Gilda e Amélia

*Fazenda Portão Vermelho em Birigui. Da esquerda para direita: tio Guerino Lot, primo Milton, tia Helena, primos Wilma e Nenê. As crianças à frente: primos Carlão, Zé Guerino e Nice Lot Haddad*

*Aniversário de 80 anos do meu avô materno em Santa Rita do Passa Quatro (1951)*

*Tia Nana, Anna Pereira de Abreu, a mais velha irmã de papai*

*Meu batizado em Santa Rita, 1946. Hugo de Abreu Filho e Elza Bombini, representando os padrinhos Comendador Agostinho Prada e sra. Ada Prada*

*1º aniversário, 24/05/1947, em Santa Rita*

*Celebrando meu 1º aniversário*

*Com minha irmã Maria Elvira em Santos (1947)*

*Com minha irmã Maria Elvira Santa Rita (1950)*

*Em 1950, aos quatro anos*

*Em Santos, aos sete anos*

*Praia do Gonzaga, Santos, aos nove anos*

*Anuska, Manequim e Mulher, com Marilia Branco e Francisco Cuoco (1968)*

*Protesto de mães em frente ao DOPS SP em outubro de 1968. Minha mãe está no centro da imagem*

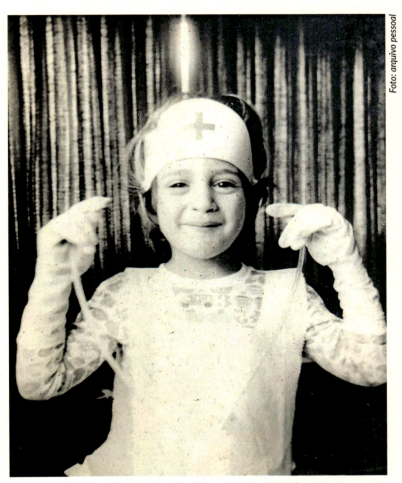

*Meu filho Rodrigo aos cinco anos (1975)*

Com Rita Lee, Monica Lisboa (empresária) e meu sócio Jack Rubens indo para o show Tutti Frutti - Fruto Proibido, que produzi em Pelotas (1975)

*A Salamanca do Jarau (1976)*

*(De)colagem (1977)*

*(De)colagem (1977)*

*Os Saltimbancos (1977)*

*Meu casamento com Neusa (1969)*

Foto: arquivo pessoal

# CAPÍTULO 17

Logo, a Neusa conseguiu a transferência para o Rio. Aluguei um apartamento pequeno no Flamengo, na Travessa dos Tamoios, 22, quase esquina com a Marquês de Abrantes, ao lado do restaurante Lamas e da Churrascaria Majórica, dois centros de comilança e bebelança cariocas. Embaixo do prédio, havia uma loja de carros usados. Com minha ascensão de italiano da Olivetti para americano da IBM, pude também trocar de carro. Dei o Volvo 1946 e peguei um DKW-Fissore, o modelo top de linha da fábrica DKW-Vemag. Claro que com alguns anos de uso, mas ainda inteiro. Era lindo! Bege com bancos vermelhos, duas portas, com colunas superfinas dando um aspecto diferente, parecendo que a capota ficava apoiada só nos vidros. Fissore foi um desenhista italiano de carros, não tão famoso como Pininfarina ou Bertoni, mas bem importante.

Eu não queria casar na igreja, aliás preferia juntar os trapos. Casar era burguês e careta. Como a Neusa queria, topei o civil. Só que a mãe da Neusa, que não era flor que se cheirasse, exigiu casamento religioso, com vestido de noiva e tudo. Tive um papo com o pai dela, dr. Arnaldo Serroni, advogado, comunista desde criancinha, filiado ao PCB, e ele cortou um dobrado para me convencer. No fim, disse: "Nenhum de nós acredita nisso, então que mal há?" Bem coisa de Partidão. Aceitei, desde que fosse na capela da PUC, só para parentes e convidados íntimos. Afinal, eu podia ser preso no altar caso a polícia ficasse sabendo. Procurei o monsenhor Benedito, o capelão da PUC, e ele disse que não queria me casar. Mais uma vez fui acusado injustamente de ser comunista e ateu. Quando coloquei minha, então, futura sogra na conversa, ele não aguentou dez minutos de ladainha: se não fosse na capela da PUC, não haveria cerimônia religiosa, e lá, só ele poderia celebrar, já que era o capelão. Depois de muito relutar, topou. Mas no dia do casamento me deu um esporro em pleno altar. Que esperava que o Santo Sacramento do casamento fosse respeitado por "pessoas que não acreditavam nem em Deus, nem na Igreja, nem no próprio sacramento". Olhei para cima e assobiei, como se não fosse comigo. Aliás, eu nem estava ali, estava curtindo a música: o José Mentor, meu colega de classe e de subversão, tocava piano bem — inventei de ele tocar *Alegria, Alegria*, do Caetano, no órgão da Capela e ficou lindo! Mas a dona Filhinha, que tinha acabado de virar minha sogra, não gostou.

Era o dia 9 de maio de 1969, uma sexta-feira. Naquele mesmo dia, o ex-capitão do Exército Carlos Lamarca iniciava sua missão como guerrilheiro da VPR, após abandonar o quartel onde servia, levando armas e munições. Desapropriou dois bancos e evitou, com um tiro no meio da testa de um policial, que seu companheiro de ação fosse morto. Lamarca era campeão de tiro nas Forças Armadas, temido por todos que o perseguiam. Quis o destino que eu interpretasse o major assassino que o matou, no filme *Lamarca*, de Sérgio Rezende.

Fomos para o Rio no dia seguinte: lua de mel também era coisa de burguês careta e eu era revolucionário doidão. Mas não deixei de admirar o homem chegando à Lua. Como não tínhamos televisão em casa (TV era coisa de... Isso mesmo, burguês e careta), fomos até o MAM — Museu de Arte Moderna — no Aterro do Flamengo, onde haviam sido instalados vários aparelhos de televisão. E juntou gente para ver aquele avanço incrível da humanidade. Havia muitos que não acreditavam, diziam que era coisa de Hollywood, que era videoteipe. Mas videoteipe de quê? Enfim, vimos os caras na Lua, dando pulos sem gravidade e tudo. Na saída do espetáculo, cobri um ponto lá mesmo, no Aterro.

Depois do casamento, nos aproximamos ainda mais do casal Tonho Perosa, que se tornou meu concunhado, e Nísia, minha cunhada. Fomos à despedida de Gracinha Leporace, amiga dela, casada com o Sérgio Mendes, quando de sua partida para os Estados Unidos. Tínhamos ido uma vez na casa dela, em Ipanema, depois fomos até o aeroporto para as despedidas. Também nos aproximamos da Rosalina e de outros companheiros da VPR, alguns deles funcionários do Incra. Era um pessoal mais velho do que eu, e muito mais culto politicamente. Tonho é de Urupês, filho de fazendeiro, fez agronomia, depois especialização em reforma agrária na Bolívia. Reforma agrária e foco de guerrilha rural combinam, não? Acho que era isso que faziam. Nunca perguntei e nunca me disseram. Mas uma vez, a pedido dele ou de Rosalina, levei uns agricultores, pessoas bem simples, do Rio para Cachoeira de Macacu.

Pois eu também era um "quadro legal". E não estou falando de Van Gogh ou de um dos impressionistas franceses dos quais gosto tanto. Isso queria dizer que eu era um militante que ainda não havia ido para a clandestinidade. Tinha uma vida civil normal, emprego, endereço fixo etc. Mal sabia que um livro com nome e fotografia de todos os estudantes presos em Ibiúna começava a ser distribuído aos órgãos de repressão em todo o país. Os nomes da maioria dos militantes que radicalizaram sua luta contra o regime militar estavam ali. Uma vez, fui buscar um companheiro que, segundo soube, era um dos maiores líderes da organização, e tinha vindo do Nordeste para se encontrar com outro líder nacional. Na minha casa. Eles eram dois dos caras mais perseguidos pela ditadura. Seguindo o esquema de segurança, assim que entrassem no meu carro, sempre de óculos escuros, eles deveriam fechar os olhos para não verem aonde iriam. Percorreriam todo o trajeto de olhos fechados, e quando chegassem em casa desceriam do carro olhando para o chão. Não veriam nem a porta do prédio. Sempre que possível, como dentro do elevador, eles ficariam de olhos fechados. Dessa forma, se fossem presos e torturados, não saberiam o endereço nem poderiam descrever o imóvel. Não me lembro hoje de como o outro companheiro chegou em casa. Mas, enquanto conversavam na sala, fiquei no quarto esperando a reunião acabar. Hoje sei que o tema tinha a ver com a expropriação do cofre do Adhemar de Barros. Ex-governador de São Paulo, Adhemar tinha uma amante de nome Ana Capriglione, que era conhecida no meio palaciano como dr. Rui. Cada vez que o dr. Rui ligava para o governador, todos sabiam quem era na verdade. O Juscelino costumava chamar sua amante de Nossa Senhora. Adhemar era mais discreto, afinal não é toda hora que se recebe um telefonema d'Ela. Imenso cara de pau, Adhemar não tinha pruridos morais: pedia 10% em toda obra do governo paulista, diziam. Era a tal "caixinha do Adhemar". Grande parte do dinheiro dessa corrupção estaria no Rio de Janeiro, num cofre na casa de dona Ana, que não sabia o que fazer com aquilo. Não tinha nem o segredo do cofre. Adhemar havia morrido e ela já estava bem idosa. Um dos companheiros da organização (a essa altura a VPR fundira-se com a organização Comando de Libertação Nacional — Colina —, passando a se chamar Vanguarda Armada Revolucionária, Var-Palmares) era sobrinho de dona Ana e levantou o esquema. O cofre foi expropriado no dia 18 de julho de 1969. Portanto, essa reunião na minha casa

216

deve ter acontecido alguns dias antes. Em seguida, a organização mandou que eu fosse algumas vezes de carro para São Paulo a fim de transportar documentos. Eu só poderia ir nos fins de semana, pois trabalhava na IBM. Logo na IBM — International Business Machines Corporation. Imagine a contradição interna: lutando contra uma ditadura apoiada e imposta pelos EUA e trabalhando numa empresa ponta de lança do governo americano e que havia colaborado com o governo nazista. Existe um livro que denuncia tal envolvimento da IBM, *IBM and the Holocaust*, de Edwin Black. Mas ao mesmo tempo era uma baita empresa para se trabalhar. Pertencia, nos EUA, a um sindicato de bancários. E tinha regras próprias: cada funcionário era como um soldado da empresa e, depois de admitido, apenas o presidente da matriz nos EUA poderia demiti-lo. Era um dos empregos mais disputados no Brasil, principalmente na área de DP, processamento de dados, o primo rico do OPD, produtos de escritório, onde eu trabalhava. Praticamente ninguém, nunca, pedia demissão. E também não era demitido; quando alguém pisava na bola, davam um jeito de corrigir com cursos, readaptação a outro cargo, sei lá, conseguiam uma maneira de ajeitar a situação.

Numa sexta-feira recebi, por telefone, um pedido da "O" para eu me preparar para ir a São Paulo no dia seguinte pela manhã, levando uma mala. Eu deveria parar meu possante, o DKW-Fissore bege, com bancos de couro vermelho, numa rua perto dos arcos da Lapa no Centro do Rio: "Chegando lá, estaciona, desce do carro, abre o porta-malas e deixa a tampa encostada. Entra no carro e não olha nos retrovisores. Vão colocar uma mala no porta-malas. Quando sentir que ele foi fechado, arranca e vai para São Paulo. Lá, estaciona em frente ao Presídio Tiradentes (parecia piada). Faz a mesma coisa, abre o porta-malas e deixa a tampa encostada. Vão pegar a mala. Quando sentir que fechou, volta para o Rio imediatamente. Não se arrisque a ficar em São Paulo."

Foi o que fiz. Uma, duas, três vezes. A Neusa ia comigo. Eu colocava terno e gravata, metia o crachá da IBM (foi a empresa que inventou o crachá no Brasil) no bolso do peito do paletó e lá íamos nós pela via Dutra, chiquérrimos. Um casal burguês indo passar o fim de semana com a família. Só tive problemas uma vez, quando um apressadinho farolou para me ultrapassar e, como demorei a dar passagem, passou pela direita me xingando. Chegando na Polícia Rodoviária, o guarda me parou e o cara estava lá me esperando. O sujeito veio para cima dizendo que era "Informante Oficial do Exército", assim, com tanta pompa que merece letra maiúscula. Perguntou por que eu não lhe dera passagem na estrada. "Cuma?" Até o guarda rodoviário estranhou a cara de pau do indivíduo. Era um dedo-duro orgulhoso de sê-lo! Tempos negros. Quando desci do carro todo engravatado e com o crachá da IBM, o cara mudou na hora. Eu pedi desculpas e disse que estava distraído. O guarda me advertiu alegando que eu "não podia dirigir sistematicamente pela esquerda". Eu falei que não repetiria o malfeito, ele me liberou, o maluco se despediu dizendo que na próxima eu meceria uma multa, eu arranquei e, ufa, seguimos viagem.

O que havia naquelas malas? Deduzo, pelas datas, pelas pessoas envolvidas no ato, que depois soube quem eram, que era parte dos dólares expropriados do Adhemar de Barros. Fosse o que fosse, se descoberto, estaria literalmente frito. Na "Cadeira do Dragão".

Mais ou menos nessa época a Neusa engravidou. A barra estava ficando cada vez mais pesada. Ao mesmo tempo, a organização queria dar um refluxo nas ações armadas e voltar ao trabalho de conscientização popular. A vanguarda tinha se distanciado do povo e urgia voltar atrás. Essa decisão provocou um racha na organização, sendo que o grupo do Lamarca, mais militarista, seguiu na radicalização. A ideia era alugar uma casa na zona norte do Rio para nela instalar uma gráfica e ter um esconderijo para armas, documentos e parte dos dólares do Adhemar. Eu usaria meu nome legal. Roubada. Das grandes. Aliás, das enormes! E com a Neusa grávida do meu primeiro filho? Nem pensar! A possibilidade de ser preso, torturado e morto era imensa.

Resolvi sair da organização.

Nessa época, minha mãe foi avisada de que chegara na casa do Trevisan, na Major Quedinho, uma intimação da Auditoria da Justiça Militar. Eu deveria comparecer numa audiência no IPM do Congresso da UNE, não sem a presença de um advogado que nos defendia gratuitamente, o Idibal Piveta (que depois virou premiado diretor do grupo de teatro popular "União e olho vivo", com o nome artístico de César Vieira). Minha mãe soube em seguida, por um amigo do meu pai, que não estavam mais querendo me prender. A dinâmica do processo ação-repressão era muito rápida, em um ano tudo tinha mudado. Eu deixara de ter alguma significância, havia gente mais envolvida que eu para ser presa, torturada e morta. Idibal disse que o processo da UNE ia correr lentamente, permanecendo como uma espada sobre nossas cabeças. Se eu ficasse na minha, e nada mais contra mim fosse descoberto, tudo bem, eu não seria condenado. Caso contrário, eu seria condenado, deixaria de ser primário e responderia ao novo processo preso.

A barra no Rio estava mais pesada, a organização querendo fazer a gráfica, a Neusa grávida, longe dos pais. Numa ida a São Paulo, nos encontramos na casa do Guilherme. Ele e o Bonumá estavam planejando montar uma livraria. Viram uma loja na esquina da rua Cardoso de Almeida com a rua Paraguaçu, a poucas quadras da PUC e ao lado da casa dos pais da Neusa. Achavam que, sem nenhuma outra por perto, poderia atender bem aos alunos da universidade. Demonstrei interesse em me associar. Precisava de certo capital, que pedi para dona Gilda.

Minha mãe comprou um microapartamento na Liberdade, na rua São Joaquim, depois de receber a bolada das pensões atrasadas do meu pai. Conseguiu, como pensionista do estado, um empréstimo no IPESP (Instituto de Previdência do Estado de São Paulo), onde trabalhavam minha irmã Elvira e meu cunhado Itamar. O apartamento foi alugado, o que era proibido pelo contrato de financiamento, devendo servir apenas como residência do comprador. A locatária, sabendo disso, pagava o aluguel atrasado, detonava o apartamento, enfim, só deu trabalho. Dona Gilda resolveu então unir o útil ao agradável: venderia o apartamento e me daria uma parte para investir na livraria, desde que eu morasse em São Paulo.

A Neusa conseguiria voltar para a CESP de São Paulo; o problema era a IBM. Eu poderia tentar transferência para a sucursal de São Paulo, mas estava entusiasmado com a história da livraria — o mundo dos livros é fascinante. Comecei a ir para São Paulo todo fim de semana para me reunir com Guilherme e Bonumá. Pedi demissão da IBM, alegando que minha mãe estava muito doente e que eu teria que cuidar dela e dos negócios da família (o único negócio da família era a pensão doméstica da dona Gilda). Foi difícil a dispensa. Teve que passar pelo presidente internacional, e demorou uns dois meses, em que fui me liberando do trabalho aos poucos, até que chegou a autorização para a minha demissão com um alerta: o pedido de demissão, depois de aceito, era irreversível. Dificilmente eu poderia voltar a trabalhar na IBM. OK, pensei, não ia querer mesmo. Mal sabia eu.

*Meu filho Rodrigo com um ano e meio na frente da Biblos2 (1971)*

*Foto: arquivo pessoal*

# CAPÍTULO 18

Mudamos para São Paulo, para morar na casa dos sogros, grande, assobradada, com quintal nos fundos e jardim na frente. Além de ficar ao lado da futura livraria, economizaríamos o aluguel. Mas teríamos que aguentar a mãe da Neusa, dona Filhinha, que não era nada fácil. Apesar do sobrenome quatrocentão, tinha se casado com um comunista duro. Não aguentou a contradição e descontava nos outros, coitada. Falava cada absurdo, era inacreditável! Às vezes, ela mesma ria do que falava de tão fora do normal.

Depois de relutar, os dois amigos me aceitaram como sócio. Decidimos, Eduardo, Guilherme e eu, alugar a loja. Rua Paraguaçu, 400. Ao lado do antigo banco Lar Brasileiro S.A. Escolhemos como nome da loja, nome fantasia, a palavra que significa "livro" em grego: "Biblos". E a empresa teria como nome "Abreu, Bonumá e Costa Pinto Ltda.". Melhor, mas não muito, que "ABRAFO — Abreu e Afonso Ltda.", das vendas de queijo em Santa Rita com o Ford 29.

A loja não tinha nada, era apenas o casco, no jargão imobiliário. Tivemos que colocar piso, pintar paredes, produzir as estantes, tudo para transformar o "casco" em loja. Esse pedaço da brincadeira foi muito legal, passávamos horas desenhando a planta, estudando o melhor lugar para as prateleiras, o melhor espaço para o escritório etc. Visitamos praticamente todas as livrarias de São Paulo, conversamos com gerentes e vendedores. Até que abrimos. O piso imitava "faixas gregas", cinza-claro e vermelho. Prateleiras brancas ocupavam uns 70% da área. Balcão ao fundo, dividindo o espaço, de modo que quem estivesse no balcão podia vigiar os clientes para tentar evitar um dos maiores problemas dos livreiros: o roubo de livros. No balcão e na prateleira atrás dele, a papelaria. E, atrás dessa prateleira, o depósito. Em cima do depósito, construímos um mezanino para ser nosso escritório, de onde também se podia ver toda a loja.

Fizemos ficha de novo cliente nas Editoras e Distribuidoras de livros e aprendemos bastante sobre o ramo. A maior editora e distribuidora era a Record; outra grande era a Nova Fronteira, da família do "corvo" Carlos Lacerda. A Brasiliense, a Zahar e a Melhoramentos distribuíam seus próprios livros, que eram tabelados pela editora, ou seja, saíam com preço determinado. Dos 100% do preço de capa, 10% ficavam com o autor, 30% ficavam com o livreiro, 40% com a distribuidora e 30% com a editora. Assim, a distribuidora podia fazer algumas liberalidades com livreiros. Por exemplo, a "dúzia de treze": cada vez que o livreiro comprava doze livros, ganhava um. Ou quando comprava 26 e levava trinta.

Como em qualquer negócio, é preciso conhecer as manhas para não entrar numa fria. Ingênuos, pedimos para os distribuidores fazerem uma lista do mínimo que uma livraria precisava ter para ser digna do nome. Resultado: nos empurraram muito livro encalhado.

224

Em seguida, a PUC fez um convênio com uma livraria jurídica que começou a vender livros para os universitários numa banca dentro da PUC! Resolvemos então diversificar: investir em artigos de papelaria e montar uma banca de revistas também. Mas se o mercado de livros é fascinante, o de papelaria é chato pra caramba. São centenas de produtos de cada tipo. Tomemos os mais simples: lápis e borracha. Vocês fazem ideia de quantos tipos de lápis existem? Só de grafites são catorze diferentes, de 5H a 6B; dezenas de cores; tem redondo, tem sextavado, tem para profissionais, tem para amadores, tem até lápis de carpinteiro. E borracha? Diferente do lápis, que não muda de formato, a borracha muda. Tem quadrada, redonda, retangular, enorme, grande, meio grande, média, meio pequena, pequena, ainda menor. Estonteante. E cores! Tem as brancas, tem as verdes, tem as vermelhas... tem as que são metade vermelhas, metade azuis; tem as mais moles, para grafites moles, as de consistência média para uso geral, até as bem duras, para máquinas de escrever. E ainda tem canetas, canetinhas, pilots, hidrocores, esferográficas aos montes, lapiseiras. É uma loucura. E cadernos? Com pauta, sem pauta, quadriculado, de desenho grande, de desenho pequeno, de música. De espiral, grampeado, colado. Branco, colorido, de uma ou várias cores. E, como se não bastasse, as empresas fabricantes de cadernos — Melhoramentos, Tilibra — começaram a colocar fotos de artistas ou bichos fofos nas capas dos cadernos. Mais opções ainda. E papel almaço sem pauta, com pauta e quadriculado. E papel-carbono, e papel de seda, papel camurça, papel-manteiga, papel-celofane, papel Canson e papel de embrulho, além de papel-sulfite A3, A4, carta e ofício. E a gramatura dos papéis... não acaba.

Sempre que um cliente fazia um pedido e tínhamos que responder "não tem", dava uma dor! Bonumá, principalmente, ficava desolado. Mas era impossível ter tudo. Mesmo assim, a papelaria dava lucro e sustentava a firma. Na época da volta às aulas, trabalhávamos feito loucos. Havia três ou quatro colégios pelo bairro de Perdizes; um deles, o Santa Marcelina, era enorme. Recebíamos as listas de

225

material escolar e comprávamos com a certeza da venda. Criamos um sistema prático para vender mais rápido e atender melhor a freguesia: à noite, fazíamos pacotes do material escolar exigido, e, quando a mãe chegava para comprar, tinha a opção de levar o pacote pronto, sem perder tempo escolhendo item por item. Claro que sempre havia uma porcentagem de recall para trocar uma borracha, um caderno, coisa assim, para atender o gosto do aluno.

O mais difícil era a batalha por livro didático. Era uma verdadeira guerra editorial: as editoras de livros didáticos funcionavam num esquema completamente diferente das outras, mandando representantes aos colégios para divulgação dos seus livros para os professores e diretores. Se a indicação emplacasse, eram mais livros vendidos. Sempre desconfiei dessa, digamos, promiscuidade entre as editoras e os colégios. Algumas editoras, verdadeiras potências econômicas, jogavam bem pesado.

Outra coisa terrivelmente chata, mas que dava um dinheiro bom, era a banca. Não havia perda, como os livros. As revistas e os jornais que não vendessem eram devolvidos. O chamado "encalhe" era trocado por novas edições. Mas havia um problema enorme: tínhamos que buscar o "reparte", ou seja, nossa cota de revistas semanais, entre quatro e seis horas da manhã na Boca do Lixo, área central de São Paulo. Sem opção, a gente se revezava na madrugada. Quem pegava os "repartes" levava o pacotão para a livraria e não trabalhava mais naquele dia. Era uma compensação pelo sacrifício de levantar quando ainda estava escuro, o que nenhum dos três sócios gostava.

Havia umas quatro ou cinco distribuidoras que dominavam o mercado. A maior delas era a Fernando Chinaglia. Tinha a Abril, o *crème de la crème*, com suas *Realidade*, *Claudia* etc., revistas parrudas, que vendiam bem e eram caras, fora as dezenas de revistas em quadrinhos. A Editora Abril fazia o maior doce. Se nosso "reparte" de *Claudia* fosse de dez revistas numa semana e o "encalhe" de quatro, na outra semana só nos venderiam seis. E era difícil voltar a aumentar esse número.

De todo modo, a papelaria e a banca iam bem; a livraria, não. A velha história de que brasileiro não lê parecia mesmo verdade. Outra coisa que aprendemos com a experiência: livraria de bairro só vende best-seller. Quem queria comprar livros menos populares ia direto a uma grande livraria. E nós, ainda com mania de universitários, compramos muitos livros de filosofia, sociologia, direito, que não vendiam nada. O lucro da papelaria e da banca a gente tinha que investir na livraria. Tirávamos um pró-labore muito pequeno. Em casa, o que segurava a onda mesmo era o salário da Neusa na CESP.

Como não aguentávamos mais as interferências da dona Filhinha, resolvemos alugar um apartamento antes do nascimento do nosso filho, um apezinho na Luís Coelho, entre a Frei Caneca e a Augusta. Não tínhamos dinheiro para comprar móveis. Minha irmã me deu um sofá usado, uma tia rica da Neusa deu os móveis para o bebê, pegamos uma mesa e quatro cadeiras que estavam sobrando na casa do sogro (sob protestos da dona Filhinha), compramos um colchão de casal e nos mudamos.

Rodrigo nasceu uma semana depois, no dia 23 de abril de 1970, na Maternidade São Paulo. Eu quis assistir ao parto e o médico, por mais incrível que possa parecer, deixou, algo que ainda não era comum, pois havia o medo de que o pai desmaiasse e precisasse de atendimento. Foi chato quando tiveram que usar o fórceps. Meio agressivo, mas acabou tudo bem. Rodrigo nasceu fortão.

Os primeiros dias foram terríveis, não tínhamos a menor ideia de como cuidar de um neném, que veio sem bula e sem manual! As noites eram em claro. Em uma visita para conhecer o bebê, a tia rica da Neusa viu as nossas caras exaustas e compareceu: pagou uma enfermeira para passar as noites por um mês. Mudou tudo. Podíamos dormir e só acordar para dar de mamar — eu gostava de participar. E a moça nos ensinou tudo. Ela não tinha ansiedade e fazia seu trabalho com uma simplicidade atroz. "Não quebra", dizia, sobre o Rodrigo. E ainda me deu uma sugestão: contratá-la para dar cursos para pais de primeira viagem. Se eu a tivesse ouvido, acho que teríamos virado milionários. Porque com a livraria não ficaríamos, não estava dando nem para o gasto. Se tivesse um proprietário só, vá lá. Mas dividindo por três? Teríamos que ter três filiais, aí sim.

Um dia, o Bonumá veio com a ideia de abrir outra loja, a Biblos2, na avenida Heitor Penteado, onde estava acontecendo um boom imobiliário com a construção de dezenas de prédios, todos com comércio no térreo, uma vez que a avenida era muito movimentada. Fomos lá várias vezes, conversamos com vizinhos, com donos de pontos estabelecidos, e decidimos enfrentar a empreitada. Alugamos um espaço um pouco maior e decoramos com temática parecida — chão cinza-claro com gregas vermelhas, prateleiras brancas etc.

Neusa e eu resolvemos nos mudar para um lugar mais barato e consegui alugar um apartamento bem em frente à Biblos2, o que facilitava muito a vida. Nessa época, comprei uma motocicleta, se é que dá para chamar uma Honda cinquentinha de motocicleta. Ficava estranho, eu com 1,80m naquela motoca. Mas durou pouco: a pressão da família foi imensa e acabei vendendo. Já a memória de sentir o vento batendo no rosto nunca me abandonou, a vontade de comprar uma moto — uma de verdade — persiste.

A relação com a Neusa tinha entrado na mesmice, mesmo com apenas dois anos de casados. Eu estava voltando a andar com a turminha da Marechal, o que ela não gostava muito. Éramos curtidores e ela, mais low-profile. Careta mesmo. Daí vinha o problema: se eu os levasse para a nossa casa, ela se incomodava; se eu saísse com eles, ela se incomodava também. O casamento estava se deteriorando de forma rápida.

A segunda livraria demonstrou que tínhamos cometido um erro muito comum: dar um passo maior do que as pernas. O bairro era bem menos próspero que Perdizes, a avenida era uma rua de passagem, pouca gente parava. A livraria ficava às moscas. Resolvemos fechar antes que o prejuízo fosse maior. O Guilherme resolveu procurar emprego. E eu era pressionado pela família a fazer o mesmo. Não tive alternativa. Matrícula na faculdade trancada, sem a menor vontade de voltar, a ditadura cada vez mais terrível.

Foi nessa época da livraria em crise que falaram que o Zé Roberto Arantes tinha sido metralhado a sangue-frio pela repressão. Depois descobri que era mentira. Fazia dois anos da morte do Marighella e a repressão estava esperando alguma ação violenta, como acontecera no aniversário de um ano. Então, todas as organizações de esquerda recomendaram cautela, e que ninguém saísse de seu aparelho. Mas, pelo que soubemos, um militante saiu. Ao ver uma barreira do Exército, se apavorou e atirou. Foi executado na hora. No bolso, estava uma conta de luz de uma casa na Vila Prudente onde encontraram, além de Zé Roberto, o Tenente (apelido do Aylton Adalberto Mortati) e a Maria Augusta Thomaz, todos presos comigo no Congresso da UNE. O Tenente, um doce de pessoa, era um dos organizadores do congresso junto com o Paulo de Tarso Wenceslau. Maria Augusta era natural de Leme, uma das paradas da Viação Danúbio Azul, cidade que fica entre Campinas e Pirassununga. Caipira como eu. Estudava no Sedes Sapientiae. Ela conseguiu escapar do cerco, disparando a metralhadora que acertou um delegado de raspão. Zé Roberto e Tenente caíram. Feridos, foram presos e levados ao DOI-CODI do coronel Ustra na rua Tutóia. Menos de seis horas depois, não resistiram às torturas e morreram. Zé Roberto foi jogado ainda vivo no pátio da delegacia e ficou lá até morrer. A morte do Zé foi reconhecida pela ditadura como "resistência à prisão". Já a do Tenente nunca foi. Ficou "desaparecido" por anos. Fora enterrado com seu nome de guerra, como tantos outros, no Cemitério de Perus. A Maria Augusta era uma menina linda, que logo nos primeiros anos da faculdade começou a namorar um homem mais velho, meu colega de PUC, quintanista de Direito, José Wilson Lessa Sabbag.

José Wilson era caladão, culto e, soube depois, membro da Ação de Libertação Nacional (ALN), cujo líder era o Marighella. Ao sair da cadeia, promulgado o AI-5, não se sentiu seguro para voltar para a faculdade e terminar o curso e resolveu cair na clandestinidade. Certo dia, a bomba: Zé Wilson tinha sido morto. Numa ação infantil de "desapropriação pacífica" — mas não muito, pelo resultado final. Boa para mostrar como éramos completamente incompetentes para a criminalidade. Hoje, juntando lé com cré, tenho um resumo da história: José Wilson, um dos estudantes integrantes da célula da ALN comandada pelo militante Antenor Meyer, ou por ter desapropriado ou por ter recebido de alguém que desapropriou, tinha uma boa quantia em cheques roubados. Então abriu uma conta num banco com nome falso e depositou os cheques na conta. Sem saber se os cheques haviam sido compensados, resolveu fazer um teste. Pessoalmente. Ao vivo e a cores. Foram os dois, Zé Wilson e Antenor, a uma loja das Óticas Lutz Ferrando, na esquina da avenida Ipiranga com a São Luiz. Lá compraram um inocente gravador e pagaram emitindo um cheque da tal conta. O funcionário aceitou, mas a loja tinha como norma só entregar o produto da compra feita em cheque após a compensação, dois dias depois. E não é que eles voltaram? Ninguém até hoje consegue entender tamanha ingenuidade. O banco avisou a loja que a conta havia sido abastecida com cheques roubados e a loja chamou a polícia, óbvio. Foram quatro companheiros. Armados. Zé Wilson e Francisco José de Oliveira entraram na loja. Maria Augusta ficou em pé na calçada, de guarda. Antenor Meyer, no volante de um fusca. O funcionário, dizendo que ia buscar o gravador no depósito, fez sinal para a polícia, que estava cercando a loja. Tiroteio no pedaço, um guarda é atingido, o funcionário também. Zé Wilson, com um tiro no braço, mandou Maria Augusta fugir a pé. Ele e Francisco José entraram no fusca, que partiu em disparada. Por poucos metros. Parados no trânsito da rua da Consolação, foram alcançados pelos policiais a pé, atirando. Abandonaram o carro, Francisco José conseguiu fugir correndo. José Wilson e Antenor, apavorados, resolveram se esconder na casa de um amigo, Roberto Comodo, namorado da Clélia, uma das atrizes do TUCA. Os dois estavam transando. De repente, entrou o José Wilson, amigo de discussões político-filosóficas, sangrando, com um tiro no braço, com outro companheiro, ambos desesperados, dizendo que a polícia estava chegando. A Clélia saiu voada, desceu as escadas a pé e ainda cruzou com a polícia, que a mandou correr porque podia ter tiroteio. Roberto Comodo saiu logo em seguida, mas foi detido sem resistência, reconhecido pelo zelador. A polícia invadiu o apartamento. Antenor, enlouquecido, saiu pela janela e tentou passar para o prédio ao lado, segurando-se em alguns canos, que não resistiram. Caiu do quarto andar e foi preso com uma perna e a bacia fraturadas. Zé Wilson, mais louco ainda, se trancou no banheiro. Um guarda tentou entrar e ele meteu bala. Chegaram reforços. Tentaram negociar, mas ele preferiu resistir. Depois que encheram o banheiro de gás lacrimogêneo, ele abriu a porta atirando. Levou um tiro e caiu. No chão, levou mais alguns tiros. Foram levados ambos ao DOPS e torturados. José Wilson não resistiu e morreu. Antenor, depois de muita tortura, passou um tempo preso no Tiradentes, onde se recuperou dos ferimentos provocados pela queda e dos causados pela tortura ensandecida, bem maiores.

Maria Augusta, depois disso, radicalizou. Junto com Tenente, sequestrou um avião da Varig em Buenos Aires e o fez ir para Cuba. Voltou ao Brasil e lutou bravamente até ser morta em 1973 em Goiás, enquanto dormia. Havia uma lenda que dizia que ela, num interrogatório da Justiça Militar, uma farsa, teria levantado uma calcinha vermelha para o juiz. Roberto Comodo conseguiu provar que não tinha nada a ver com a história, e não tinha mesmo. Mas penou um tempo de prisão. Quanto à Clélia, foram atrás dela. Nós a escondemos no Morumbi, na casa de um milionário da burguesia nacionalista.

A entrada do José Wilson na guerrilha armada contra a ditadura me fez pensar: o que faz uma pessoa como ele, como nós, abandonar tudo e arriscar a vida em defesa de um ideal?

Acho que algumas mentes não cabem numa ditadura. A falta de liberdade, para certas pessoas, é pior que a falta de ar. Entre morrer asfixiado e morrer de tiro, tentando fazer as coisas mudarem, preferem morrer na luta.

No fim de 1971, nossa crise financeira se agravou profundamente. E a matrimonial também. A Neusa fazia terapia de grupo com o José Ângelo Gaiarsa, um terapeuta muito à frente do seu tempo, que misturava Reich, Jung e o criador do psicodrama, Jacob Levy Moreno. Como um dos membros do grupo tinha casa em Paraty, começamos a ir para lá, junto com outras pessoas da terapia. Era um mundo novo para ela, visto que o Gaiarsa era provocador, fazia romper preconceitos, conceitos, e sua fama era de destruidor de casamentos. Seus defensores diziam que os casamentos já estavam destruídos; ele apenas limpava o entulho. O fato é que cada vez mais estávamos nos distanciando. Eu sempre achara a Neusa meio careta. Cá entre nós: ela vaiou o Caetano, né?

Eu não estava aguentando trabalhar pacas e viver duro. Então me veio a ideia de voltar para a IBM. Antes, consultei Eduardo e Bonumá, que concordaram: eu continuaria sócio, mas não ganharia o pró-labore. Melhor para todo mundo. Então marquei um encontro com o gerente da sucursal de São Paulo, contei minha história — agora não lembro direito, mas acho que foi para o mesmo Paulo Plinio, do Rio, que estava gerenciando São Paulo — e o fato é que se interessaram pela minha volta, mas precisavam consultar a matriz americana — aquela coisa de "consulta ao presidente". Aliás, todo funcionário da IBM — me esqueci de contar — tinha contato direto com o presidente da empresa, através de uma caixa insuspeita na qual você colocava sugestões, reclamações, enfim, tudo que você achasse que o presidente, e só ele, devia saber. Outra coisa muito legal era o programa de economia: se você desse uma sugestão que fizesse a empresa poupar dinheiro em, por exemplo, fluxo de papéis, você embolsaria uma porcentagem.

Enfim, dois meses depois, o presidente aprovou o meu retorno, mas entrei como empregado iniciante, tendo, portanto, que passar um mês no Rio, fazendo o curso novamente. Eu estava cabeludo e só usava calça Lee e camiseta. Cortei os cabelos bem curtos, mandei os ternos, que estavam guardados havia muito tempo, para o tintureiro, e encarei o curso de novo. Nadei de braçada. Chegou um momento em que eu dava aulas em vez de receber.

O curso foi realizado no mesmo hotel do primeiro, na avenida Atlântica, em Copacabana. Nos fins de semana, íamos para o posto 9, em Ipanema. Nas "Dunas da Gal." Era o verão do Píer, do desbunde (sair da vida social e virar hippie!) e de aplaudir o pôr do sol. A construção de um emissário submarino para levar o esgoto de Ipanema até o mar provocou uma mutação no ambiente. Eu não acreditava no que estava vendo. Comecei a sair do curso correndo para ver o pôr do sol com aquela galera maluca e aplaudir quando ele sumisse.

Um novo mundo começou a dar o ar da graça. Óbvio que alguns sinais tinham aparecido desde o movimento de maio de 1968 na França — É proibido proibir — e a flor no fuzil na manifestação contra a Guerra do Vietnã em Washington. "*Make love not war, Flower Power*"[8], tudo isso falava muito ao meu coração. Mas estávamos no maior *making war* contra a ditadura. E perdendo. Quer dizer, eu, pessoalmente, já não estava, mas era como se estivesse. As más notícias não paravam de chegar. Muitos amigos tinham sido mortos, e outros continuavam sendo. Eu não queria morrer, tremia de medo de ser torturado, como todo mundo.

Uma noite fui ver a Gal no Teatro Tereza Rachel fazendo Fatal-Gal a todo vapor. Ela cantava *Vapor Barato*, de Jards Macalé e Waly Salomão: "Com minhas calças vermelhas, meu casaco de general, cheio de anéis, vou descendo por todas as ruas e vou tomar aquele velho navio..."

George Harrison já tinha me dado um toque de religiosidade oriental com seu *All Things Must Pass*, principalmente com as músicas *My Sweet Lord* e *Give Me Love (Give Me Peace on Earth)*. Uma onda de misticismo — em muito provocada pelo ácido lisérgico, em muito pela

---

8 "Faça amor e não guerra, o Poder das Flores" (T.L.)

invasão da música e da filosofia indianas — estava tomando conta do mundo. Cada vez mais se falava em ioga, meditação, até numa "nova maneira de comer", a tal comida macrobiótica, em que você deveria "beber os sólidos", de tanto mastigar, e "comer os líquidos", pois muito lentamente você deveria beber. Tudo isso — e com mais um empurrãozinho, um LSD, apelidado de "grafite" por ser parecido com uma ponta de lápis, tomado num domingo nas "Dunas do Barato" — me jogou definitivamente numa outra onda, noutra maneira de encarar o mundo.

Estava acontecendo o mesmo com a Neusa, mas acho que ela não entendeu. Quando voltei para São Paulo, ela disse que queria se separar. Que eu tinha virado o careta, que ir para a IBM era o fim, que eu havia entrado num retrocesso sem volta. E que ela, pelo contrário, estava numa boa, liberta, livre. E simplesmente me mandou embora. Foi morar na casa da minha irmã Elvira com o Rodrigo. Entregamos o apartamento. Eu dei tudo o que estava dentro: de panelas a roupas de cama, de fogão a geladeira cheia. Encontrei o Reinaldo, que tinha acabado de chegar da Bahia, e ele me convidou para dormir na casa dele. Eu e uma mala. Então ele me contou de uma loucura que estava ocorrendo na Bahia, em Arembepe, uma praia de pescadores. O Silvio Frezza também estivera por lá. E o Ênnio, que estava morando em Salvador, casado com uma jornalista que tinha desbundado. Aliás, o que acontecia lá era o próprio desbunde. Um Woodstock sem show. Muito LSD e maconha, uma comunidade hippie incrível, muito "paz e amor", gente do mundo inteiro. Reinaldo estava em São Paulo só para prestar depoimento no processo que respondia pela LSN, e ia voltar para lá dois dias depois. Pois eu ia junto. E fui. Passei antes na livraria e disse que queria vender minha parte. Eduardo e Guilherme riram. "Eu financio", disse. Paguem quanto quiserem. Fizeram umas contas e toparam. Eles me deram uma entrada e pagariam um valor por mês. Dei boa parte da entrada para a Neusa e parti. Para uma virada de vida.

234

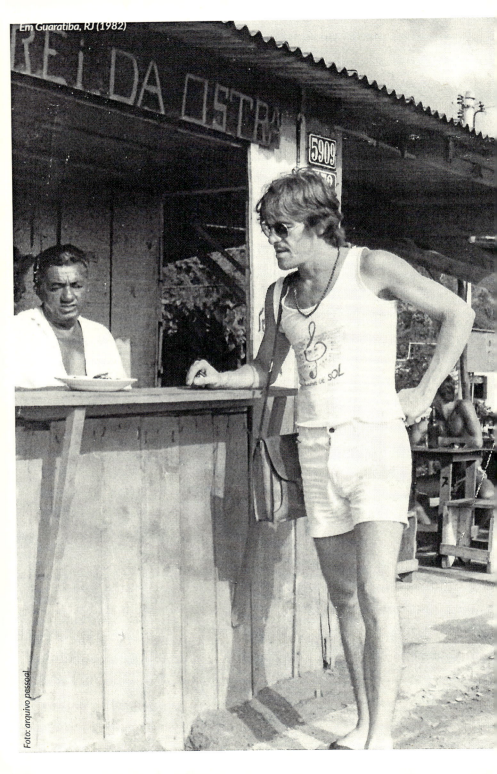
Em Guaratiba, RJ (1982)
Foto: arquivo pessoal

# CAPÍTULO 19

Reinaldo gostava de tomar xarope, um tipo de xarope, bem entendido, com um composto de codeína, um derivado do ópio. Chamava-se Ambenyl e, depois de proibido, Panbenyl. Ah, e não podemos esquecer o Romilar. O efeito era demolidor. Um sono viajandão, coisa de opiáceo. A primeira vez que tomei foi no ônibus de São Paulo até Salvador, porque a separação do Rodrigo foi a dor mais profunda que senti na vida. Dias de viagem, dias de sofrimento. Rodrigo com menos de dois anos. Mal sabia eu que o verdadeiro rompimento viria anos depois...

Chegamos na rodoviária de Salvador; eu com uma mochila velha do Exército que o Reinaldo tinha me emprestado, *new* hippie total.

De cara ele me levou para a casa do Jards Macalé. O Macalé? O autor de *Vapor Barato*? Que barato! Acordamos o Macalé, que levantou com uma "tora" na mão. Gostei. Magro como só, dormia numa esteira no chão do quarto. Ou seria uma *sleeping bag*, que eu ainda não conhecia? Da casa do Macalé, Reinaldo ligou para a casa onde o Ênnio morava com a tal jornalista, Norma Freire, que deixara uma promissora carreira na revista *Realidade* para desbundar — não sem antes ser presa pela ditadura, como tantos intelectuais. Ênnio disse que iriam para o Centro e que, na volta, passariam na casa do Macalé para nos pegar. Estavam com a F-100 da Renata. Renata? Eu não sabia quem era, mas um sino tocou lá longe...

Ficamos no Macalé ouvindo-o cantar e tocar violão. Eu estava louco para ouvir Vapor Barato, mas minha experiência convivendo com cantores me recomendava não pedir para cantar sucesso. Até que ele cantou. Espontaneamente. Quando o Ênnio chegou, conheci a Norma, que estava dirigindo. Empatia na hora. Jogamos as mochilas na carroceria e nos apertamos os quatro na cabine da caminhonete. Eles estavam morando antes de Arembepe, na praia de Itapuã, que na época era bem longe do centro de Salvador. Para se ter uma ideia do deserto que era, passando o Monumento da Sereia, símbolo da praia, não havia mais nada. Nenhuma construção. Ficava perto da lagoa do Abaeté e a meia hora de carro de Arembepe. Chegamos à casa, na rua da Areia, 16, que fica em frente à Sereia. Tinha um cabeludo cozinhando um arroz integral, a quem o Ênnio e o Reinaldo me apresentaram, um gaúcho chamado Carlos Asp. Ele sabia tudo de signos. Perguntou o meu de cara. "Sabe o ascendente?" "Não." "Depois a gente calcula." "Vai morar aqui?" "Tem dinheiro?" "Tenho." "Então vamos conversar: o aluguel é tanto, a comida é tanto, isso é tanto, aquilo é tanto. Dá tanto por mês. A gente dividia por quatro, com você e o Reinaldo dividimos por seis. Dá tanto para cada um." Rápido e objetivo. Era uma comunidade. Não a primeira deles, sabiam que, se desbundasse na organização, a comunidade desbundaria junto. "Ok, pago onde?" "Para mim mesmo." Foi o único

238

momento em que parou de cozinhar. Limpou a mão no pano de prato e pegou uma caixinha em cima do armário da cozinha. Abriu e pediu para que eu colocasse o dinheiro dentro, e disse as regras da casa, como enxugar o banheiro após o banho, lavar pratos, talheres e copos, enfim, ser responsável por limpar o que sujar. A casa era realmente bem cuidada, tinha um cheiro bom de incenso. Era cheia de panos indianos, Budas, Krishnas, Shivas, Ganeshas, castiçais, velas coloridas, enfim, uma casa hippie, com certeza. A primeira de muitas da minha vida.

A tal da Renata não estava; tinha ido fazer alguma coisa mística, jogar búzios, I Ching, fazer mandala, não lembro. Depois de um tempo chegou. Eu tinha acabado de sair do banho, estava só de bermuda. Cabelinho curto, lembra? Numa comunidade hippie! Pois ela chegou perguntando: "Quem é esse careta?" Gelei. Não pela pergunta, mas porque ela era linda. Linda. Ricardo Amaral, em seu livro de memórias, *Vaudeville*, diz que Renata era filha de um exportador de café, notável pela sua beleza. Segundo ele, ela era reconhecidamente a moça mais bonita da época.

Alta, cabelos pretos longos, uma trança fina de couro na testa, tipo índia americana. Vestido indiano branco quase transparente, realçando seu corpo ma-ra-vi-lho-so. Fiquei parado olhando fixamente para aqueles olhos negros. Ela sustentou meu olhar. O coração disparou. Fui para cima dela, a abracei profundamente, como se fosse um encontro cósmico. Não sei se foi repé do xarope, do excesso de fumo na casa do Macalé, das noites no ônibus sem dormir, mas entrei em transe. Ela correspondeu ao meu abraço e nossos corpos se encostaram naturalmente. Fodeu. Foi muito bom. Eu me lembrei da vizinha do Carlinhos: a sensação foi a mesma. Ficamos abraçados um tempo. Ela relaxou, se entregou ao abraço, colocou sua cabeça no meu peito. Saí do abraço com uma excitação de trinta centímetros, segurei seu rosto com as duas mãos e, olhando nos olhos dela, disse: "Vim aqui só pra te encontrar." E dei-lhe um beijo na boca que para mim durou um pouco mais que uma eternidade e meia.

O Asp, que dividia o quarto com ela, trocou comigo e foi dormir com o Reinaldo. E eu fiquei com ela. Mas ela não queria transar ainda, por causa de algum tipo de resguardo religioso. Foi muito difícil, mas me segurei. Fomos passear na praia de Itapuã, vimos a lua na lagoa do Abaeté, fomos até Arembepe tomar um AC — todo mundo junto, sempre. A deliciosa — para nós, na viagem que estávamos — comida macrô — com alguns desbundes, afinal ninguém é de ferro — e muito, mas muito, pão e arroz integrais. Fazer pão integral era uma forma de retorno às origens.

Renata era filha de socialite, foi a primeira mulher a usar biquíni no Clube Atlético Paulistano — ou no Guarujá, segundo Ricardo Amaral, ao lado da Norma Freire. Tinha também duas passagens que nos aproximavam: uma peça do TUSP (Teatro da USP), uma das crias do TUCA, e uma participação no filme *O Bandido da Luz Vermelha*, do Rogério Sganzerla. Assim como a Norma, após uma passagem pela luta política contra a ditadura, desbundou e foi morar na Bahia.

Um dia a Renata e a Norma, que tomavam as decisões na casa, resolveram que queriam mais paz. Um lugar ainda menor e ainda mais simples. A busca pela simplicidade total era o objetivo delas. Tirar da vida tudo que fosse supérfluo. E muito misticismo. De todos os naipes. Elas sugeriram a ilha de Itaparica, aonde nos levaram para que conhecêssemos também. Fomos até o mercado Modelo e pegamos um barco para Barra do Gil. Andamos pela praia, perguntando aos pescadores se não sabiam de alguém que quisesse alugar sua casa. Um deles topou, na localidade de Taipoca. Meia dúzia de casas na praia e mais meia dúzia para dentro, atrás de um riacho. As casas eram de pau a pique, chão de terra batida, aquela areia cinza, de praia. E não havia portas, apenas a da entrada. Nos demais vãos, panos pendurados, como cortinas. E as paredes não chegavam até o teto, eram mais ou menos da minha altura. A que alugamos tinha uma pequena varanda, sala, um corredor, dois quartos e cozinha.

Banheiro, necas. Como pia, um tanque de lavar roupa; e a privada num casebre de madeira no quintal. Banho, sim, de balde, também no quintal, e com roupa de nadar. Conversamos com o pescador e acertamos seis meses de aluguel adiantado. Era muito pouco. A casa também era. Paguei e prometemos voltar com as nossas coisas em breve.

Em Itapuã, as mulheres resolveram a devolução da casa e, no dia seguinte, enchemos a F-100 com roupas, Budas, Krishnas, panos indianos, e nos mandamos para a aventura. Eu assumi o volante. Naquela época, para chegar até a ilha de Itaparica de carro — de barco é perto, e agora tem ferryboat para fazer a travessia de carro —, tinha que se dar uma volta enorme pelo recôncavo baiano, rodear a Baía de Todos os Santos, passando por Candeias, Santo Amaro da Purificação, Cachoeira, Cruz das Almas e Nazaré das Farinhas, até chegar à ponte que liga o continente à ilha. Paramos em Santo Amaro para ver a casa do Caetano; paramos em Nazaré, terra dos caxixis, os potes de barro.

Quando chegamos à casa nova, descarregamos tudo. Era tão pequena que arrumamos num piscar de olhos. Ficou uma graça. Era muito engraçado varrer o chão de areia da casa. Se varresse mesmo ia ficar um buraco. Passávamos o dia na praia, passeando pela areia, catando conchinhas, pegávamos peixe na casa dos pescadores, comprávamos água potável em barris — levados por jegues — da cidade de Itaparica, terra de João Ubaldo. Lá tem uma fonte de água mineral, onde enchíamos garrafas para levar para casa e colocar na moringa de barro.

A fase de resguardo da Renata um dia acabou, ainda bem. A primeira vez foi difícil para mim. Além de a Renata ser linda e ter um corpo maravilhoso, eu estava sonhando com aquilo havia algumas semanas, ou seja, estava louco de tesão. Resultado: ejaculação precoce. Mas a segunda vez foi bem legal...

Dormíamos, Renata e eu, no primeiro quarto, que ficava entre a sala e o quarto da Norma e do Ênnio. O Asp dormia na sala. Não era lá muito privado, tínhamos que ter cuidado com os barulhos. E assim a vida ia na paz do Senhor. Voltávamos para Salvador, de barco, sempre que queríamos ou tínhamos vontade de ver gente. Como o porto em Salvador era no Mercado Modelo, grande point de doidões da época, às vezes atravessávamos o continente apenas para dar um pulo no mercado para comprar coisas, ver pessoas, reabastecer a latinha de *beck* e voltar. Foi lá que conheci Chacal, o poeta, vendendo livros de poesia. Eu me lembro desta: "Prezado Cidadão / Colabore com a Lei / Colabore com a Light / Mantenha luz própria."

Uma vez, o Ênnio e eu resolvemos fazer uma experiência filosófica nas cercanias do Mercado Modelo. Pedimos esmola na rua, explicando que éramos contra o sistema, que não queríamos trabalhar, que preferíamos a humilhação de esmolar. Alguns nos xingavam, alguns davam. Resolvemos almoçar o que dava, com o dinheiro recebido, num dos bares mais pobres de Salvador e comemos o que os clientes comiam: sarapatel num prato fundo, de colher. Estou vivo até hoje. Mas nunca contamos nem para a Norma nem para a Renata. Tinha sido só um desbunde na macrô.

A gente estudava Tarô, Astrologia e I Ching, meditava, comia só arroz integral, peixe e legumes. Tínhamos um esquema de ligar a cobrar para a família em Barra do Gil, a cidade mais próxima, num posto telefônico. Ligávamos para dar e receber notícias — as famílias preocupadas com essa loucura de viver como pobretões. Eu ligava para a casa da Elvira para falar com ela e com o Rodrigo. E para a casa da dona Gilda. Numa dessas ligações, a Neusa atendeu soltando os cachorros: que não fazia sentido ela cuidar sozinha do Rodrigo, que queria que eu ficasse com ele, que isso, que aquilo. Se eu não fosse buscá-lo em São Paulo, ela ia levá-lo para a Bahia.

Não havia a menor possibilidade de o menino morar com a gente na ilha, era tudo incerto, mudava como as ondas do mar. Esse telefonema, por exemplo, deu um novo destino às minhas aventuras. Conversei com a Renata e achamos melhor que eu fosse para São Paulo, inclusive para evitar que a Neusa aparecesse. Alguém pagou a passagem de avião, não lembro quem. Quando cheguei na casa da Elvira, a Neusa disse que não era bem aquilo, que não ia me dar a guarda do Rodrigo, que no dia do telefonema estava nervosa, essas coisas. Tóim! Eu tinha ido para São Paulo à toa! Deixado aquela vida paradisíaca, a Renata, à toa! Tive vontade de matar a Neusa.

Aproveitei os dias para passear com o Rodrigo e conviver com ele o máximo que deu. Até que, na véspera de eu embarcar de volta para Salvador, a Neusa chegou com a novidade: ia tirar férias para viajar comigo para a Bahia, assim o Rodrigo ficaria mais um pouco ao lado do pai. Não consegui evitar, apesar de saber que não ia dar certo. E não deu. Em vez de ficar numa pousada na cidade de Itaparica, relativamente longe da Praia de Taipoca, onde a gente morava, acabou ficando com um grupo de mineiros que conhecemos na travessia de Salvador para Barra do Gil, a menos de um quilômetro da casa. Ela tinha conseguido. Ela queria mesmo saber qual era, que vida era essa que eu estava vivendo. Como muita gente, ela ouvira o galo cantar, mas não sabia onde.

Ao chegar na nossa casinha, nada foi mais o mesmo. A magia havia se quebrado. Renata me pedira para falar com seu pai em São Paulo. Eu fui e foi um desastre. Ele não conseguia compreender a nova vida da filha, longe de tudo, do conforto. Não, ele não daria mais nenhum tostão a ela se ela não voltasse a morar em São Paulo.

A Neusa ficou uns quinze dias na ilha, e nesses quinze dias eu grudei no Rodrigo de tal forma que não queria mais que ele fosse embora. Tanto que, na manhã do dia em que eles embarcariam, pirei: sumi com ele por uma floresta onde a Neusa não poderia me encontrar. Mas o Ênnio nos achou e me convenceu a voltar e entregar o filho à mãe. No caminho, chorei muito! No aeroporto de Salvador, a imagem do Rodrigo me dando adeus da escada do avião é indelével.

Em vez de voltar direto para Itaparica, resolvi visitar um amigo novo, Paulo Pilla. Gaúcho, neto do Raul Pilla — político gaúcho que deu origem à gíria pila (no Rio Grande do Sul, é o dinheiro da época: dez pilas, dez reais) —, dava aulas de inglês em Salvador. Um desbunde pela metade. Alugou um apartamento lindo, antigo, com vista para o Elevador Lacerda e para o mar. Passei uns dias lá conhecendo uma Salvador que eu ainda não tinha visto. Na volta para Taipoca, encontrei os mineiros de novo. Eles partiriam no dia seguinte para Recife, com paradas em Aracaju e Maceió. "Tem lugar para mim?" Tinha.

Foi chegar na casa e me despedir. Acho que senti uma dose de alívio, pois o sonho do amor havia acabado. Como os outros, rapidamente. Eu deveria pensar nisso, eu era muito "volúvel", dizia minha mãe. E eu, sofismando, respondia: "Mãe, se eu sou sempre 'volúvel', sou constante na volubilidade." Ela ficava brava.

Saí em direção a Recife com os mineiros, dois deles eram filhos de um empresário de Belo Horizonte, dono de uma das maiores revendedoras Volkswagen do Brasil. Por isso a Variant novinha. Acampamos em Maceió e Aracaju, poucos dias em cada lugar. A trilha sonora da viagem foi, basicamente, King Crimson, *In the Court of the Crimson King*. Chegando a Recife, resolvemos ficar. Aliás, acampamos bem depois de Recife, depois ainda de Olinda, na praia do Janga. Era um lugar belíssimo, tão lindo quanto a Itapuã de antanho. Cheio de coqueirais, uma estrada de terra que findava nas margens do rio Timbó. Canoas levavam e traziam gente, cruzando aquelas águas límpidas e tranquilas. Iam e voltavam de Maria Farinha, uma vila muito bonita, ainda mais quando vista do outro lado do rio. Fomos passear em Olinda e Recife várias vezes. Num desses passeios, entrei numa livraria e me deparei com um catatau de quase mil páginas, capa branca com apenas três letras em preto: LSD. Comprei. Foi útil por muito tempo.

Fizemos uma festa no acampamento na Janga, em que apareceram uns pernambucanos doidões, entre eles um pintor, Jorge Tavares. De família tradicional, Jorge tinha ficado famoso em Arembepe meses antes. Na Califórnia, comprou mil comprimidos de LSD e distribuiu entre os malucos que lá moravam. Jorge era realmente muito louco. Sua espontaneidade vinha, creio, da família muito poderosa. Encarava os policiais, os provocava. Uma vez, foi preso pelo assassinato de

244

um padre. Numa entrevista, quase mordeu o repórter. Depois se descobriu que a própria polícia havia cometido o crime. Comecei a frequentar a casa dos seus avós na praia da Boa Viagem, um dos últimos casarões a dar lugar a um prédio. Linda, enorme, a casa era lugar de cafés da tarde memoráveis. Toda gastronomia pernambucana servida numa mesa do lado de fora da casa. Deslumbrante. Nesta casa não cheguei a dormir, mas sim na casa da mãe do Jorge, onde ele morava, também na mesma avenida da praia de Boa Viagem. Jorge tinha mania de comprar maconha por peso, coisa que ninguém fazia na época. Em torno de duzentos ou trezentos gramas. E gostava de "purificar": tirava todos os galhos, sementes, claro, mas também folhas, poeiras, enfim, tudo que não fosse fonte certa de THC forte. E jogava fora ou dava para doidões mais pobres. Seus baseados eram imensos, realmente exagerados.

Foi Jorge quem me levou a primeira vez na casa do Lula Côrtes e da Katia Mesel. Um casal completamente fora dos padrões: ele músico, poeta, pintor; ela artista gráfica, produtora, cineasta. O pai dela era o reitor da Universidade Federal de Pernambuco, morava numa casa linda. No fundo do quintal, um dos rios do Recife, Capibaribe. Eles tinham um imóvel separado da casa principal onde moravam, trabalhavam, fumavam, bebiam, meditavam, cozinhavam e faziam música, muita.

Fiquei logo amigo do casal, que estava lançando um livro genial, em que cada página era dividida em três pedaços, como aqueles livros infantis em que você veste roupas diferentes em uma boneca — capacete de bombeiro e perna de bailarina, por exemplo. Katia fazia embalagens maravilhosas para empresários pernambucanos; Lula compunha, gravava discos, pintava. Um dia, me convidaram para passar um fim de semana com eles na Ilha de Itamaracá, onde haviam alugado uma casa. Se Itaparica quer dizer "cerca de pedra" em tupi-guarani, Itamaracá quer dizer "pedra que canta". No sábado saímos cedinho, depois de um belo café da manhã, para tomar um LSD na ilha, num recanto incrível. Foi, em termos de beleza natural, a minha melhor viagem. O céu resolveu nublar logo depois do almoço e abriu apenas na hora do pôr do sol. Aquele espetáculo de cores no céu, no mar... Passamos horas catando conchinhas que as ondas levavam até a praia.

Depois dessa viagem, voltei algumas vezes a vê-los. Eu ficava hospedado onde dava, às vezes na casa do casal, às vezes na casa de alguma namorada eventual. Jorge Tavares insistia para eu conhecer uma fazenda em São Lourenço da Mata, a pouco mais de trinta quilômetros de Recife, onde sua família plantava cana de açúcar. Ele estava querendo fazer uma comunidade hippie, já tinha seis ou sete pessoas vivendo lá. Acabei indo com ele. Era uma baita fazenda, com uma horta da qual os hóspedes cuidavam. Uma argentina, Laura Obdemann, cuidava da casa, cozinhava e tentava manter tudo sob controle, na medida do possível. Lá conheci a Cecília, uma garota magrinha e *mucho loca*, do Espírito Santo. Quando Jorge voltou para Recife, resolvi ficar na fazenda namorando e tomando conta das alfaces. Eu tinha sido criado no interior, sempre indo na fazenda do Nono ou do tio Jayme, trabalhar com a terra não me era estranho. Sabia preparar, plantar, carpir. Sabia pegar um cavalo no campo, colocar-lhe cabresto, freio, manta, sela. E cavalgar, o que é mais gostoso.

*Ensaio para a peça Os Saltimbancos,*
*Porto Alegre, RS (1977)*

Foto: arquivo pessoal

# CAPÍTULO 20

No dia 24 de maio de 1972, quando eu completava 26 anos, tomei um café da manhã especial preparado pelos amigos da comunidade. A noite anterior fora ao relento, fazendo amor com Cecília, num jardim perto da casa. Estava meio viajando na batatinha quando ouvi um grito: "Mão na cabeça, filho da puta, larga essa arma!"

Eita, quase infartei. No meio daquele lugar na Zona da Mata pernambucana, numa manhã outonal, dia do meu aniversário, depois de uma noite de amor sob a lua, capinando uma horta de alfaces, ouvir um "mão na cabeça, filho da puta, larga essa arma!" não é para os fracos. Estávamos três ou quatro na horta, e todos foram presos por policiais de Recife à procura de ladrões de automóveis.

Como, se não havia sequer um automóvel na fazenda? Mais uma tentativa de incriminar o Jorge, o capataz deduziu, mas ele estava em Recife. Queriam saber de um tal de Joaquim. Ninguém ali se chamava Joaquim. Pediram documentos. Todos tinham. Resolveram revistar a casa. Acharam na cozinha um vidro com maconha. Pronto, prenderam todo mundo, com violência desnecessária. Estavam em dois jipes Willys, dois policiais em cada. Eles foram na frente e nós, empilhados atrás. Nos levaram para a delegacia de São Lourenço da Mata, onde o delegado ficou foi puto da vida com os tiras de Recife, que haviam invadido sua circunscrição sem autorização, o que constitui abuso de poder. Que sumissem de lá antes que eles, os policiais de Recife, fossem presos. Nem nos tiraram dos jipes. E nos levaram para Recife — nada agradável —, para a Delegacia de Roubos de Automóveis, mas o nosso crime era consumo de drogas. O flagrante ocorrera em outro município. O delegado resolveu ouvir cada um de nós e, ao me interrogar, perguntou do que eu vivia, se vendia maconha. Eu disse que era sócio de uma grande livraria-papelaria em São Paulo, que éramos três sócios e que cada um tirava um ano de férias a cada dois de trabalho. Inventei na hora, só para encher o saco do cara. Depois de nos deixar nas celas até sete da noite, ele nos soltou. Para mim foi nada. Entrei e saí dessa aventura num astral altíssimo, com a certeza absoluta de que eles não conseguiriam me abalar. Era meu aniversário e continuou sendo.

Saímos da delegacia sem saber direito o que fazer. Nossas roupas, pouquíssimas, haviam ficado na fazenda. Ligamos para o Jorge e fomos para a casa dele. Não dava para dormir todo mundo lá, então ele se dispôs a nos levar de volta. Mas eu não quis ir. Nem a Laura Obdemann, a argentina. Os outros, inclusive a Cecília, voltaram. Nas despedidas, muitos beijos, ficamos de nos encontrar pela vida, fica bem, axé, ommmmm.

Ficamos hospedados na casa do Jorge enquanto ele levava a galera pra São Lourenço. Eu já tinha reparado naquela figura, a Laura. Pequena, cabelos compridos, castanhos, ligeiramente encaracolados, e sempre muito, muito bem cuidados. Falando aquele portunhol típico dos portenhos. Quando falava! Porque Laura era muito calada. Vivia lendo livros sobre misticismo, aliás como todos nós; a cada ácido que tomávamos, mais místicos ficávamos. Naturalmente começamos a falar de nós, ela disse que queria voltar para Buenos Aires, pois estava na estrada há bastante tempo. Tinha estado em Arembepe também, antes de mim, no verão, enquanto eu fazia meu segundo curso na IBM.

Lembram que eu falei do xarope que o Reinaldo gostava de tomar? Que um se chamava Ambenyl e outro Romilar? Pois a Laura jurou que um menino que nasceu lá em Arembepe no auge da loucura foi batizado com o nome do xarope, Romilar!

Laura tinha uma doçura natural, andava como uma gata, falava baixinho, sempre com um sorriso enigmático. Dava para notar sua boa formação cultural. "Berço", diria dona Gilda. Saia indiana, blusa curta, um par de chinelos de couro nos pés. Fim. Reparei que quando ela se sentava em posição de lótus, levantava as saias deixando ver as pernas bem torneadas. Enquanto a gente conversava no terraço do apartamento do Jorge, fumando um, pintou um clima. Aconteceu. Foi muito bom. Ela tinha um domínio de corpo ótimo, da ioga, e eu também, da expressão corporal.

Ficamos ainda um tempo em Recife, até que resolvemos descer para São Paulo. Eu queria muito ir para a Europa e viver lá, me exilar: Paris, Londres e Amsterdã. Laura pegaria um ônibus para Buenos Aires, mas até lá queria continuar com sua trajetória hippie, vivendo com o mínimo dinheiro possível. Então iríamos de carona. Um dia, nos despedimos do Jorge e fomos para a estrada. Demoramos onze dias para percorrer os 2.800 quilômetros e chegar a São Paulo. Quando chegava perto do pôr do sol, procurávamos uma cidade para comer e dormir. Dormíamos onde dava: em carroceria de caminhão estacionado no posto de gasolina, em vendinha de beira de estrada, em posto de Polícia Rodoviária, até em quartos em casa de família. A Laura conquistava as pessoas facilmente com aquele sorriso.

E nesses onze dias vivemos juntos 24 horas por dia. Grande parte do tempo na boleia, às vezes ela, pequenininha, sentada no meu colo.

Em São Paulo, fui com ela até a rodoviária comprar passagem. Alugamos um quarto num hotel por perto para as últimas horas juntos, e o fato é que ela se foi. E eu fui para a casa da minha mãe. Tinha chegado em São Paulo com uma vontade enorme de ir embora do Brasil. E a ditadura me deu a maior força. Quando cheguei na casa da minha mãe, ela me deu uma intimação do DOPS. Eu deveria prestar depoimento sobre participação na "Guerra Psicológica Adversa", neologismo ridículo que os órgãos de repressão haviam adotado para a palavra "revolução". Usavam também "guerra revolucionária subversiva, usando doutrinas alienígenas". Decidi que não iria. E fiz bem. Todo mundo que ia prestar depoimento no DOPS era levado para o DOI-CODI, onde a OBAN (Operação Bandeirantes) se encarregaria de interrogar, torturar, matar e desaparecer com o corpo. Não nos esqueçamos que o coronel Ustra era o gerente do açougue onde chacinavam seres humanos por pensarem diferente, com auxílio da FIESP e de outros empresários paulistas que financiavam mortes e torturas, para que a ditadura defendesse seus interesses. Existe até o caso de um empresário bem objetivo que, se dizia, ia assistir às sessões de tortura por puro prazer. Coisa de gênio.

Naquele 1972, estavam mudando a maneira de informar a morte dos guerrilheiros sob tortura. Até então, alegavam que tinham resistido à prisão ou tentado fugir numa diligência e tinham sido atropelados, coisas assim. A partir da OBAN, começaram a simplesmente enterrar os corpos com seus nomes de guerra em cemitérios como o de Perus. Eram os "desaparecidos políticos", cujos corpos só foram encontrados anos depois. A incerteza sobre a morte provocou o sofrimento de centenas de famílias por décadas.

$$\cdots$$

Aluguei com o Ricardo, irmão do Reinaldo, um quarto numa pensão de Higienópolis, numa rua tranquila. Era uma casa antiga com uma torre no alto, onde ficava o nosso quarto. O Rodrigo adorava ir lá. Eu saía o mínimo indispensável, apenas para buscá-lo e passear com ele. Não estava a fim de ser preso e precisava arrumar um jeito de tirar passaporte. Minha irmã mais velha trabalhava no Departamento de Identificação da Polícia Civil, que emitia passaportes depois de consultar o DOPS. Em julho de 1972, um passaporte foi emitido sem passar pela consulta: o meu. O motivo alegado por ela foi prosaico: tratava-se do irmão dela, filho de delegado, ex-policial, não haveria necessidade. O delegado aceitou. Então comecei a batalhar a passagem. Minha mãe me daria uma ida e volta de navio, as passagens para a Europa mais baratas na época. Mas eu precisava de algum dinheiro para sobreviver lá. O que eu recebera da venda da livraria duraria mais uns quatro ou cinco meses, e fim. Precisava de outra solução. O Ricardo estava estudando inglês, queria ir para os Estados Unidos trabalhar. Nas nossas conversas, movidas a ampolas, ele começou a entender que talvez Londres fosse mais a sua praia.

Através do Reinaldo, soube que Renata, Norma, Ênnio e Asp haviam voltado da Bahia havia poucos dias e estavam morando na casa da Renata, que era dona de um belo apartamento na avenida Higienópolis, no Edifício Lauzanne, perto da rua Maria Antônia, onde fui visitá-los. Nessa altura, ela namorava outro cara, o Henrique.

Era um sábado à tarde quando o Asp me convidou para passar lá à noite, pois iam tomar um ácido. Ele queria me apresentar a uma amiga de Porto Alegre que fazia teatro, "como você". Quase cinquenta anos depois, aquela gaúcha é mãe de três filhos meus e, junto comigo, avó de quatro netos. Foi minha mulher por dezoito anos e é minha amiga até hoje.

Foi na cozinha da casa da Renata que o Asp me apresentou a Nara Keiserman. Começamos a conversar e a tomar vinho e nunca mais paramos. Ela estava hospedada na casa de um irmão, também em Higienópolis, entre a casa da Renata e a minha. Quase não saímos do bairro. Íamos passear na praça Buenos Aires, íamos namorar na casa do irmão dela. Era sua última semana de férias antes de voltar para Porto Alegre e cursar o último semestre do curso de Direção Teatral do Curso de Arte Dramática (CAD), antigo nome da escola de teatro da UFRGS. Tinha se licenciado em História e, após terminar o segundo curso, ia passar um tempo onde? Isso mesmo, na Europa. Se eu a esperasse, poderíamos ir juntos. Em São Paulo, nem pensar, eu disse. E ela perguntou: "Por que não em Porto Alegre?"

A Nara foi a primeira mulher "livre" que conheci. Fazia o que lhe dava na telha. Era culta, inteligente, rápida no pensamento. E muito louca, o que era ótimo.

Ela me pediu uma semana para ajeitar as coisas no apartamento onde morava com a artista plástica Ana Adams e o namorado, o músico Leo Ferlauto, além de seu próprio namorado, digamos, em final de relacionamento, o Nilo Soares, irmão do Toco.

Então corri para o apartamento da Renata para jogar I Ching. Dizia o hexagrama sorteado: "O homem sábio segue o grande Rio." Grande Rio, o Guaíba! Pronto, estava ali a resposta. "Alô *tchurma* do Bonfim, as guria tão tri a fim! Garopaba ou Bar João, Bela dona e chimarrão. Que saudade da Redenção. Deu pra ti baixo astral. Vou pra Porto Alegre, tchau."

Mil quilômetros separavam São Paulo de Porto Alegre. Assim que cheguei na rodoviária, entrei em um ônibus urbano e desci em frente ao bar João na avenida Osvaldo Aranha. Estava meio perdido quando um cara se aproximou de mim: "Posso te ajudar?" "Pode, estou procurando a rua General João Telles." "A próxima à direita", ele respondeu, "tenho uma amiga que mora lá, a Nara." Sincronicidade. "É para lá que estou indo, respondi." "Então eu te levo", ele falou. E fomos juntos para a casa da Nara. O nome do cara era Fabretti, Luiz Fabretti, e ele era apenas o melhor ator de Porto Alegre. Ficou comigo na escadaria do apartamento da Nara, esperando que ela chegasse. Logo ela apareceu e começamos a nossa vida gaúcha de marido e mulher.

Nara tinha uma vida superocupada. Além de fazer o curso de direção e de ministrar aulas de Teatro no Colégio Israelita, era atriz do Grupo de Teatro da Província. O Província era o grupo mais *in* de Porto Alegre, dirigido por Luís Artur Nunes, que, além de diretor, era o criador de várias peças que montava depois de improvisações do elenco a partir de uma provocação dele. O primeiro espetáculo que vi deles foi *Era uma Vez uma Família Muito Família... Era uma Vez uma Família que Disse Não*. Levavam o público para o palco e representavam de costas para a plateia vazia. Pouco antes de eu chegar, tinham dado um curso chamado "Tendências do Teatro Contemporâneo: Stanislavski, Brecht, Grotowski".

No começo, eu ficava muito tempo sozinho em casa. Leo fazia artesanato, Ana fotografava, eu às vezes ia ao ateliê de um, ou ao laboratório da outra. E ouvia muita música, muita! Nara tinha um bom aparelho de som, era um Gradiente com *pick-up* Garrard; e os LPs: *Meedle*, que chamávamos de "pingo", e *Atom Heart Mother*, o disco das vacas, ambos do Pink Floyd. Rolling Stones lançando *Exile on Main Street*. Um, o rock progressivo, lisérgico. Outro, o rock'n'roll pauleira na veia. Mais Jethro Tull com *Aqualung*, Traffic com *The Low Spark of the High Heeled Boys*; *Tarkus*, do Emerson, *Lake and Palmer*; e o maravilhoso, insuperável, supercriativo *Liquid Acrobat As Regards The Air* do The Incredible String Band; *Tapestry* da Carole King, e o também gostoso de ouvir Crosby, Stills, Nash & Young, *Déjà Vu e Immigration Man*, eram uma antecipação do que poderíamos sofrer viajando duros pela Europa. Esses discos faziam minha vida feliz em Porto Alegre, enquanto ficava sozinho na casa da Nara, esperando ela chegar e me ensinar como realmente fazer sexo.

Gostava muito de passear na Redenção, o parque imenso que fica no Bom Fim. Uma vez, tomamos um LSD lá, mas voltamos para casa correndo quando começou uma vontade incontrolável de rir. De outra feita, fomos tomar no Parque Saint'Hilaire, um bosque lindo, bem longe do centro, onde levei um susto grande. Estava observando uma flor respirar quando percebi que os meus pés estavam pretos de tanta formiga, pois eu havia pisado num formigueiro. Ainda bem que eu tinha lido o livro LSD, que me ensinara a dominar as *bad trips*.

Nesse dia consegui. Fiquei calmo, tirei as formigas dos pés devagar, evitando que me picassem, mas passei bem perto de uma *bad* pesada. A gente comprava os LSDs de uns gaúchos que moravam em Londres. Eles nos mandavam pelo correio, não havia ainda repressão, ninguém sabia direito o que era isso no Brasil. Só quem tomava.

Outra novidade que adorei foi encontrar a profissionalização da comida macrobiótica, que conheci com Renata e Carlos Asp na Bahia. Havia em Porto Alegre a Associação Macrobiótica do Rio Grande do Sul, com um restaurante na rua da Praia. Depois que descobri, comecei a frequentar e a ler todos os livros do japonês George Ohsawa, que criou a ligação do rango com filosofia, religião, medicina, baseada no princípio do equilíbrio Yin e Yang, o que se dá através da relação entre o sódio e o potássio.

Logo comecei a identificar qual comida era Yin e qual era Yang. O ideal era uma refeição que equilibrasse as duas, tendo o arroz integral como base de tudo.

Além do grupo Província, outra coisa que me impressionou muito em Porto Alegre foi o pessoal da Arquitetura. Uns malucos criativos que transformaram a Faculdade de Arquitetura da UFRGS num polo gerador de cultura. Vários egressos de lá viraram grandes artistas, em diversas áreas: músicos, escritores. Desde o início dos anos 1960, a Arquitetura tinha se tornado um centro de contracultura em Porto Alegre, com intervenções no currículo do curso e até na maneira de ministrar as aulas.

Logo comecei a conhecer os amigos da Nara, tanto do grupo Província quanto da Arquitetura. O primeiro foi o Luís Artur Nunes, que foi tomar um chá com a Nara no dia seguinte à minha chegada. Quando ele chegou, ela não estava. Eu me apresentei e começamos uma amizade que se mantém até hoje. Luís Artur e sua mulher na época, Lulu, Maria Luiza Martini, moravam no viaduto da avenida Independência e eram um dos poucos casais que não moravam num quarto andar sem elevador, como a grande maioria dos amigos duros. Pelo contrário, lá a gente descia dois andares, tinha outra entrada por baixo do viaduto, como meu prédio na rua Major Quedinho em São Paulo.

Fui recebido pelo pessoal do grupo como um amigo de longa data. Mais tarde, soube que todos ficaram muito felizes pela Nara ter me encontrado. Primeiro, por me acharem muito legal mesmo; segundo, porque todos estavam doidos para que a Nara se acertasse. Os outros atores do grupo eram casados, menos a Graça Nunes, irmã do Luís Artur; Suzana Saldanha e Beto Ruas; Arines e Isabel Ibias; Haydée Porto e Rubinho, que não era ator, mas era parte do grupo como produtor, além de Luís e Lulu. O Província era uma família artística que estava dando certo, apesar — ou por isso mesmo — de serem bem diferentes entre si. Todos eram especiais, pessoas que não encontramos em qualquer esquina.

Logo fui convidado para assistir a um ensaio. Na realidade, estavam fazendo improvisações sobre um tema que eu já tinha feito no TUCA, que, aliás, era a primeira cena de O&A, o nascimento da vida, dos animais, do homem. Numa delas, o Luís me convidou para participar. Nunca mais parei.

Ensaiávamos, nesse processo ainda de criar a peça, apenas duas ou três vezes por semana. Por afinidade, me aproximei mais dos casais Luís e Lulu e Suzana e Roberto. Ficamos muito amigos, amigos de vida inteira. Nas discussões entre os atores para definir os temas da improvisação, lancei a ideia da vida em comunidade. Eles já tinham uma peça sobre "a família que disse não", então poderia ser uma continuidade, como uma nova composição da família. Foram semanas de discussões e improvisações sobre o tema.

Eles eram tão abertos ao novo que não só compraram a ideia de usar o conceito de comunidade na peça, como resolveram discutir seu uso na vida real. Alguém um dia jogou no ar: "Por que não vamos morar juntos? O grupo inteiro?" Suzana, Nara, Arines, Isabel e Luís Artur eram professores de teatro. Poderiam alugar uma casa onde, além de morarmos juntos, daríamos cursos, ensaiaríamos, faríamos

257

happenings culturais, enfim, juntaríamos a fome com a vontade de comer.

Alugar uma casa... uma casa... A casa... A CASA (Centro de Arte, Sensibilização e Aprendizado). Fomos em busca de um imóvel para alugar e achamos um perfeito na rua Doutor Barros Cassal. Mas nem todos toparam morar juntos. Ficamos nós, Luís e Lulu e Suzana e Beto. Apesar de envolvidos com a ideia, Nara e eu acordamos a tempo: e a viagem para a Europa? E Londres, Paris, Amsterdã? Não, ainda não era minha hora de parar. E Nara ainda nem havia começado a peregrinar... Participaríamos da montagem da CASA, mas não desistiríamos de sair do Brasil assim que Nara acabasse suas aulas no CAD. Nossa saída resultou na entrada do casal Haydée e Rubinho para nos substituir.

Num dos ensaios, alguém do grupo disse que o Colégio Anchieta, um dos melhores de Porto Alegre, estava precisando de professores para atividades artísticas durante a Semana da Pátria. Jesuíta, cabeça aberta, o reitor do colégio, o padre Paulão, aproveitava a Semana da Pátria para protestar contra a ditadura. Como? Fazendo uma semana de cursos de fotografia, dança, teatro, cinema, tudo que uma ditadura de direita odeia. Nara e eu nos apresentamos. Eu faria a parte de Expressão Corporal, que era o que eu dominava em função de meses de aulas com a Esther Stockler nos ensaios de O&A. Nara cuidaria das improvisações.

Há um detalhe aqui que é necessário expor: como eu disse, o grupo Província era formado, em sua maioria, por professores. Gente que estudou didática ou pedagogia, em curso superior. Todos tinham outros cursos além da graduação em Direção de Teatro no CAD. Nara e Lulu eram licenciadas em História; Haydée, em Educação; Suzana fizera Escola Normal e foi a única a fazer mais um ano de CAD para obter Licenciatura. Arines e Isabel também eram professores. Todos, sem exceção, faziam teatro profissionalmente, mas sem viver exclusivamente dele: viviam das aulas que davam. Então todo mundo conhecia as ideias mais modernas para o uso do teatro em sala de aula, como método pedagógico. Nada de montar peças e estimular a competição entre alunos. Ao contrário, usavam as dramatizações e as improvisações, tendo como objetivo o crescimento do aluno como ser humano, sem a preocupação de transformá-lo em ator. O objetivo era o próprio exercício, sem usá-lo para um fim que não tem a ver com a formação escolar.

O convite do Colégio Anchieta não poderia vir mais a calhar. Apesar de ser apenas uma semana, o dinheiro era bem bom. Logo nas apresentações fiquei amigo do padre Paulão, que gostou de saber do meu passado — ele sabia tudo do TUCA, da AP, enfim, adorou meu envolvimento com a esquerda católica. Durante uma semana chegávamos às sete da manhã e saíamos às cinco da tarde do Anchieta. Formaram-se três turmas de teatro. Foi uma viagem genial, os alunos tinham um astral ótimo, o colégio estimulava a liberdade de pensamento e a multiplicidade de ideias. Começamos a ficar amigos de alguns alunos, como a Cacaia (Maria Clara Jorge), depois produtora de cinema, e o Záchia, o Luiz Fernando, que virou político.

O colégio ficava longe da cidade, em um terreno enorme. Nos intervalos das aulas, alguns alunos me chamavam para fumar um com eles. O Colégio Anchieta até hoje volta e meia é abalado por reportagens denunciando seu "esquerdismo", processos de professores etc., porque é uma escola aberta, mutante.

Quando a Semana da Pátria terminou, alguns dos alunos queriam continuar e montar alguma coisa para o final do ano. Conversaram com o padre Paulão, e fomos contratados até dezembro. Durante quase quatro meses fomos ao Anchieta diariamente para criar e ensaiar uma peça que "falasse dos problemas dos alunos, escrita pelos alunos, e cujo objetivo fosse apenas criar". Faríamos uma única apresentação com público, só para justificar a nossa contratação. Na real, faríamos para nós mesmos. Os fins eram os meios. Foi uma época muito feliz para mim, foi muito bom conviver com aqueles adolescentes tão livres, criativos e diferentes do que eu tinha sido.

Enquanto isso, no grupo Província, a montagem da CASA ia de vento em popa. Criou-se um novo espetáculo para o ano seguinte

— quando estaríamos na Europa —, chamado *Esta noite arranque a máscara da face e improvise.*

Durante os cinco meses que passei em Porto Alegre, aprendi mais sobre teatro do que em toda a minha vida anterior. O pessoal do Província realmente era muito bom. No fim de novembro, recebi um telefonema do Ricardo dizendo que havia mudado de ideia e que topava ir para a Europa em vez de ir para os Estados Unidos. Com o dinheiro da passagem de ida e volta que minha mãe ia bancar, comprei duas idas, uma para mim e outra para ele; e Ricardo me devolveu o dinheiro da passagem, para eu chegar na Europa com algum, antes de arrumar emprego. Nara viajaria com uma passagem presenteada pelo pai. E mais alguns *travellers cheques*. Preparamos tudo como se não fôssemos voltar mais ao Brasil.

A ditadura, ao proibir passeatas, comícios e prender mais de setecentos estudantes simplesmente por estarem se reunindo para eleger a diretoria de sua entidade, nos jogou na luta armada. O LSD me mostrou que havia uma revolução a ser feita dentro de mim, uma busca interior. Como não dava para fazer a revolução para fora, eu faria para dentro.

Queríamos trabalhar na Europa, basicamente em Londres, com uma parada em Paris para sentir o clima. Contatamos dezenas de amigos que moravam ou tinham morado lá. Sandra La Porta foi uma delas. Ela já havia morado em Paris, Londres e passado uma temporada trabalhando no verão em Estocolmo, trampo recorrente entre os hippies brasileiros que moravam na Europa. Ela nos apresentou por carta a uma amiga parisiense, Anne Schelcher, que se prontificou a nos receber. Contatamos também o Guido e a Sheila, dois gaúchos amigos de amigos que moravam em Londres, o Homerinho Lopes, da turma da Arquitetura, e, principalmente para mim, a Mina, Nair Shimizu, do TUCA e namorada do Omar que estava trabalhando na

Petrobras, também em Londres. Ela levantou até a possibilidade de arranjar uma vaga para mim em um restaurante.

A ideia era viajar duro, consumindo o mínimo. Era uma nova postura revolucionária integral, de passar para o corpo uma ideologia. Isso significava meditar, fazer ioga, obedecer a dieta macrobiótica, ou, no mínimo, vegetariana.

Ricardo e eu chegamos em Santos alguns dias antes do embarque e ficamos numa casa-comunidade em São Vicente, onde estavam morando, tomando ácido e produzindo arte adoidado o Ênnio, o Reinaldo, o Silvio e mais alguns, chegados depois, como o Dú Cabelo.

Embarcamos no navio Giulio Cesare em Santos, Nara embarcou em Rio Grande. Era a última viagem do *vapore* antes de virar sucata. Saímos de Santos em 30 de dezembro de 1972. Nara ficou numa cabine com uma mulher e nós dois dividimos outra. Ricardo era compreensivo e dava passeios para nos deixar à vontade. Eu já conhecia o navio graças à mania da minha mãe de nos levar para visitar as embarcações em Santos, usando a carteira de Delegado de Polícia de meu pai. "Para ter uma ideia", ela dizia. Virou até bordão da família o "para ter uma ideia". Era um barato, eu adorava.

A viagem de navio mostrou por que a passagem era barata. Ricardo e eu na terceira classe e Nara na segunda. O pai dela não fazia ideia de que ela viajaria com o namorado, achou que estivesse sozinha. O navio era lindo, até o porão era bonito, mas estava velho, e superlotado, mais de mil pessoas, a maioria composta por velhos voltando ou indo (re)conhecer a Itália. Nas refeições era um ataque. Como estava tudo incluído e não tinha praticamente nada de comer à venda no navio, dava uma espécie de neura coletiva e todo mundo atacava os garçons antes de eles chegarem com as travessas nas mesas. Alguns ainda tentavam levantar as travessas o mais alto que conseguiam, enquanto outros simplesmente entregavam as bandejas assim que saíam da cozinha. Não estava legal: os garçons — e todos os outros funcionários do navio — foram ficando loucos da vida com a superlotação e nos tratavam muito mal. Lembro que, durante a primeira metade da viagem, serviram peras verdes; na outra metade, maçãs passadas. Por um sabonete, Ricardo quase bateu num camareiro italiano.

Nossa passagem tinha Gênova como destino. Assim, conheceríamos um pedaço da Itália. O navio pararia um dia em Lisboa e outro em Barcelona, com tempo suficiente para descermos e passear um pouco. Pararia em Cannes, em alto-mar, apenas o tempo de descer passageiros, até atingirmos o destino final. Final de verdade, uma vez que o navio Giulio Cesare seria desmontado em La Spezia logo depois.

Finalmente chegamos em Lisboa, tínhamos um dia livre lá. Ufa! Descemos e demos um passeio pela cidade. Eu estava na Europa pela primeira vez. Foi estranho, a impressão que tive foi de que todas as mulheres usavam preto, havia uma tristeza no ar.

Passamos horas procurando leite Ninho para tomarmos com granola no navio, mas só nos diziam que não tinha. Na décima oitava farmácia o balconista nos disse: "Ah, Nido!" Era o nome do Ninho lá.

Tomando um vinho num bar com Nara e Ricardo, vimos num jornal o anúncio de um show do Pink Floyd em Paris na semana seguinte, se apresentando ao vivo para uma coreografia do Ballet de Marseille, no Palais des Sports. Não, eu não acreditei. Nem a Nara, que dançava balé desde criancinha com a Diléia, de Pelotas. Era demais. Decidimos então que não iríamos mais para Gênova, economizaríamos dois dias de navio se descêssemos em Cannes. A distância, que significava dinheiro, era quase a mesma, apenas deixaríamos de conhecer a Itália. Entre a Itália e Pink Floyd, optamos pelo segundo. Ninguém mais aguentava aquele navio. Compramos em Lisboa quitutes suficientes para não entrarmos no restaurante nos dois dias que restavam até Cannes, uma vez que o navio dava ainda uma parada em Barcelona. Falamos com o capitão assim que voltamos a bordo e ele autorizou que antecipássemos nossa saída.

Em Barcelona, deu apenas para passear nas Ramblas e visitar o Bairro Gótico. Mais uma noite no navio e chegamos a Cannes. Não tínhamos entendido direito como seria o desembarque.

262

Aparentemente, o navio jogaria âncora em alto-mar e iríamos de lancha até o porto. Pois foi isso mesmo: descemos por aquelas escadas que ficam grudadas no casco do navio, foi punk. Da escada, pulamos dentro da lancha, que nos deixou num atracadouro perto da estação de trem. A entrada na França foi tranquila, nenhuma pergunta do *immigration man*, o oficial da Imigração, terror de quem viajava duro.

De lá fomos até Nice para pegar o trem para Paris. Compramos as passagens de segunda classe, claro. Sentamos e estava tudo indo bem, até que chegou o primeiro problema: não sabíamos que além de pagar as passagens tínhamos que reservar o assento! Conforme o trem ia se afastando de Nice, menos assentos livres. Resultado: tivemos que viajar cinco horas de pé no corredor. Não foi mole, não. Lá pelas tantas, sentei no chão. Chegamos em Paris à noite, ligamos para a Anne e tudo bem, era só chegar. Eu tinha comprado botas da PM um número maior que o meu, para que, quando chegasse na Europa, pudesse usar meias grossas que compraria depois que nos instalássemos. Estava apavorado com o frio. Levei um mantô "pelo de camelo" que tinha sido do meu pai e tudo de frio que vi pela casa. A Anne Schelcher morava na rue de Miromesnil e nos orientou a pegar o metrô que nos deixaria ao lado da casa dela. Mas me confundi e descemos na estação errada, a algumas quadras de distância. Um frio que Deus mandava! Foi dura aquela caminhada com as botas grandes sambando no pé, levando as malas (não havia ainda rodinhas), depois de sete horas de trem, a maior parte delas, em pé. Não estava fácil a chegada, pensei de novo.

Ainda bem que nossa anfitriã era legal pacas. Casada com um músico indiano que tocava cítara e era aluno do Ravi Shankar, mais tarde até produziu um documentário sobre ele chamado *O Homem e sua Música*. Eu era louco pelo Ravi Shankar, ele era o pandit indiano mais importante na introdução do hinduísmo no Ocidente. A ligação dele com o George Harrison tinha sido muito importante para a divulgação de uma nova maneira de ver a religião e a vida. Os conceitos de Karma e Maya começaram a ser conhecidos em grande parte por causa desses dois músicos. Essa relação afetuosa e quase religiosa entre os dois teve seu ponto alto no *Concert for Bangladesh*, que George organizou em 1971 no Madison Square Garden em Nova York para ajudar o povo daquele país. Tudo começou quando Shankar procurou George... ah, ele conta como foi na música *Bangla Desh*, composta especialmente para o concerto. A casa inteira da Anne cheirava a incenso. Estava ficando bom... Mudei de humor em milésimos de segundo.

No dia seguinte, bem cedo, conhecer Paris. Monumento, monumental, essas palavras começaram a fazer sentido quando vi o Trocadéro. E a Torre. E o Jardin des Tuileries. E o Louvre. Tudo grande, enorme, monumental. Eu me sentia cada vez mais um caipira de Santa Rita. Paris era o sonho da minha geração; a França, o sonho da Revolução. No dia 14 de julho, a gente cantava *A Marselhesa* no Grupo Escolar, acho até que foi feriado em alguma época no Brasil. Eu sabia da estada da equipe francesa no começo da USP, com Lévi-Strauss novinho morando em São Paulo. As universidades brasileiras eram de formato francês, foi a ditadura que as transformou nessa porcaria que é hoje. E minha participação no TUCA e na AP, como vimos, era inspirada nos filósofos católicos franceses. O Maio de 1968, tão próximo ainda. Le Corbusier e o projeto do Edifício Gustavo Capanema, antigo Ministério da Educação. Tudo vinha na minha cabeça enquanto andava por Paris. Fora o cinema, éramos apaixonados pela Nouvelle Vague, a Bossa Nova do cinema francês. Dezenas de diretores geniais rompendo barreiras, experimentando técnicas novas de filmar. Assim, de prima: Godard, Lelouch, Varda, Chabrol, Truffaut, Malle, Vadim, Resnais. Quase sempre assistidos no Cine Belas Artes e seguidos de horas de intermináveis discussões nos bares da vida. Uma das coisas mais sintomáticas da relação amorosa entre nós brasileiros e os franceses foi quando Claude Lelouch fez *Un Homme et Une Femme* com Anouk Aimée e Jean-Louis Trintignant. Lelouch praticamente parou o filme por mais de quatro minutos para que o Pierre Barouch cantasse sua versão em francês de *Samba da*

*Bênção*, de Vinicius de Moraes e Baden Powell. Virou *Samba Saravah*. Anouk Aimée, lindíssima, fala pro Jean-Louis Trintignant: "Meu marido passou uma semana no Brasil. E o samba entrou em nossa vida." Tem um vídeo sensacional no YouTube. Basta procurar por "Samba Saravah — Un Homme et Une Femme."

O lançamento mundial do Mustang, carro da Ford, talvez o primeiro *merchandising* do cinema, foi feito no filme, que acabaria ganhando todos os prêmios: Cannes de 1966, Oscar de melhor filme estrangeiro e melhor roteiro original de 1967. E o samba do Vinicius e Baden lá. Além disso, em Paris estava o maior número de refugiados políticos do Brasil e de toda América Latina.

Mas chega de falar sobre a relação Brasil-França — a Sorbonne, ah, a Sorbonne! —, porque quem quiser saber mais que leia *A história do Brasil nas ruas de Paris*, um livro maneiro do Maurício Torres Assumpção.

*Primeiras fotos 3x4 em Londres (1972)*

*Foto: arquivo pessoal*

# CAPÍTULO 21

As voltas para a casa da Anne eram sempre muito prazerosas. Uma coisa que sei fazer é ser hóspede. Observo a geladeira do anfitrião, tento descobrir algum gosto pessoal, e antes de sair de casa pergunto se está faltando alguma coisa. Lá não foi diferente: sempre passávamos num mercado ou numa banca de rua e comprávamos o que íamos comer. Normalmente pães, queijos, embutidos e vinhos.

Numa das noites, o marido da Anne nos convidou para um jantar. Ele ia cozinhar minha primeira refeição indiana: frango ao curry e acompanhamentos. Maravilhoso. No final, claro, pegou a cítara e ficou horas tocando. Eu estava no paraíso.

Dia seguinte, show do Pink Floyd! Sim, tínhamos comprado ingressos logo no primeiro dia de flanagem parisiense. Acordei excitadíssimo e fui comprar um jornal para ver o que falavam do concerto. Eles já tinham feito em algumas cidades da França depois da estreia em Marselha, e o setlist era apenas *One of These Days*, do álbum *Meddle*, o disco do "pingo", que eu tanto ouvira em Porto Alegre (explico: *Echoes*, a última música do lado A, começa com o som de um pingo caindo); *Careful With That Axe, Eugene*, do clássico *Ummagumma*; *Obscured by Clouds* do álbum do mesmo nome; e *Echoes*, do *Meddle*, de novo. Eu sabia cada nota de cada instrumento da primeira e da última, de tantas vezes que havia escutado careta e, principalmente, viajando de ácido. E agora eu estaria lá, ouvindo os caras ao vivo!

Sobre o balé, o grupo de Marseille ia dançar uma coreografia de seu diretor Roland Petit em cima das músicas do disco. Hoje eu sei que foi um show histórico, que rendeu até filme: *Pink Floyd Ballet*.

No show, comecei a achar tudo meio careta: o público parecia mais interessado no balé do que no Pink Floyd. Era meu primeiro show de rock internacional, num baita ginásio. Quando começaram a tocar *Echoes*, acendi um baseado dentro do Palais des Sports e fui para a frente do palco. Logo vários franceses falaram: "*Les flics! Les flics!*", gíria francesa para "Os policiais!". Apaguei, embarquei de novo no show e viajei.

Mas na real, na real, foi um baque. Não tinha saído do Brasil, me exilado de meu país, para ficar sendo reprimido em Paris, a terra da *Liberté*, cacete! Como é que é? Terra da Liberdade? Para política, não para drogas. Tóim. Tocou o sino lá dentro. A liberdade que eu queria ainda não tinha chegado, pelo menos não a Paris. Eu ia continuar sendo marginal. Eu ia continuar a ter medo de sirene de polícia? Na Europa? Em Londres? Em Amsterdã? Socorro! O que eu faço? A resposta veio da vitrine.

Voltando de um passeio pela Sorbonne Paris 1, estávamos curtindo o Quartier Latin quando passamos por uma agência de viagens para estudantes: "Londres Aéreo". Baratíssimo! Mostrei para Nara e Ricardo e entramos na agência. Era isso mesmo: saíamos de um aeroporto perto de Paris e chegaríamos num aeroporto perto de Londres. Compramos as passagens para dali a dois dias.

Eu estava preocupado com essa nova repressão, quer dizer, a repressão às drogas era antiga, mas a droga passara a ter outro significado, principalmente o LSD. O slogan "É proibido proibir" ainda era um sonho na França, e o temor de não conseguir entrar na Inglaterra voltou a bater forte. Por isso, compramos passagens de ida e volta, embora não tivéssemos a menor intenção de voltar. Era porque tínhamos um plano para contar na imigração: minha mãe morava em Paris e me mandaria dinheiro para me manter em Londres. A Nara e o Ricardo tinham grana suficiente para manter uma estadia mais longa. Eu só tinha o da passagem do Ricardo, de navio velho e na terceira classe. Imagina ser mandado de volta para o Brasil? Era o terror. Eu me lembrava da canção do Graham Nash e David Crosby que tanto ouvi em Porto Alegre. "*Let me in, Let me in, immigration man...*"[9]

Ligamos para Londres, para Guido e Sheila, avisando sobre a nossa chegada. Na hora marcada, estávamos em frente à Ópera de Paris, o Palais Garnier, para pegar o ônibus até o aeroporto "perto de Paris", como dissera a moça da Agência de Viagens para estudantes do Quartier Latin. Alguns minutos atrasado, o ônibus chegou, subimos e partimos. Meia hora, uma hora, uma hora e meia e nada do aeroporto. Duas horas. Descemos do ônibus quase dentro do avião, tão pequeno era o aeroporto. Uma hora depois, pousamos em Gatwick (depois soube detalhes desse aeroporto lendo *Alternative London — A Survival Guide*, um livro espetacular) e chegou a hora de encarar o *immigration man.*

Foi um bode, meu inglês era uma porcaria. Só falava "*tourist*", nem "*I bought it in Paris*"[10] consegui dizer, quando o cara perguntou onde eu comprara a passagem. Primeiro pensei que ele estivesse perguntando quem havia comprado. A Nara intercedeu, depois o

---

9 "Deixe-me entrar, deixe-me entrar, homem da imigração" (T.L.)

10 "Eu comprei em Paris" (T.L.)

Ricardo falou "bóti, bóti" com aquele acento paulistano carregado. Então consegui dizer: *"bot in Paris".* E ele *"Why not in Brazil?"*[11] E eu só repetia: *"My mother live in France, my mother live in France."*[12] Ele pediu para ver meu dinheiro. Eu tinha pouco. Perguntou onde eu ia ficar e eu dei o endereço da Mina, conforme combinado com ela. Ele me pediu para esperar. "Saco, dancei", pensei. Ele então atendeu a Nara e o Ricardo. Como eles tinham dinheiro, ganharam visto de três meses. O cara me chamou de volta e me deu um mês, mandando que eu fosse no Home Office, o temido Departamento de Imigração deles, dentro de duas semanas para provar ter meios de subsistência. Saco, viu? Mas tudo bem.

Fomos para o ônibus da tal agência, mais uma hora e meia até o centro de Londres. Fora uma roubada o tal voo, fizemos mais da metade da viagem por terra. Cruzamos o Canal da Mancha de avião, um pouco mais. Mas estávamos em Londres, a Capital Alternativa. Para onde tinham ido Gil e Caetano, e mais uma grande turma de brasileiros que, como eu, estava considerando Paris careta, como a tal Revolução. Paris estava para o meu passado recente assim como Londres estava para o meu futuro próximo. Chegamos na Victoria Station e pegamos o metrô para a casa do Guido e da Sheila e mais-não-sei-quantos-brasileiros, em Shepherd's Bush. Eles foram muito receptivos, uma comunidade de hippies filosóficos, como eu pensara. Todos trabalhavam poucas horas por dia, o suficiente para comer — macrobiótica —, pagar aluguel e tomar umas cidras e umas cervejas. Adorei a galera.

Guido havia nos reservado um quarto duplo num *basement* em Earls Court, perto da Estação de mesmo nome, numa pracinha chamada Nevern Square. Ele nos ensinou a ir de metrô e foi de bicicleta nos esperar na estação de Earls Court, bairro cult na época. De lá, mais umas quatro quadras a pé e chegamos. Ele nos apresentou aos donos da casa — sempre mandava brasileiros para que se hospedassem lá

---

11 Por que não no Brasil?" (T.L.)

12 "Minha mãe mora na França, minha mãe mora na França" (T.L.)

—, e foi embora, prometendo nos ligar no dia seguinte de manhã. Ia pintar com uns ingleses uns LSDs ótimos, da Califórnia.

A vantagem do *basement*, aquele andar que fica um pouco abaixo do nível da rua, existente em vários países da Europa, é que a entrada é independente da casa. Sempre tem um portão, uma escada e uma porta que dá direto a esse andar, que fica entre o chão e o térreo. A janela dava para o jardim, que ficava alguns degraus abaixo da calçada. Era uma pensão da dona Gilda em inglês. Nos andares de cima, moravam mais quatro ou cinco pessoas apenas. De manhã, tínhamos direito a um *english breakfast*[13] que sempre perdíamos porque era só até as nove horas. Estávamos no inverno. Aliás, o diabo era menos feio do que eu pintara. Era frio, mas não de matar, tanto que o Guido andava de bicicleta.

No dia seguinte, liguei para a Mina. Ela me disse que dividia o apartamento com uma amiga alemã, gerente de um restaurante, e que ia perguntar se tinha vaga. Fomos então conhecer Earls Court, um bairro lindo, cheio de gente doida. Na estação do metrô, havia um quadro com bilhetes de compra-se, vende-se, divide-se apartamento — anunciava-se de um tudo gratuitamente. Num camelô, compramos um rádio de pilhas para termos um som em casa, depois fomos a um mercado e nos fartamos de quitutes para comer no quarto. E muita cerveja. Quando voltamos, a dona da casa nos passou um recado da Mina e outro do Guido, ambos pedindo para ligarmos de volta. *Good news*, pensei. Chegou o ácido californiano e pintou emprego.

Liguei para o Guido — primeiro o prazer, sempre, depois o dever. Tudo certo, pedimos três Strawberry para tomar de noite. Eram os mais puros, "190 miligramas de LSD", segundo o Lalado, que vocês já vão conhecer. Liguei depois para a Mina, tinha mesmo uma vaga no restaurante onde sua *roommate* era gerente, para lavador de pratos. Não achei justo pegar para mim e disse para o Ricardo que jogaríamos no palitinho. Ganhei. Liguei de volta para a Mina e disse que

---

13 "Café da manhã inglês" (T.L.)

topava. Ela me deu o endereço: 6 Basil Street, Knightsbridge, W3. "Procurar a Barbara por volta das quatro da tarde, quando fecha o restaurante." Caramba, dois dias em Londres e consegui emprego! Quer dizer, dependia da entrevista com a Barbara. Fui com a Nara a tiracolo para me ajudar na língua. A Barbara foi supersimpática, apesar de alemã (perco o amigo etc.). O trabalho não tinha segredo, nem precisava falar inglês. Era chegar às onze horas — podia tomar um café da manhã reforçado —, preparar a pia e esperar a manada.

O restaurante ficava ao lado da Harrods, uma das maiores lojas de departamento de Londres, de propriedade do pai do árabe que morreu junto com a Lady Di. Abria ao meio-dia, mas às 11h45 começava a fila, já que o local era famoso pela relação custo/tempo/benefício: comida inglesa caseira, serviço rápido e preços imbatíveis. Durou até poucos anos, virou icônico em Londres. Fechava às 15h, eu poderia então almoçar, depois de lavar meu lugar de trabalho e colocar o lixo para fora. Durante as três horas era pauleira pura. O serviço era feito por duas pessoas, em duas pias. Numa jogava-se detergente na água; na outra, água quente e limpa. Os pratos chegavam sujos, jogávamos o que restava de comida — quase nada, os pratos eram na medida — no lixo, e metíamos na primeira pia, a que tinha detergente. Segundos depois, jogava-se na segunda pia para enxaguar, retirava-se e secava-se no pano. O primeiro *washer-up* — sim, esse era o meu cargo — pegava os pratos sujos que as garçonetes deixavam no balcão em frente às pias, e seguia o processo até jogar na segunda pia. O segundo começava na segunda pia até colocar os pratos limpos do outro lado do balcão para serem levados direto para o cozinheiro servir. Obviamente, o segundo trabalhava menos e menos pesado, então era meia hora cada um, e trocava. Não havia segredo, qualquer idiota poderia fazer aquilo. Ah, o pagamento: cinco libras por semana, livres. Mais o café da manhã na chegada e o almoço na saída: podíamos comer de tudo, menos carne. Ótimo, eu estava sem comer carne mesmo. Era um salário mínimo, eu seria um trabalhador ilegal, mas dava para o gasto: pagávamos quatro libras por semana pelo quarto,

272

duas libras cada um. Barbara e Nara conversaram bastante e pintou a possibilidade de um emprego para ela como garçonete, afinal eram quase vinte moças e ainda havia o período da noite, das 18h às 23h, com movimento bem mais lento e serviço *à la carte*. Durante o dia, o menu oferecia poucas opções de pratos.

Voltamos para casa e tomamos um LSD para comemorar. O radinho de pilha ligado. Alguém colocou um pão para torrar num fogareiro elétrico e passamos horas observando a água evaporar e o pão mudar lentamente de forma e cor. Você podia ver o pão secando... Lá pelas tantas, o rádio interrompeu a música com um *breaking news*: Lyndon Johnson havia morrido. Que Deus o tenha, mas a música acabou ali: todas as rádios da Inglaterra resolveram repetir a notícia o tempo todo. Acabei indo dormir cedo e perdi a viagem, não fosse a experiência transformadora do pão torrando em *big close*.

Comecei a lavar pratos no dia seguinte, 22 de janeiro de 1973, dia da morte do Lyndon Johnson e aniversário da minha irmã, Maria Elvira. Era mesmo pau puro, trabalho para os fortes. O outro *washer-up* era vietnamita, gente boa, nos demos superbem. Ele me ensinou os macetes, me fez usar luvas e avental. Tinha que ter concentração no trabalho, não dava para vacilar. Vez em quando rolava uma folga de uns dois ou três minutos para então chegar de novo aquela onda de pratos sujos.

O cozinheiro era um grego, gordo, uma figura! Meio grosso, eu levava na brincadeira tudo o que vinha dele. Depois que fui trabalhar com a camisa de futebol do time da rua Albuquerque Lins, o "Alins", com o número 4 nas costas, o grego só me chamava de *number four* e, com ele, todo o resto do restaurante. Foi ele quem soltou pela primeira vez uma piada recorrente dos ingleses sobre os brasileiros: fora do Brasil, a castanha-do-Pará vira castanha brasileira. Em inglês, *brazilian nut*. Mas *nut* também pode significar "bobo". Sabendo a resposta, perguntam de onde você é, e ao ouvir Brasil, mandam "*Oh, where the nuts come from?*" Ou "De onde vêm os bobos?", e você responde afirmando todo feliz: "*Yes!*" E eles ficam superalegres de ver que você caiu na piada deles. Às vezes eu deixava correr, fingia que não conhecia a piada só por caridade, para inglês ver, ou melhor, para ver um inglês feliz.

O cozinheiro grego passava duas das três horas de trabalho me sacaneando, gritando para que eu mandasse mais pratos, só para encher o saco: *"Plates, please! Plates, number 4!"* Eu não dava bola para ele não, embora ele fosse, teoricamente, meu chefe. O fato é que as pias ficavam sempre cheias e o limite ficava aí, era impossível correr mais. As três filiais do The Stockpot fizeram história em Londres.

Adorava trabalhar lá. Ao chegar, fazia um belo omelete de queijo — em casa tomava granola com leite —, que comia com torradas, e, antes de sair, almoçava o que tivesse de menos comprometedor. Saladas, macarrão na manteiga ou ao sugo — apesar do macarrão à bolonhesa do grego ser de primeira —, legumes e ovos.

E as garçonetes, ah, as garçonetes. Acho que a Barbara, a gerente amiga da Mina, escolhia a dedo: só tinha gata. De todos os países do mundo. Elas ficavam o tempo todo entrando na cozinha para levar os pratos sujos para nós lavarmos e para pegar os pratos servidos pelo grego e seus auxiliares para os clientes comerem. Esses poucos segundos que passavam com a gente eram sempre um grande prazer. Em sua maioria, eram universitárias lutando para pagar os estudos. Chegavam cedo para arrumar o salão, colocar talheres e copos nas mesas, então comecei a chegar um pouco mais cedo também só para conviver com elas. Todas, absolutamente todas, eram trabalhadoras ilegais; os únicos que tinham visto de trabalho eram a gerente e o pessoal da cozinha. Nos fundos, ficava uma porta quase secreta para que, se o Home Office pintasse, a gente pudesse sair sem ser visto.

Uma semana depois que comecei, a Barbara chamou a Nara para substituir uma garçonete no turno do jantar. E o melhor: ganhava-se, além de duas libras por noite, gorjetas. Ela conheceu o *washer-up* da noite, um português, que trabalhava sozinho porque o turno da noite era tranquilo. Em compensação, mais longo. Nara não foi com a cara dele, "meio metido", me disse. Em seguida senti na pele:

274

o vietnamita resolvera voltar para o seu país e o português pediu para passar para o almoço, pois queria as noites livres, o que abriria a vaga do jantar para o Ricardo. Tudo nos conformes, se o português não tivesse resolvido me tratar como colonizado dele. Estava vivendo em Londres como autoexilado porque não quisera lutar em Angola e se achava superior a mim por ter mais tempo de casa. Então chegou botando banca, dizendo que não ia ficar na primeira pia, que isso, que aquilo. E ainda saía para fumar toda hora. Eu é que não ia segurar a onda de um portuga que me chamava de brazuca. Tomei minhas providências: quando chegava a hora de trocar de pia, se ele não saísse, eu parava; mostrava para o grego o balcão se enchendo de pratos e o portuga levava esporro. Aos poucos, ele amansou e chegamos a ficar amigos. O Ricardo ficou com o turno da noite: mais horas de trabalho, mais grana e menos estresse. Sem folga, de segunda a sábado. Então tivemos a ideia de pedir para a Anne nos deixar trocar quando quiséssemos. Fizemos uma tabela para os três, de modo que dividíssemos o trabalho e o dinheiro da lavagem dos pratos equitativamente. Desde que cumpríssemos o combinado, ela não se meteria.

Nesse período, uma garçonete sueca começou a se interessar por mim. Eu estava de olho numa colombiana linda, elas têm fama internacional de beleza. Já as suecas tinham fama de liberais, trepadeiras — como nós, machistas, dizíamos.

Foi aí que recebi um telefonema do Guido. O lugar onde ele morava, na 19 Ellerslie Road, no bairro de Shepherd's Bush — na época ocupado por negros e indianos, barato portanto —, era o antigo primeiro andar de uma casa de três pisos que fora transformada em três apartamentos: no basement, aquele meio-porão-meio-térreo, igual ao que morávamos em Earls Court, onde morava o *landlord*, o dono da casa; no apartamento no meio moravam três jovens australianos, que chamávamos de "cangurus"; e no primeiro andar moravam, além do Guido e sua mulher Sheila, o Carlinhos de Niterói, o Homerinho Lopes, de Porto Alegre, a Guta, do Rio, e a Cecilia, de São Paulo.

Pois os cangurus, que viviam de *social security*, aproveitando que a Austrália fazia parte do Reino Unido Britânico, haviam resolvido sair da casa. Guido ligou para perguntar se não queríamos alugar, por *five pounds* por semana. Ricardo pagaria um terço e Nara e eu, o restante. O apartamento tinha um quarto, uma sala boa, cozinha e banheiro com banheira! Inteiramente mobiliado. Hilários eram os medidores de luz, que funcionavam com moedas. Para não ter conta de luz, instalaram uns *meters* automáticos: cada x em libras dava direito a um certo consumo. Quando acabava, apagava a luz, então tínhamos que ter atenção constante para colocar moedas antes de a luz apagar, pois era muito difícil acertar o buraco da moeda no escuro, à noite.

O Guido estava torcendo para a gente alugar, porque, além de nos ter por perto, teríamos a parte "nobre" da casa só para nós, pois o *basement* era isolado, com entrada independente. Assim, poderíamos pedir para tirar as portas que dividiam a casa e ganharíamos também a escada (tanta coisa aconteceria naquela escada!) e o hall de entrada. Fomos lá conferir e fechamos com o *landlord*. A comunidade se expandiu.

Guido e Sheila eram superorganizados e marcaram uma reunião na qual traçamos nosso plano de convivência. Não haveria almoço, cada dia um prepararia o jantar e outro lavaria a louça.

Limpeza geral toda sexta-feira antes do LSD regulamentar, porque ninguém ia viajar no meio da sujeira. Nosso *landlord* era africano e vendia maconha para fazer revolução no seu país. A porta da casa era lilás, ou, mais especificamente, *purple*.

Depois da nossa chegada naquela casa da 19 Ellerslie Road, Shepherd's Bush, London W12, nunca mais fui o mesmo. A sensação de morar num país como a Inglaterra, trabalhando, tendo uma casa para morar, comendo e bebendo do meu próprio esforço no exterior, junto ao fato de estar vivendo "o sonho", era muito boa. Sensação de viver o "aqui e agora", o *"be here now"*, o único tempo que existe, uma vez que a ânsia de viver o futuro e o apego ao passado são a fonte da maioria dos males. Muitas vezes deixamos de viver o presente para falsamente viver um tempo que não existe, ou por já ter passado ou por ainda não ter chegado; e não temos nenhuma garantia de que chegará. A felicidade só é possível no presente, no "eterno agora", o tempo que é sempre um, sendo muitos. Quando a gente olha para a água de um rio, sabemos que é o mesmo rio, mas nunca é a mesma água. "O homem sábio é como um rio que segue seu caminho rumo ao mar. Quando as margens se alargam, ele se espraia, e passa. Quando as margens se estreitam, ele se aprofunda, e passa. E segue inexorável seu caminho rumo ao mar", disse Lao Tsé.

Nara e eu compramos um livro de meditação dos monges da ordem Ramakrishna e começamos a praticar. A lição que mais gostávamos era a da Árvore. Imaginar uma árvore frondosa com um pássaro brilhante pousado no topo, mas sem tocá-la. O tronco da árvore simboliza seu Eu Eterno Imortal e Imutável. Seus galhos e folhas, suas vidas mortais. O objetivo é você se desprender de sua vida mortal, de seu Eu Eterno e "ser" o que não se "é", o "não ser". Louco? Isso é só o começo. As religiões orientais estão repletas dessas pegadinhas para nós, ocidentais, que pensamos fazendo oposição e não complementação.

*Endereço do primeiro restaurante em que trabalhei em Londres*

Foto: arquivo pessoal

# CAPÍTULO 22

Depois que alugamos a casa, a vida entrou numa rotina boa. Acordava por volta das nove da manhã, meditava, comia meu muesli com leite, um ban-chá ou um chá Mu, banho e rua. Entre as pouquíssimas coisas que eu havia comprado, estava um par de tamancos austríacos, de madeira, que me deixava mais alto e fazia um barulho que antecedia a minha chegada em todos os lugares. Tinha uma coisa mística em pisar na madeira, em vez de no couro do sapato ou no plástico do tênis. Eu vestia um macacão jeans com uma nesga de pano vermelho que deixava a calça boca de sino, meu cinto era uma faixa do mesmo pano vermelho, assim como o lenço que eu usava na cabeça. Uma das características da nossa vida era não se enquadrar na tal moda.

Cada um vestia o que queria, criando a sua própria fantasia. É isso, a roupa era mais uma fantasia do que propriamente uma roupa.

Claro que eu chamava atenção na rua, meu cabelo voltou a encostar no ombro. De macacão, tamancos e cabelão, lá ia eu pegar o metrô às 10h30 para chegar às 11h no StockPot. Adorei quando o motorneiro começou a me cumprimentar toda vez que me via na plataforma. Ele também tinha cabelão. Isso era uma coisa muito doida, a gente pertencia a uma tribo — parecia, pelo menos — que havia se espalhado pelo mundo e resolvera se encontrar. Para isso, criara um código: o cabelo grande, *hair*. Isso foi contado em prosa e em verso, no teatro e no cinema. E do cabelo comprido para uma roupa menos arrumada foi um passo. Em *Corpos em Revolta*, o autor Thomas Hanna fala disso. Da nossa geração. A roupa que fazia com que não fôssemos levados a sério. Quem usava uma roupa daquelas e um cabelo daqueles não devia nem trabalhar! Que empresa aceitaria um funcionário vestido daquele jeito? Ah, e sentar no chão? Antes da nossa geração, não se sentava no chão, não. Se Reich fazia uma relação direta entre postura, roupa, profissão e a psique do indivíduo, então eu diria que esse relaxamento corporal que conquistamos nos proporcionava também um relaxamento psíquico. Para se ter uma ideia do que uma simples roupa podia provocar, quando voltei de Recife para São Paulo, dona Gilda queimou minha calça lilás que eu havia bordado com desenhos coloridos. Queimou! Enquanto eu dormia! Disse para a minha irmã e para a empregada: "Filho meu não usa uma roupa dessas." Dez anos antes, eu havia sido vaiado no clube Palmeiras, num jogo de vôlei nos Jogos Pan-Americanos, por usar uma blusa vermelha que era da Elvira. Pelo ginásio inteiro! "Viado, viado, viado!" E eu ria, levantando os braços e agitando as mãos, adorando a provocação que havia feito. Homem usava cinza, azul-marinho e preto. Para vocês verem que uma roupa tem, sim, poder revolucionário. E a gente intuía isso. Fora que era bonito pacas. Adorava os vestidos compridos das mulheres, tinha um ar de antigo, de bom.

Eu pegava o metrô na Estação Shepherd's Bush, que ficava a dez minutos a pé de casa, trocava de linha em Hammersmith, apenas uma estação depois, e após cinco estações eu estava em Knightsbridge. Uma quadra a pé e pronto: Basil Street. Meia horinha. Saía do restaurante por volta de 16h30 e o resto do dia era livre. O Stockpot Knightsbridge ficava num lugar ótimo, a um quarteirão do Hide Park. A região toda é bonita. Às vezes a Nara ia lá, às vezes marcávamos na Tate Gallery ou na The National Gallery.

Eu havia também me matriculado numa escola de inglês, High Holborn School, indispensável para conseguir revalidar meu visto. Eles davam um documento comprovando a matrícula, desde que fossem pagos alguns meses antecipadamente, pois era sabido o valor do documento para o Home Office. Outro problema seria comprovar para os *immigration men* que eu tinha dinheiro. Nisso os amigos Mina e Guido ajudaram e muito: primeiro, eu tinha que abrir uma conta num banco; depois, pedir para os amigos depositarem algum nessa conta; no dia de ir ao Home Office, passaria na agência e pediria um comprovante de saldo; depois devolveria a grana a quem tivesse depositado. Claro que nem todo mundo ia topar fazer isso, mas a ajuda da Mina e do pessoal da casa foi suficiente. Treinei com o Guido o papo que teria com meus algozes. A história continuaria a mesma: minha mãe morava em Paris e mandava dinheiro através de amigos. Outra coisa foi providenciar um documento que comprovasse que eu havia alugado a casa.

O Home Office ficava longe pra caramba, pelo menos é a lembrança que tenho — hoje eles têm um prédio novo. De cara, o *immigration man* perguntou sobre moradia. Mostrei o papel. *And money?* Mostrei o saldo no banco, junto com a matrícula na escola de inglês. Ele nem vacilou e carimbou "seis meses". Pronto.

E o Rodrigo? E a Neusa? Ela havia virado uma pedra no sapato no meio de uma caminhada sobre nuvens. Eu tinha notícias do meu filho pela minha irmã e pela minha mãe. Ele e a Neusa estavam morando na rua Tucumã, ao lado do Clube Pinheiros, onde minha irmã jogou vôlei a vida inteira. Os avós do Rodrigo tinham um título familiar e ele passou a frequentar o clube, encontrando com frequência a minha irmã. Os dois estavam morando com os pais da Neusa, pois ela estava passando por uma fase de instabilidade emocional. Isso me preocupava, mas não havia o que fazer. Desde aquele evento desagradável na Ilha de Itaparica, eu não queria mais saber dela. Ela dizia para quem quisesse ouvir que jamais me daria a guarda do menino. Então, era esperar o dia em que ele viria por vontade própria.

...

Ah, Londres realmente era mais liberal que Paris. Podia fumar maconha na rua, nas praças, nos shows, numa boa. Um lugar que a gente ia muito era Portobello Road. Lá, além da badalação do dia a dia, tinha a feira de roupas aos sábados — que vendia os "casacos de general" da música do Jards Macalé e Waly Salomão, dois queridos. Tinha roupas e bonés e quepes de todos os exércitos da Europa, de todas as patentes. Um dos donos de loja me disse que havia sobrado toneladas de roupas da Segunda Guerra e que, no final dos anos 1960, os exércitos começaram a fazer leilões. Como, além de baratas, as peças eram boas para enfrentar o inverno, logo encontraram espaço no mercado. E, o mais louco de tudo, caíram no gosto dos hippies, justamente o grupo que lutava pelo fim das guerras, "*Make love, not war*". Os chapéus eram incríveis, de todos os tipos e padrões. Tinha um de marinheiro que era igual ao do Pato Donald e o Ricardo comprou.

Em Portobello Road — cantada pelo Gil em *Back in Bahia* —, havia a primeira loja de produtos naturais da Inglaterra, a Ceres Grain Shop. Assim como o Rainbow Theatre, virou História. Vendia legumes, cereais, grãos, tudo natural, sem produtos químicos, numa época em que só nós, malucos, nos preocupávamos com isso. A Ceres passou a ser o nosso supermercado. Foi lá, num sábado de manhã, que li num dos vidros enormes cheios de farinha: *Arrowroot Flour*. Olhei aquela farinha branca, muito fina, pedi para provar. No que coloquei nos dedos, ouvi aquele ruído característico da araruta. Eu me lembrei dos sequilhos que minha irmã Eulália fazia. Mas será que *Arrowroot* seria araruta? Mas araruta não é uma palavra tupi-guarani? *Arrow* quer dizer seta. *Root*, raiz. Raiz em forma de seta, numa tradução capenga. Fui ver no dicionário e lá estava: araruta. A Ceres também foi a primeira padaria natural da Europa.

Quando os moradores da comunidade iam à Portobello, era um evento. Todo mundo bonito, bem fantasiado, alegre. Éramos brasileiros, né? Ficamos conhecidos como "a comunidade de Shepherd's Bush". Aos poucos, a comunidade começou a aumentar. Cada amigo brasileiro que chegava passava conosco um ou dois dias. Na verdade, dois no máximo — tivemos que criar essa regra. Quando pintava uma afinidade, ficava e se integrava na casa. Ainda assim, os dois quartos dos casais, Guido e Sheila em cima, Nara e eu embaixo, eram sagrados. A gente segurava um pouco a loucura da casa. Éramos os mais velhos, o Guido e eu, e tínhamos responsabilidade.

O primeiro que se integrou foi o Ladado, o Luiz Eduardo Pontual Marx, paulista. Foi nos visitar, tomou um ácido com a gente, era da tribo, chega mais. No dia seguinte voltou, cheio de malas. Uma semana depois, comprou uma mochila, deu 80% das suas roupas e virou hippie filosófico. Até pouco tempo atrás eu tinha um casaco tricolor de nylon que ele me deu.

Um dia, Guta apareceu com o David, um novo amigo inglês. Começou a frequentar a casa, aparecia toda sexta-feira para tomar o ácido semanal e acabou ficando. Um inglês no meio de dez brasileiros.

A história dos ácidos aconteceu mais ou menos assim: os ácidos que tomávamos não tinham nada a ver com os de hoje. Era impossível tomar um Strawberry — o que vinha da Califórnia — e sair para a balada. O pessoal nem gostava de sair. A gente estava a fim era de transcendência, expansão da mente. O ácido cada vez nos jogava mais na espiritualidade, e isso aconteceu no mundo todo. Vocês acham que a redescoberta do misticismo que houve nos anos 1970 aconteceu como? Muito pelos efeitos do ácido lisérgico.

Quando ainda estava em Porto Alegre, recebíamos alguns por carta, dentro de presentinhos, pelo correio mesmo. Havia um tipo chamado Blue Drop, que no Brasil virou Pingo Azul, que era apenas uma gotinha num pedaço de mata-borrão — facílimo de mandar pelo correio. Outros, um pouco maiores, eram os "grafitti", pareciam uma ponta de grafite de lapiseira. Tomei um desses nas "Dunas da Gal" enquanto fazia o segundo curso na IBM, mas esses puríssimos, fortíssimos, eram raros. Os que comumente tínhamos na casa de Londres eram bons, mas não tanto — comprimidos pequenos, também azuis, que um amigo do Guido levava para nos vender. No Brasil, uma dose custava por volta de 50 dinheiros. Em Londres, 2. Isso mesmo, a diferença era brutal. Na primeira vez que comprei, foram logo duzentos. Duzentos comprimidos de LSD. Coloquei num vidro de compota pequeno e guardei em cima da geladeira da casa. Lembrei do Vandré, que tinha um vidro desses, dos grandes, cheio de maconha. A ideia veio daí. E a comunidade tinha ácido à vontade.

Lembra o livro *LSD* que eu havia comprado em Recife? Continuava comigo. Lá tinha tudo o que a gente precisava saber para fazer uma viagem legal. Segundo o livro, uma pessoa do grupo devia se abster para encarnar o papel de condutor da viagem. Nem sempre seguíamos essa sugestão, por motivos óbvios: era muito difícil resistir às viagens que fazíamos na Comunidade de Shepherd's Bush. Mas sempre tinha aquele que dizia "só vou tomar uma lasquinha, eu seguro". Esse condutor nos ajudaria, entre outras coisas, a trocar de discos na vitrola, algo praticamente impossível para alguém que tomou ácido, pois era um barato ficar olhando o disco girando no prato, de modo que ficávamos sem música um tempão. Alguns selos de discos exibiam desenhos que, ao girar, deixava ainda mais irresistível passar horas observando aquela bolacha preta. Um deles tinha um tipo de espiral desenhado, que parecia feito para atrair a atenção dos malucos, que não conseguiam trocar de disco. Segundo o livro, era importante ter uma pessoa que cuidasse do som, do visual e do aroma da viagem, uma pessoa que estimulasse os sentidos. Por exemplo, incensos. Com a ponta iluminada dos incensos acesos numa sala escura fazíamos desenhos no ar. Vários incensos, várias luzes. Um grande efeito na viagem. Mas, brasileiros que somos, na maioria das vezes viajávamos sem piloto mesmo.

É muito difícil escrever racionalmente sobre os efeitos do ácido. Vários autores e escritores profissionais tentaram e não conseguiram, uma reclamação recorrente na época.

...

Um problema para quem curtia macrobiótica era a birita. Não há como juntar os dois. Então o Guido, muito inteligente, dizia que a maçã era a fruta mais Yang, portanto a Cidra, feita de maçã, era a bebida mais indicada. Havia de três tipos: *light*, *medium* e *strong*. Bom, se íamos tomar, que fosse a *strong*. Comprávamos cidra de garrafão, aquelas que vêm com uma argola de vidro na boca para enfiar o dedo na hora de servir. E dá-lhe cidra. O ácido não contava, era nossa quota de sacrifício para ampliar a mente.

A casa não vivia sem música, o dia inteiro rolava som. Quando não era na vitrola, éramos nós. Tinha um monte de instrumentos na casa, atabaques, flauta doce, pandeiro. Homerinho tocava violão, fazia uma versão muito particular de *Back in Bahia*: na hora do "naquela fossa em que vi um camarada meu de Portobello cair", claro que a gente cantava "um camarada meu *da* Portobello". Por que carvalhos o Gil canta "de" Portobello em vez de "da" Portobello (Road)? Ainda vou perguntar para ele.

Mas, para resumir, a casa era um baita alto astral.

Música é o que não faltava em Londres, não preciso nem falar do rock inglês. Rolava shows em tudo quanto era lugar, o Marquee Club bombava, mas 1973 foi o ano do Rainbow Theatre, cujo final de vida não podia ser mais triste.

O Rainbow tinha sido um cinema chamado Astoria, o mais instigante e o maior do mundo, na sua inauguração em 1930. Sua arquitetura era uma mistura de elementos árabes que faziam do teatro um monumento *kitsch*. Depois que virou elefante branco como cinema — embora sempre tivesse sido usado também para shows —, passou por várias mãos até chegar, em 1972, ao pessoal da Chrysalis Records, gravadora responsável pela produção de centenas de discos de rock históricos. Chrysalis é uma palavra formada pela junção dos nomes de seus proprietários, Chris Wright e Terry Ellis, que tinham sob contrato dezenas de grupos e cantores de rock. Não seria difícil recuperar o mito do teatro.

No ano anterior, um acidente havia manchado a glória do lugar: num show do Frank Zappa e The Mothers of Invention, um maluco da audiência conseguiu puxar o Zappa. Ele caiu no fosso da orquestra e fraturou a perna, a bacia e o pescoço. Ficou nove meses em recuperação, depois de passar por várias cirurgias. Preso, o maluco confessou que sua namorada passou metade do show gritando *I love you, Zappa*, sem lhe dar atenção. Inglês maluco.

A nova administração estreou com o Deep Purple, passou por Joe Cocker, Slade, David Bowie, Procol Harum com The Royal Philharmonic Orchestra, Jimmy Cliff, Ten Years After, e uma apresentação especial da ópera Tommy, com The Who, claro, e mais Rod Stewart, Ringo Starr, Peter Sellers, Steve Winwood, Maggie Bell, Bill Oddie, Elkie Brooks, Richie Havens, e Richard Harris com, simplesmente, a London Symphony Orchestra. Nada mal para um teatro que, desde 1930, tinha recebido em seu palco, rodeado por uma cenografia que imita uma minicidade marroquina, os maiores nomes da música internacional.

Foi em 1973 que o bicho pegou, começando no dia 13 de janeiro, quando eu estava em Paris vendo Pink Floyd. Depois de ter abandonado a carreira para se tratar, Eric Clapton voltava supostamente limpo, acompanhado por Pete Townshend (The Who), Ron Wood (Faces, Rolling Stones), Steve Winwood (Traffic), o baterista e, anos mais tarde, meu amigo, Jim Capaldi (Traffic), e o percussionista Rebop (Traffic). A história foi mais ou menos a seguinte: Clapton, que já tinha tocado com todo mundo, estava pegando pesado numa de heroína. Estava deprê, não queria fazer sucesso e fazia, estava com dois discos na parada. Ele se apaixonou pela mulher do George Harrison e não era correspondido. Foi se tratar, ficou um tempão sem tocar desde o Concert for Bangladesh, em agosto de 1971 — consta que teria dormido durante um solo. Então, seu amigo Pete Townshend, do The Who, produziu dois shows no mesmo dia para fazer Clapton voltar à ativa, com patrocínio de uma entidade ligada à Rainha. Ele voltou. Ainda bem que eu não estava lá, ou podia ter infartado. Dizem que tinha mais estrela de rock na plateia do que no palco, e o disco *Eric Clapton's Rainbow Concert* virou um clássico.

•••

Minha estreia na plateia desse teatro não podia ter sido melhor: Chuck Berry! Quanto rock'n'roll do cara eu tinha dançado em Santa Rita! Ele estava a mil por hora — como sempre. Cantou, dançou, tocou guitarra até nas costas, enfim, show para ninguém botar defeito. Dias depois, soube-se que, minutos antes de entrar em cena, ele tinha dado um piti nos bastidores do Rainbow, dizendo que só tocaria se o cachê fosse pago adiantado, conforme combinado. O produtor havia esquecido de um detalhe: cash! O Peter ofereceu um cheque, mas não ficou satisfeito: "*No, thank you, man, I mean cash, I want cash!*"[14] O produtor mandou sua equipe dar um jeito de conseguir o dinheiro, tirando até de suas próprias carteiras. Conseguiram! Mesmo atrasado para o começo do show, Chuck contou nota por nota. Quando terminou, enfiou todas nos dois bolsos da frente da calça. Feito isso, subiu no palco e falou: "*Hey Rainbow, I love you.*" Sem saber de nada do que tinha rolado, a multidão foi à loucura.

Mais tarde, vi o concerto do Genesis (outro dos muitos *Live at The Rainbow*), com Peter Gabriel arrasando, trocando de roupa a toda hora, se maquiando, dançando, fazendo mímica e representando. Foi a primeira vez que ele usou as asas de morcego na cabeça, com uma capa colorida enorme, um adereço diferente por música. Falava

---

14 "Não, obrigado cara, eu disse dinheiro vivo, dinheiro vivo" (T.L.)

com a plateia como um ator, declamava, contava histórias e cantava com aquela voz linda. Fora que nos vocais e na bateria estava o Phil Collins, pô! Tem no YouTube com o título *Genesis: Live 1973 — First time in HD with Enhanced Soundtrack.*

E o David, nosso mais recente amigo íntimo, novo morador da comunidade? O inglês era mais moço que a gente. Tinha uma perua mini, Morris. Uma vez, ele cismou de me ensinar a dirigir na mão inglesa, mas desisti na primeira esquina. Ele não devia entender muito o que acontecia na casa, porque 80% do que a gente falava era português. Mas entrou na nossa.

Ao lado da nossa casa ficava — fica ainda — o estádio Loftus Road, onde estavam anunciando um Festival de Rock que começaria às dez da manhã sem hora para acabar. Canned Heat, Sly & The Family Stone, eram tantas bandas mais ou menos conhecidas que fica difícil lembrar. Fomos todos, com comidinhas, bebidinhas, passamos o dia ouvindo rock sentados no gramado do estádio londrino, fumando um.

Ah, eu já disse que fumar em Londres era liberado? No Rainbow, todo mundo fumava, a gente levava apenas por precaução, porque alguém sempre te passava um *beck*. E, às vezes, dava pra ficar doidão mesmo sem fumar, de tanto tetraidrocanabinol que tinha no ar.

Eu ganhava cinco *pounds* por semana. Pagava dois de aluguel, vivia com três. Nara ganhava sete, mais *tips* (gorjetas). Sobravam uns cinco ou seis e dava para tudo. Um show no Rainbow custava entre 0,75 a 1,50 libra. Londres era muito barata.

Eu e Ricardo Bisio no Hyde Park, em Londres (1973)

Foto: arquivo pessoal

# CAPÍTULO 23

Quanto mais eu ficava em Londres, mesmo trabalhando — o que era fundamental para não perder totalmente o pé —, mais doidão eu ficava. Muito ácido, alimentação natural, meditação, música e maconha africana, trazida pelo *landlord*. Além das viagens coletivas de sexta-feira, cada um viajava o dia que quisesse, bastava avisar para ser ajudado a ter a melhor viagem possível. Dávamos um intervalo de alguns dias entre uma viagem e outra, senão não pegava. Eu me lembro de uma menina que chegou a tomar três LSDs num dia e não aconteceu nada, ela só ficou ligada pela anfetamina.

Claro que as viagens coletivas eram as melhores; a gente fazia um som muito maneiro. Primeiro era com o violão do Homerinho, mas uma hora ele voltou para o Brasil e foi morar na Praia do Rosa, em Santa Catarina, onde está até hoje. O Carlinhos de Niterói era muito entusiasmado, criativo; a Nara cantava, tocava flauta doce; eu fazia uma percussão legal, tocava flauta também; no fim, todo mundo tocava alguma coisa. O Carlinhos deu a ideia de formarmos um grupo musical brasileiro-hindu, "tocando tudo que estivesse entre Salvador e Calcutá". Como a gente curtia o que era esotérico ou mágico, nos interessávamos também pelo continente perdido da Atlântida, ou Lemúria, ou Mu. Então a banda ia se chamar Children of Mu! Era mais um motivo para a gente se reunir, com um objetivo comum. Passamos a ensaiar várias vezes por dia. Numa dessas sessões — eram mais sessões místico-musicais do que ensaios propriamente —, decidimos comprar uma van para ir à Índia, tocando nas cidades pelo caminho para levantar dinheiro e continuar a viagem. Esse sonho que muitos malucos já tinham realizado passou a ser a nossa meta para um futuro próximo.

A comunidade estava ficando cada vez mais importante para nós: a CASA de Porto Alegre acabou sendo em Londres. E, em vez de aulas de teatro, rolava muito misticismo, música, cannabis e LSD. Num dos quartos da parte de cima, onde morava a Cecília com mais alguém de quem não lembro o nome, havia uma saída pela janela que ia dar no teto da casa. Uma noite, três da madrugada, estava todo mundo viajando num frio congelante, quando a Cecília sumiu. Fomos atrás e ela estava no telhado da casa, de calcinha e sutiã, dizendo que estava morrendo de calor! Foi difícil convencê-la a entrar, mas era inverno, e ela podia pegar uma pneumonia. No dia seguinte, houve uma conversa sobre ela, pois não tinha sido seu primeiro comportamento descompensado. A gente era supersolidário, mas sabia que estava brincando com fogo, porque os ácidos Strawberry eram muito fortes. Com o tempo, a menina saía cada vez mais do prumo.

Tivemos outro papo coletivo, dessa vez na presença da Cecília, e a aconselhamos a passar um tempo no Brasil para dar um refresco. Não foi fácil ela aceitar deixar aquele paraíso, mas aos poucos ela foi se convencendo de que seria melhor. Começou a sentir que estava perdendo a mão. Marcou a passagem para dali a uma semana. Fomos levá-la ao aeroporto e, na volta, ligamos para a família dela, que morava no interior de São Paulo. Eles deviam buscá-la no aeroporto e não estranhar se sentissem que ela estava "diferente", porque ela estaria de fato.

•••

Sexo? Creio que dentro do normal, eu era casado. Mas o lado místico às vezes obnubila o tesão. Lembra a Renata em Itapuã? Estava de resguardo místico. Às vezes tomávamos um LSD na manhã do sábado, quando não tinha rolado na sexta à noite. A tribo toda, cada um com sua fantasia. Era um grupo bonito, agradável aos olhos. Éramos sorridentes, amistosos, falávamos com todo mundo. O astral era ótimo. Num desses sábados, dia de ir a Portobello Road, encontramos uma canadense usando umas roupas hippies lindas. Logo ficamos amigos, ela se juntou ao grupo, fomos à Ceres comprar comida, ela deu sugestões de receitas, também fazia macrô. No fim das compras, Anne, esse era o nome dela, foi conosco para Shepherd's Bush e passou a frequentar a casa. Entrou na tribo, mas por pouco tempo. Ficou uns dias com a gente, nos convidou para ir a uma fazenda onde um amigo cuidava de ovelhas. Ele tinha tomado muito ácido e entrou numa espiritual, mas um pouco fora de prumo. Então a família, cuja origem era Wales, o País de Gales, mandou o rapaz para a fazenda de um parente. North Wales, perto do mar da Irlanda. Quem sabe um dia? "Como é o nome do lugar mesmo?" "Holyhead." "Ok, vou olhar no mapa. Caramba! É o lugar mais ao leste, olha isso!" "Bem ao lado de Dublin, é só atravessar o mar." "Legal, *we'll go, next week? It's a deal.*" Fechado.

Era duro trabalhar como lavador de pratos. Eu queria algo menos estafante e mais criativo. Cada vez ficava mais difícil levar a vida real a sério. O LSD foi revolucionário porque tornava o mundo material o que realmente ele é: Maya, uma ilusão.

Para se ter uma ideia do que estou falando, um dia, conversando com o Guido, chegamos à brilhante conclusão de que o mundo do rock, que no início era contestatório, com os artistas se entupindo de ácido para compor, havia se transformado num esquema para ganhar dinheiro. E que também ele precisava ser eliminado do nosso consumo. "Vamos consumir nossa própria música!" A partir dessa conversa, tratei de revender todos os ingressos que tinha comprado antecipadamente — hoje me arrependo —, tais como Emerson, Lake & Palmer (ELP), Traffic... O que queríamos era a iluminação, o satori, o nirvana. Nada que nos desviasse desse caminho deveria ser aceito. Nem shows de rock.

As aulas de inglês foram deixadas de lado, o trabalho começou a incomodar, a vida perdeu o sentido, menos a procura interior. Um dia, escrevi uma carta para a minha mãe totalmente pirado. Só falava em Cristo, no seu exemplo e em como eu estava buscando isso para mim. Ela adorou. Tentei resgatar essa carta, mas não foi possível.

Quando a Anne ligou de Wales dizendo que a fazenda era linda, na beira do mar da Irlanda, com praia de pedras, uma casa do século XVII, cheia de ovelhas, me deu vontade de largar tudo. Pedi para a Barbara, gerente do restaurante, uma semana de licença. Eu havia conversado com ela sobre o meu desejo de sair, e ela pedira para eu ficar até aparecer um substituto. Ela enfim conseguiu alguém, Nara também deu seu jeito com ela, e resolvemos ir. Tínhamos que comprar *sleeping bags* e mochilas, pois não dava para pegar carona com nossas malas brasileiras enormes. No Shepherd's Bush Market, onde comprávamos, nas lojas de indianos e africanos, nossa farinha de mandioca e outras bobagenzinhas raras na Ilha, como feijão, comprei uma mochila azul com suportes de alumínio e um *sleeping bag* cinza com vermelho. Nara comprou uma sem suportes, menor e mais adequada ao seu tamanho, e um saco cinza com azul. Até pouco tempo esses sacos andaram à nossa volta.

Alguns dos membros da comunidade ficaram de nos encontrar lá, todo mundo tinha adorado a Anne. Nós nos despedimos com uma festa e na manhã seguinte, bem cedo, fomos para a estrada, com destino a Holyhead, ilha de Holy, extremo noroeste do País de Gales, de onde saem ferries para Dublin. Cerca de quinhentos quilômetros de estradas asfaltadas até a fazenda, passando pela Ilha de Anglesey, a ilha dos Druidas. A aventura prometia.

David nos levou na sua minivan até a saída da cidade e nos deixou num ponto bom para pegar carona. Foi facílimo, todo mundo parava, ainda mais para um casal. Era engraçado quando os motoristas perguntavam de onde éramos: ao ouvirem "Brasil", estranhavam muitíssimo. Eu me lembro de um que fez "brrrrrrrrrrrr"! Não tinham ideia de onde ficava, achavam que era na África. Por um lado, foi até chato porque queríamos andar um pouco para fumar um pelas estradinhas no meio das fazendas, mas sempre parava um carro oferecendo carona. Tivemos que recusar algumas! Só entramos numa cidade, perto do nosso destino, por um motivo óbvio, o nome da cidade: Llanfairpwllgwyngyllgogerychwyrndrobwllllantysiliogogogoch. Fomos até a estação de trem onde fica a maior placa com nome de cidade do mundo — e um funcionário nos ensinou a falar o nome de forma simplificada, algo que me soou assim: Lhan-fairi-gou-gor. O nome é um exagero, mas fez a cidade ser mundialmente conhecida. A língua deles, *welsh*, é de fato complicadíssima.

Não foi fácil achar a fazenda. Estávamos em 1973, e só tínhamos à disposição um mapa da Michelin mesmo. Depois de errar uma ou duas vezes, perguntamos para um lavrador. Por sorte ele conhecia a fazenda, nos levou lá de trator e nos deixou a duzentos metros da sede. A Anne ficou preocupada, porque estava escurecendo. O frio começou a pintar, principalmente por causa do vento que vinha do mar. Mas a casa, enorme, de pedras, tinha lareira por todo lado. O canadense, amigo da Anne, parecia um anjo de pintura sacra: loiro, muito loiro,

295

cabelos e barbas enormes, olhos azuis, e um sorriso de felicidade constante no rosto, típico de quem tinha tomado ácido além da conta. Falava pouquíssimo, o que no começo confundimos com falta de receptividade, mas a Anne nos jurou que não: pelo contrário, ele estava felicíssimo que tivesse gente com ele. Devia ser complicado morar lá sozinho. O trabalho dele era lindo, mas árduo. Ele cuidava das ovelhas que estavam prestes a parir. E para isso não tinha hora. Ele acompanhava pessoalmente o andamento da gravidez de cada uma; quando chegava a hora, ajudava no parto. Como fazer isso? Acordando de meia em meia hora e indo ao curral ver. Ele dormia na sala, ao lado de um despertador. Se alguma estivesse parindo, ele acompanhava. Se houvesse um problema grave, ele chamava o veterinário. Dormia um pouco mais de dia, quando outra pessoa cuidava das ovelhas grávidas. Esta era a profissão dele: pastor de ovelhas grávidas.

No dia seguinte, logo após o café da manhã, tomamos um ácido, menos o canadense, por motivos óbvios. Passeamos na praia, dia lindo, pedras redondas pretas, tudo muito diferente do que estávamos acostumados. A água convidativa despertou em mim a vontade de nadar. Só viajando mesmo, de ácido e na batatinha para ter tal ideia. Quando coloquei a ponta do pé na água, senti um raio gelado entrando pelo dedão e subindo até a cabeça. De um pulo voltei para o conforto das minhas botas.

Foi uma viagem das mais tranquilas. Realmente o campo era o local propício para isso, a natureza sempre surpreende. Caminhamos por aquele local tão diferente de tudo que eu tinha visto. A fazenda não produzia nada além de lã e leite de ovelha, era tudo pasto, pedra e casas de filme de época. Andamos no meio das ovelhas, vimos filhotes recém-nascidos, e, claro, viajei numa cristã: *Agnus Dei, qui tollis peccata mundi, parce nobis, Domine. Agnus Dei, qui tollis peccata mundi, exaudi nos, Domine. Agnus Dei, qui tollis peccata mundi, miserere nobis.*[15]

À noite, acendemos o fogão à lenha e curtimos uma de cozinhar; fizemos algo como um sopão de legumes e, quando a viagem amainou e bateu a fome, foi uma delícia tomar aquele caldo quentinho em frente à lareira da sala. Parecia que eu estava num filme, representando a mim mesmo. Esta foto — nós sentados na sala da fazenda em frente à lareira, todo mundo vidrado no fogo — nunca foi tirada, mas não me sai da cabeça.

Essa viagem no meio da natureza foi um divisor de águas. Não fazia mais sentido ficar em Londres. Voltamos decididos a ir para a Índia, com ou sem os Children of Mu.

Não faço a menor ideia de como voltamos de Wales para Londres, acho que pegamos um trem. Eu tinha me demitido, mas tínhamos conseguido juntar algum dinheiro, levando a vida sem grandes gastos. O Ricardo resolveu ir com a gente. O Guido e a Sheila tinham uma novidade: ela estava grávida, e eles teriam o filho no Brasil. O Carlinhos, nessa semana que estivemos viajando, havia conhecido um produtor de ginseng que queria exportar para o Brasil, convenceu o asiático de que ele seria o brasileiro ideal para isso e o cara acreditou — o mais incrível é que, anos depois, o negócio havia prosperado e aumentado as atividades: além de importador de ginseng, Carlinhos virou um dos primeiros exportadores de guaraná em pó para a Europa. Lalado e David estavam em dúvida. Guta estava também voltando para o Brasil. Mas ainda havia tempo para curtirmos. E curtimos.

Num raro sábado de sol em Londres, estávamos na Portobello Rd. quando um inglês se aproximou e falou para a gente ter cuidado e tal, porque muita gente estava sabendo da nossa casa, a Comunidade de Shepherd's Bush, e das viagens de toda sexta-feira. Claro que além dos onze moradores, sempre havia convidados nas festinhas... Além

---

15 "Cordeiro de Deus, que tira os pecados do mundo, poupe-nos. Cordeiro de Deus, que tira os pecados do mundo, ouça-nos. Cordeiro de Deus, que tira os pecados do mundo sobre nós." (T.L)

disso, antes de alugarmos a parte de baixo, um brasileiro havia tomado um ácido na casa e foi parar no hospital. Achávamos que ninguém se lembrava mais disso, mas havia pouco tempo ele fora interrogado pelo Social Security e uma fiscal aparecera lá em casa. Demos uma geral e aguardamos os homens. Que nunca vieram. Também não iria acontecer nada. Daqui a pouco vocês vão saber o motivo.

Ricardo, Nara e eu programamos nossa vida com o auxílio luxuoso do Guido. Tudo dentro da filosofia de "quanto menos gastar, menos tem que trabalhar e mais tempo se tem para ficar sem fazer nada". Iríamos comprar uma Kombi na Alemanha, onde ela era fabricada e seria mais barata. Iríamos de carona até o porto de Harwich — péssima ideia —, de onde partia um navio para Bremerhaven. A travessia durava uma noite apenas, tinha poltrona reclinável para passageiros e era super em conta. De lá iríamos de trem até Bremen (a cidade dos quatro animais-heróis, *Os Músicos de Bremen*, dos irmãos Grimm, que depois virou *Os Saltimbancos* nas mãos do Sergio Bardotti, que Chico traduziu, e eu montei como peça), uma cidade grande onde certamente compraríamos uma Kombi com uns cinco anos de uso bem baratinho. De lá iríamos até Amsterdã, onde queríamos passar um tempo, dormindo na Kombi, nos preparando para a "Grande Viagem" para a Índia. Maldita hora que pulei as páginas do *Alternative London, A survival guide* sobre o porto de Harwich.

O Ricardo resolveu esconder os LSDs que íamos levar para a viagem em seu chapéu do Pato Donald. Eu achava melhor colocar no bolso mesmo, pois era um pacote pequeno — só com uma geral imensa achariam e, numa geral dessa, nada escaparia. Mas enfim, ele havia achado a ideia genial, então aceitamos. Ele descosturou o forro do chapéu, escondeu os comprimidos dentro e costurou de novo. Tudo muito bem-feito, ele era meticuloso, tinha sido desenhista de planta de arquitetura com nanquim, já viu... Quando terminou, os comprimidos ficaram enfileirados na dobra da costura, impossível de detectar sem destruir o chapéu.

David e Lalado desistiram de ir, resolveram ir para Wales. Qualquer coisa, nos encontrariam em Amsterdã. A casa continuaria com a turma e ficaria como sede. O Guido havia conseguido três brasileiros que se responsabilizariam pela casa, um deles, o Ramiro, era médico e trabalhava num hospital de Londres. De certa forma, a casa continuaria próxima a nós. Mais uma festa de despedida com LSD...

Foi muito dolorosa a saída da casa. Tínhamos vivido lá uma experiência de sonho. Mas o sonho não tinha acabado ainda...

Chegamos em Harwich com antecedência, mas nos deixaram subir no navio e esperar em seu interior. Nós nos encaminhamos para a fila da imigração para dar a saída nos passaportes no maior astral. Depois alfândega, e aí deu aquele frio na barriga, mas o chapéu era muito infantil para dar qualquer bandeira. E frio na barriga me dava toda vez que eu ia cruzar uma fronteira, "coisa de brasileiro", eu pensava. Depois percebi que era um grilo meu.

Estranhamos quando o oficial pegou a mochila da Nara, a primeira, e deu uma bela geral, para ninguém botar defeito. Fez o mesmo com a minha e nos liberou. Fomos em direção ao navio enquanto ele revistava o saco de viagem do Ricardo (lindo, de couro, ele mesmo tinha feito). Como sabíamos que não havia nada no saco, e os caras não nos deram geral pessoal, não havia motivo para achar que iam revistar o chapéu fatídico. E não iam mesmo. Não fosse o fato de, no fim da revista do saco, o oficial ter aberto um estojo de metal onde o Ricardo guardava suas canetas e penas de nanquim, lápis de desenho e borrachas, e achou uma pedrinha quadrada de haxixe de um centímetro de lado. Até hoje não sei se o Ricardo a esqueceu lá ou se havia levado por excesso de confiança. Nara e eu estávamos na escada do navio quando ouvi um oficial gritando "*Mr. Brazilian, Mr. Brazilian*"! Logo fomos separados: levaram a Nara para uma sala junto com uma policial feminina e fui levado para outra sala onde o Ricardo, nu, esperava os guardas revistarem suas roupas. Eles me mandaram tirar as minhas também e deram uma geral: na boca, embaixo dos testículos, me mandaram ficar numa posição em que exibia o ânus para fiscalização. Depois examinaram cada costura da calça jeans, tudo. E não acharam nada, porque não tinha mesmo. O chapéu estava jogado em cima de uma mesa. Mandaram que recolocássemos as roupas e, enquanto nos vestíamos, aliviados, um deles pegou o chapéu do Pato Donald e jogou para o Ricardo. Quando o Ricardo ia colocar na cabeça, recebeu a ordem de outro: "*Gimme the cap.*" Gelei. Ricardo entregou o chapéu lívido, até verde. E não deu outra. O cara desmontou o chapéu e achou. A partir desse momento, tudo mudou. Se antes estavam agressivos, inquirindo com rispidez, depois do flagrante ficaram calmos. Levaram o Ricardo imediatamente para outra sala. Mandaram chamar o defensor público que cuidaria do caso, tentariam um que falasse português. Disseram que o Ricardo estava preso por porte de drogas, trouxeram a Nara de volta e começaram um papo inacreditável diante daquela geral que tinham nos dado. Disseram que as leis da Inglaterra eram leves para LSD e que podíamos escolher entre duas alternativas: os três ficarmos presos, responder processo e, se condenados, pagar uma multa; ou só o Ricardo ficar e, se condenado, pagar uma multa. Ou seja, o custo da multa seria maior se ficássemos os três. Deixamos que ele decidisse e Ricardo resolveu assumir sozinho. Nara e eu então demos uma parte do dinheiro que tínhamos para ele, para que tivesse grana para pagar a multa. O oficial nos garantiu que ele seria julgado em cinco dias, no máximo. Combinamos que íamos comprar a Kombi como *kombinado*, epa!, e esperaríamos por ele em alguma cidade que tivesse consulado brasileiro para facilitar o nosso encontro. Olhamos no mapa e vimos que a cidade grande mais perto era Colônia (Köln), ficava a pouco mais de quarenta quilômetros de Bremen, e certamente teria consulado. Iríamos para lá, de Kombi, passaríamos no consulado e deixaríamos lá nosso endereço para que ele nos encontrasse e seguíssemos viagem. O oficial nos garantiu que ficaria tudo bem, que ele seria bem tratado. Ninguém tinha dúvida disso. Nós nos despedimos do Ricardo, mais um da turma a ser preso. Mas eu continuava o único preso por dois motivos: lutar pela liberdade de manifestação política e por fumar maconha.

Embarcamos, Nara e eu, pela primeira vez sem o Ricardo desde que saímos de Santos, em dezembro do ano anterior. De certa forma, foi um alívio. Nara e Ricardo eram muito diferentes, em tudo. Nível social e cultural, Nara com duas faculdades, fazia teatro havia anos. Ricardo nem fizera o colegial, sua formação era a prática, como desenhista de plantas de arquitetura, no que era formidável. Discutiam sobre tudo, duas visões de mundo bem diferentes. Era cansativo, para mim, ficar no meio.

A travessia de navio, durante a noite, não podia ter sido melhor. Dormi a viagem toda. No dia seguinte, desembarcamos em Bremerhaven, e pegamos um trem. Durante pouco mais de meia hora, viajamos praticamente dentro de bases americanas. Foi assustador conhecer a Alemanha assim, com toda aquela parte do país ocupada como butim da guerra. Nosso livrinho de viagem indicava um *Bed and Breakfast* bem no centro de Bremen e, saindo da estação, fomos para lá. Deu certo. Deixamos as mochilas no quarto e fomos procurar a Kombi.

Perguntando pelas ruas, tivemos uma desagradável surpresa: ninguém falava inglês. Ou fingiam que não falavam. Alguns, quando perguntados *"Do you speak english?"*, respondiam *"No, I don't"* com tal propriedade que revelava o conhecimento da língua. Lembrando a ocupação que tinha visto na viagem, era compreensível que eles não gostassem de americanos, nem da língua. Mas a Nara, como judia, sabia algumas palavras em iídiche e acabamos achando uma rua com algumas lojas de automóveis. Mas, nenhuma Kombi. Numa das lojas, a triste constatação: jamais conseguiríamos uma Kombi velha lá, nem pensar! Era um carro mais para trabalho, pouquíssima gente usava aquele "pão-Pullman" como carro de passeio. Só hippies, como nós, que usariam como meio de transporte e casa. Apesar do aviso do vendedor, continuamos procurando. Nada. Realmente não íamos achar uma Kombi velha em Bremen.

Outro vendedor nos disse que seria melhor procurar em... Amsterdã! Todos os hippies da Europa iam para lá comprar e vender Kombi. Não só Kombi, mas tudo que precisávamos para a viagem, morando na Kombi: panelas, fogareiro a gás, etc. Caramba, que furada. Devíamos ter ido direto de Londres para Amsterdã, e teríamos evitado a prisão do Ricardo. Ah, e outra furada: lendo o livro *Alternative London: A survival guide*, fiquei sabendo que o porto mais pentelho da Inglaterra, com os policiais mais chatos do mundo, era Harwich. Recomendavam especificamente não entrar ou sair da Inglaterra por lá, a não ser que estivesse limpo. E não estávamos!

Como nenhuma desgraça vem sozinha, resolvemos ir para Colônia — sem a Kombi — para encontrar o Ricardo. Chegando lá, arrumamos uma pensão barata e fomos atrás de uma lista telefônica — em alemão, é claro — para descobrir o Consulado do Brasil. Não tinha. Como? Não tinha. Realmente, consulado mesmo só em Munique e Frankfurt, além de Berlim, onde ficava a embaixada. Havia um tal de cônsul honorário, mas era coisa de fachada. Mesmo assim, pegamos o endereço e fomos para lá. Era uma casa de família, o tal cônsul era um português mal-humorado, que não só se recusou a ficar com nosso endereço como disse que viajaria no dia seguinte e, portanto, não estaria lá caso nosso amigo fosse nos procurar. A possibilidade de o Ricardo achar o cara era nenhuma. Tínhamos duas alternativas: ficar de plantão na porta do cônsul honorário durante pelo menos uma semana, o dia inteiro, para estar lá quando o Ricardo chegasse, isso se conseguisse localizar o "consulado"; ou esperá-lo em Amsterdã, afinal ele sabia que íamos para lá, era o nosso plano. Achamos que esta seria a melhor solução, mesmo porque não seria nada agradável passar dias em frente a uma casa esperando um possível visitante. Mais tarde, soubemos que ele nem achou o tal cônsul honorário.

Pegamos o trem para Amsterdã com o endereço de uma amiga do Lula Côrtes na carteira. Íamos chegar, deixar as mochilas na estação, procurá-la e, se ela realmente fosse nos hospedar, pegaríamos as bagagens. Era chato chegar de mala e cuia. Eu estava ansioso pacas. Amsterdã estava desbancando Londres como a Capital Alternativa, e corriam histórias incríveis sobre a liberdade: primeiro exército a permitir cabelo e barba compridos para soldados e oficiais, casas ocupadas por hippies (*squatter houses*) protegidas por lei, enfermeiras no Vondelpark para ajudar quem fazia *bad trip*, e, óbvio, maconha liberada. Mas não para vender na rua, como veríamos a seguir.

Chegando na Centraal Station, descobrimos que o guardador de malas era operado por moedas. Como só tínhamos notas, perguntamos para algumas pessoas se podiam trocar uma nota em moedas. Um cara disse que sim e nos ofereceu haxixe. Eu aceitei, começamos a conversar a caminho do carro dele onde faríamos negócio; ele era italiano, passamos, então, a falar na língua dele. Ele me deu umas moedas, guardei as mochilas e saímos da estação. Quando chegamos ao carro, um FIAT-500 supervelho, entrei na frente, Nara atrás. Ele tirou do porta-luvas uma caixa de fósforos cheia de haxixe e, enquanto estávamos discutindo quanto valia, a polícia chegou. Imediatamente o italiano falou: "Diga a eles que eu ia te dar uma carona..." O guarda abriu a porta e foi logo perguntando *"Buying hash from the dealer?"*[16] Eu respondi como o italiano mandou. Os guardas pediram que saíssemos do carro e entrássemos no carro deles.

Entramos, nós três atrás, os dois guardas na frente. No caminho, o italiano disse que já havia sido preso por roubo, rapina. Caraca, onde eu tinha me metido. Na delegacia, levaram o italiano e nunca mais soubemos dele. Deve ter sido expulso do país, no máximo. Aí o chefe do plantão nos chamou, pediu para não andarmos mais com aquele tipo de gente e nos liberou. Ainda tive a cara de pau de perguntar

---

16 "Comprando haxixe do traficante?" (T.L.)

onde ficava a casa da amiga do Lula Côrtes e da Katia Mesel, de Recife. O homem olhou o endereço e nos levou até lá num carro de polícia.

Fomos muito bem-recebidos. Julia, brasileira, fazendo faculdade, havia hospedado o Lula e a Katia havia uns três meses apenas e ganhara o livro que eles tinham lançado, das páginas divididas em três. Dormimos com as roupas que estávamos, acordamos no dia seguinte com um lauto café da manhã, e logo depois fomos apresentados a um baseado diferenciado, um sabor e um aroma jamais sentidos. As berlotas, imensas, com uns fios saindo da flor, e podiam-se ver os cristais de THC. Ela dichavou a maconha com uma tesoura para não tocar os dedos nos cristais.

Depois de ter as cabeças devidamente feitas, buscamos as mochilas na estação e só aí é que conhecemos Amsterdã — um desbunde total, que cidade linda! Fomos a pé desde onde Julia morava até a Centraal Station como se estivéssemos levitando. A arquitetura, os canais, tudo tão diferente! Até as pessoas! A impressão que tínhamos é que a grande maioria dos habitantes era hippie, todos cabeludos, barbudos, com roupas que pareciam fantasias... Passeamos por cerca de três horas. A Dam Platz cheia de malucos viajando, fumando. A Damrak, e o famoso número 66, sede da AmEx, a agência de viagens da American Express, que se transformara em um centro para compra e venda de bugigangas hipongas; e até para se dividir carona para Kathmandu, ou tomar o Magic Bus para Atenas ou Delhi. O dia inteiro cheio de hippies na calçada fazendo escambo. Tinha até empresa de viagem alternativa, com avião alugado para levar maluco pra Índia, os chamados voos charter, que partiam quando estivessem cheios. Era o centro do centro da vida alternativa. Dei uma sondada, mas não tinha Kombi para vender naquele dia. Pelo menos aprendi que a chamavam de VW van.

Voltamos para a casa da nossa anfitriã, não sem antes passar num supermercado e comprar quitutes para encher a geladeira. Podíamos ficar lá apenas até descolar outro lugar, porque Julia precisava estudar e não queria dividir o apartamento, que pertencia à faculdade. Ela nos apresentou a um monte de gente, como ao Ulisses — um cara descolado, bem-vestido pra caramba com aquele toque de fantasia hippie-chique, com muito veludo, lenço no pescoço e tal. Gay, corpulento, engraçado, morava numa *cracked house*, uma *squat* — como eram conhecidas em Londres —, casa que, depois de ficar fechada por anos, era invadida por gente que não tinha onde morar, e, pela lei do país, não podia ser retirada. Ele conhecia até um vereador que avisava quais casas poderiam ser "crackeadas", seguindo a lei. A *squat* dele era enorme, linda, moradia de cinco doidões, sendo ele o único brasileiro, a uma quadra do Vondelpark, área nobre de Amsterdã. Como era uma casa "crackeada", nem todos os cômodos eram mobiliados, mas podia-se notar que havia um excesso de cadeiras. Ulisses contou que o amigo vereador — que tinha uma ONG pró-hippie — também ajudava em outras coisas, como, por exemplo, a recolher móveis que a sociedade jogava fora. Havia, não sei se ainda há, um departamento da prefeitura da cidade para o qual você ligava e dizia que queria jogar fora algum móvel. Após consultar uma escala dividida por bairros, era combinado o dia que o móvel poderia ser colocado na frente de casa, normalmente depois das oito da noite. Durante a madrugada, o pessoal do mercado das pulgas recolhia para revenda. Só que o vereador avisava os hippies, que passavam antes e levavam os móveis para as casas "crackeadas". Perfeito, não?

*Em São Francisco de Paula, RS (1972)*

Foto: arquivo pessoal

# CAPÍTULO 24

Numa noite muito fria, Ulisses fez uma festinha. Lá pelas tantas, a lenha para a lareira acabou. Ulisses, doidão como todos os presentes, pegou uma cadeira da mesa de jantar, quebrou e jogou no fogo. Foi a primeira: passamos a noite queimando cadeiras e móveis velhos. Depois, ajudamos o Ulisses a pegar mais móveis nas ruas.

Pouca gente sabia disso, mas descobrimos que havia um acordo tácito entre os moradores: deixavam bicicletas velhas nas ruas, sem correntes, que poderiam ser usadas sem problema, num esquema que funcionou durante um bom tempo. Você deixava sua bicicleta velha solta, se ela não estivesse no mesmo lugar quando você voltasse, era só procurar outra. Sempre tinha. Foi uma espécie de protótipo das Vélib' que a prefeitura de Paris instalaria quarenta anos depois.

E, de bicicleta, conhecemos aquele paraíso.

Urgia arrumar um lugar para ficar. Desde a nossa chegada, uma semana antes, íamos diariamente à agência da AmEx, na Damrak, para ver se pintava uma Kombi, até que um dia pintou: seis anos de uso — era do ano de 1967 e estávamos em 1973 —, só com o banco da frente, o que não fazia diferença para nós, porque íamos transformá-la num *motorhome*. O alemão dono da Kombi queria trezentos dólares, uma grana. Ofereci duzentos e fechamos em duzentos e quarenta. Ninguém em Amsterdã — ninguém mesmo — compraria uma Kombi com cinco anos de uso numa fazenda, sem bancos, meio amassada por dentro — provavelmente por bois —, cheia daqueles pregos em forma de "U" usados para prender arame farpado em moirão de cerca.

Depois que dei o dinheiro, o alemão me entregou a chave, um único documento (apenas com os dados do carro e do antigo dono) e deu adeus. Eu dei um pulo! Como assim? Você não vai passar o carro para meu nome? Cadê os documentos, o recibo, firma reconhecida? O alemão me olhou como se eu fosse um marciano. Na cabeça dele, não havia nada mais natural: ele me vendia um bem, eu pagava e ele me entregava o bem. Simples. Mas não para uma cabeça brasileira. Obriguei o alemão a ir comigo à repartição correspondente ao Detran deles, onde esperamos duas pessoas serem atendidas num guichê. E ele me orientou: apenas diga que você comprou o carro, entregue seu passaporte e ele vai te dar um documento com o seu nome. Para isso, tinha que dar um endereço de residência. Eu não queria dar o da estudante brasileira porque ela morava num prédio da faculdade. Então o alemão sugeriu o da American Express, Damrak, 66. Foi o que fiz. O sujeito do guichê nem me olhou na cara, levantou-se e alguns minutos depois voltou com o documento no meu nome. Quando olhei para trás, o alemão desaparecera, certamente achando que havia negociado com um imbecil. Fui embora dirigindo e decidimos dormir na Kombi logo na primeira noite, então fomos atrás de um colchonete, em cima do qual botamos os *sleeping bags*, enquanto não "mobiliávamos" a bichinha.

De Kombi, percebemos que o que se conhece de Amsterdã é apenas 10% da cidade, que na real é grande, bem diferente daquele centro que os turistas — e não turistas — conhecem. Ficamos rodando pelos bairros modernos até descobrir uma rua sem saída, com casas de classe média, onde estacionamos a Kombi. Camas prontas, surgiu o primeiro problema: eu não cabia. A parte de trás da Kombi, sem os bancos, é como um quadrado: de um lado, o banco da frente; do outro, o motor. Entre o banco e o motor, pouco mais que 1,70m, então eu tinha que dormir de lado, com as pernas dobradas. Mas isso não seria o maior problema: não tínhamos calculado o incrível frio que fazia dentro daquela lata. Quase morremos de tanto tremer.

Liguei a Kombi, deixei a bicha ligada algum tempo com o aquecimento no máximo, colocamos todas as roupas que tínhamos, usamos os dois *sleeping bags*, mas nada adiantava; se eu desligasse o motor, em dois minutos parecia que a lataria estava congelada. E estava mesmo, absorvia o frio e passava para dentro. Foi uma das piores noites da minha vida. Dormia, acordava congelado, ligava o motor, descongelava, esquentava. Não dava para manter o motor ligado a noite inteira, ou acabaria a gasolina, que era cara. Tínhamos que conseguir um lugar para dormir, e urgente.

Fomos ao Ulisses: por sorte havia uma casa para ser "crackeada" naquela semana, bem no centro da cidade. Questão de ficar atento. Ulisses pediu a Kombi para recolher alguns móveis indicados pelo vereador e acabamos saindo várias noites seguidas para cumprir a tarefa. Pegávamos os móveis como o pessoal do Mercado das Pulgas estava acostumado a fazer, ninguém desconfiava, até porque qualquer um que passasse poderia pegar. Mas ninguém conseguia levar um sofá de três lugares ou uma mesa de seis na cabeça, né? Só que nós tínhamos o que os mercadores de pulgas tinham: uma Kombi!

Um dia veio a ordem para tomar a casa. *Vamulá!* Quando chegamos, nos demos conta de que não era uma casa, mas sim duas lojas imensas, com entrada de serviço pela Sint Nicolaasstraat — uma rua estreita por onde não passava carro — e quatro portas de correr que davam para a rua principal, de nome impronunciável.

O vereador estava lá, junto com uns cinco ou seis hipongas, entre eles um brasileiro casado com uma holandesa com um filho de um ano. Entramos no imóvel pela rua lateral. Vimos uma escada que dava para o primeiro andar, com um quarto à direita. No segundo andar, um salão imenso, cheio de balcões e prateleiras, além de um banheiro enorme, com chuveiros, que devia ser para os empregados, e algumas salas que dariam bons quartos. Além dos quatro andares, achamos, dentro de uma sala fechada, outra escada que dava para um alçapão no teto, onde descobrimos uma casa montada, com banheiro, cozinha e uma grande sala com um quarto no mesmo espaço. O brasileiro e a holandesa vibraram! Era o ideal: ele tinha cidadania, filho holandês, tirá-lo de lá seria difícil, o que servia como garantia da durabilidade da casa "crackeada". Nara e eu escolhemos o quarto que havia na escada, logo na porta de entrada. Ah, ainda havia uma *garage* onde eu podia guardar a Kombi! As outras pessoas escolheram seus espaços e, como a casa era enorme, resolvemos que cada qual cuidaria da sua comida e tal, uma vez que não havia condições de se viver comunitariamente, até pela distância física entre os quartos.

Buscamos a Kombi, descarregamos e deixamos nosso quarto nos trinques. Agora que tínhamos onde morar, íamos investir na Kombi. Tirei suas medidas, tomando o cuidado de fazer uma cama com 1,85m, para que eu pudesse dormir esticado. Fiz um desenho precário (teria sido tão fácil com o Ricardo, cadê ele?) da cama, que seria dobrável: durante o dia viraria um sofá. Acima dela, armários para roupas e outras bugigangas. Na parte de trás, sobre o motor, a cozinha: uma base de madeira para preparar a comida de um lado e, do outro, um fogareiro a gás de duas bocas, e só.

No Mercado das Pulgas compramos martelo, pregos, parafusos, chave de fenda, serrote, tudo de que eu precisaria para fazer eu mesmo os móveis da "casa-kombi". Compramos almofadas, espumas para fazer os colchões, cortinas velhas de veludo, alguns pedaços de lã, o fogareiro, dois botijões pequenos de gás, enfim, o que pudesse ser útil para satisfazer nosso baixo nível de exigência em relação ao conforto.

Faltava a madeira, que perguntei ao Ulisses onde comprar. "Comprar? Tá maluco? Sai do centro, vai para um bairro burguês que está cheio de construções e você vai achar pilhas de madeira, tijolo, o que você precisar. É só pegar. "Não é roubo?" "Zé, quanta madeira você vai pegar para mobiliar uma Kombi? Não vão nem perceber." Fui. Achei logo uma pilha de tábuas na porta de uma construção, para piso e forro. Voltei à noite e peguei duas de cada tipo, apenas duas tábuas. Joguei na Kombi e voltei para casa. Culpa, seminário, polícia, AP, Buda, Krishna, todos os fantasmas me assustaram naquela noite. Até o Grilo Falante, a consciência do Pinóquio. Mas, porra, eu era um hippie brasileiro, tinha roubado só quatro tábuas... Mas enfim, era um roubo. A cabeça culpa, mas também perdoa e justifica.

Assumi o roubo internamente, peguei as ferramentas e fui tratar de trabalhar. Minha experiência como marceneiro era zero. Sabia usar serrote, martelo, chave de fenda, isso eu sabia. Medi, risquei, cortei. Enquanto eu cuidava da madeira, Nara cuidava dos panos. Fez cortina para todas as janelas — e eram muitas! —, imprescindíveis para dormir, trocar de roupa e transar — não necessariamente nessa ordem. Costurou almofadas para o sofá, cobertura para as espumas, enfim, criamos nosso *motorhome*. Capenga, mas nosso. E, o mais importante, dentro da nossa filosofia de vida na época: tudo feito por nós. Deu certo.

Durante as semanas que levamos para aprontar tudo — o tempo não era o senhor da razão —, curtimos Amsterdã demais. O Vondelpark sempre cheio de malucos, centenas deles dormindo, morando no parque, sempre com música rolando ao vivo. O Rainbow de Amsterdã era o Cosmic Relaxation Center Paradiso, o Paradiso para os íntimos, casa de concertos que existe até hoje. O Meditazentrum, uma casa de chás, ioga, etc., era um local muito gostoso. Uma casa enorme, com salas grandes, salas pequenas, em cada lugar uma atividade.

Num mural imenso, centenas de bilhetes com anúncios: compra-se, vende-se, procura-se. O quê? Amigo, namorada, parente perdido, carona, trabalho, epa! Preciso de motorista para o Magic Bus. Carteira de Motorista Profissional. Procurar Fulano de Tal no endereço tal. Tomei nota.

No dia seguinte, procurei o seu Fulano. O ônibus seria uma versão urbana do Magic Bus que levava os hippies para Índia, Grécia etc., mas chique, um ônibus novo, bem pintado, bem establishment, dirigido aos hippies que estavam chegando na cidade, ainda meio caretas. Faria uma rota dentro de Amsterdã: sairia do Dam Platz, visitaria a Amstel Bier para tomar umas cervejas de graça, depois uma casa-barco ancorada num dos canais para tomar um chá de folhas de maconha (que viraria baseado em segundos), depois uma visita a Heineken, onde também podia-se beber o quanto se aguentasse de cerveja, e a volta pelo Vondelpark para ver os malucos viajando de ácido. Lá também ficariam os clientes bêbados para serem tratados pelas assistentes sociais da prefeitura. Os que aguentassem voltariam conosco ao Dam.

Seu Fulano faria as honras de guia turístico, vestido de domador de animais de circo, com chicote e tudo, para poder controlar os malucos depois de bêbados. Eu seria o motorista, vestido de palhaço. Ele queria ver minha carteira de motorista.

Mostrei o documento brasileiro e disse que o X em cima do "A" da palavra Amador anulava a palavra, valendo então a de baixo, Profissional. Claro que era o inverso, o X determinava qual das duas opções valiam. Mas o Fulano acreditou em mim e fomos fazer o teste de direção. O ônibus era enorme, ainda mais para andar naquelas ruas estreitas do centro de Amsterdã. Foi difícil, mas eu sabia dirigir até caminhão, então fui aprovado. Não sei se com nariz de palhaço eu conseguiria, mas creio que não teria problema. O salário era bom, mas o Fulano queria que eu trabalhasse o verão inteiro, até meados de setembro, o que era um problema, pois Nara e eu queríamos ir para a Índia, buscando o nirvana. Disse a ele que estávamos apenas esperando um amigo chegar — eu tinha certeza de que o Ricardo iria para lá nos encontrar — para irmos embora. Fulano não abriu mão do prazo e perdi a chance de ser palhaço, digo palhaço profissional.

•••

Nara e eu ficamos muito amigos do casal formado pelo brasileiro e a holandesa. Nara e a moça cozinhavam, nós saíamos para passear com o filho deles, passávamos horas no sótão fumando um, fazendo um som e tomando um ácido.

Uma noite, passamos um grande perrengue. A casa foi invadida por *freaks*, que era como o pessoal do ácido chamava os viciados em heroína — barra pesada. Nara e eu acordamos com o barulho dos passos nas escadas. Peguei uma barra de ferro que usávamos como tranca da porta e gritei: "*I have a gun, who is there?*"[17], mas os caras já tinham passado para dentro da casa, nem me ouviram. Fui atrás para avisar o restante dos moradores e subi até o sótão do brasileiro. Juntos, acordamos os outros moradores e saímos à procura dos intrusos. O papo foi tenso. Eles queriam ficar na casa, mas não aceitávamos, porque *freaks* eram sinônimo de confusão, e *hard drugs* sempre estiveram fora de nosso departamento. O brasileiro, que falava um inglês impecável e um holandês razoável, tentava convencer os caras de que a casa, embora "crackeada", tinha donos, e que eles não podiam ficar lá. Mas os caras começaram a engrossar. Daí falei que nós dois éramos brasileiros e tínhamos facas — brasileiros eram famosos no mundo inteiro pelo que faziam com as facas e com a capoeira. Não sei de onde me veio essa loucura, mas eu disse que ia começar a jogar capoeira — muito difundida na época na Europa — com a faca na mão se eles não fossem embora. E peguei mesmo uma faca de cozinha e comecei a jogar. Riscava a faca no chão, fazia voltas com ela no ar... Não sei se por medo ou por constrangimento de me ver fazendo um espetáculo ridículo, o fato é que resolveram ir embora.

---

17 "Eu tenho uma arma, quem está aí?" (T.L.)

Os outros hippies moradores da casa — malucos de várias partes do mundo — ficaram impressionados com minha performance, menos o brasileiro, claro, que se acabava de rir toda vez que se lembrava do lance. Pena que nunca mais soube dele, nem da mulher, nem do filho. Era um paulistano legal.

...

Nara e eu resolvemos viajar de Kombi por algumas cidades perto de Amsterdã para conhecer um pouco a Holanda, enquanto esperávamos o Ricardo — certos que acabaríamos nos encontrando. Fomos até Roterdã, que achamos sem charme, moderna. Depois Haia, nada de novo. Resolvemos dormir em Zandvoort, uma cidade de praia conhecida por ser sede do Grande Prêmio de Fórmula 1 da Holanda. Era no caminho para voltar para Amsterdã, então nos mandamos. A cidade era uma graça, flores nas janelas das casas, janelas que revelavam a casa toda, até os fundos. Depois fomos à praia e lá ficamos até escurecer. A Kombi ficou estacionada longe do mar, mas na areia. Preparamos nossa cozinha e fizemos uma sopa de legumes. Comemos, tomamos um ban-chá, fumamos um e fomos procurar um lugar mais aconchegante do que a praia para dormir. Resolvi dar uma volta mais perto do mar. Que idiotice! A Kombi atolou na areia. Putz, quanto mais eu tentava sair, mais ela atolava. Até que as rodas traseiras cavaram um buraco, fazendo com que o eixo encostasse no chão, aí, acabou. Descemos, tentamos empurrar, mas não conseguimos, claro. Escureceu rápido e a gente ali. Sentamos no banco da frente para pensar, acendi o pisca-alerta por desencargo de consciência, e não é que apareceu um carro? Aliás, era um jipe enorme que logo foi se preparando para nos guinchar. Desceu um holandês cabeludo, rindo, falando aquela língua que ninguém entende. Ele tirou um cabo de aço da parte de trás do jipe, engatou a outra ponta no eixo dianteiro da Kombi e tirou a bicha em segundos. Levou-a até perto da calçada, num ponto seguro da areia. Nós, correndo atrás da Kombi, estávamos achando que era um serviço público, tipo "Departamento Municipal de Tirar Carros Atolados da Areia", como tinha o serviço social no Vondelpark, mas não. O cara pediu uma grana preta pelo serviço prestado. E ninguém entendia direito o que o outro falava. No fim, a Nara, bem irritada, se fez entender: só tínhamos x dinheiros — um décimo do que ele queria — e fim. Se não topasse, que atolasse a Kombi de novo. Nessa altura, eu já estava colocando a bichinha bem longe da areia, num estacionamento na avenida. Ele aceitou meio pê da vida e se mandou. Assim, nos salvamos de perder a Kombi para o mar antes de começar a viagem para a Índia. Não consigo lembrar se dormimos em Zandvoort ou voltamos na mesma noite para Amsterdã.

•••

Um dia, estávamos na Kombi vendo a chuva cair num dos canais da cidade e deu vontade de tomar uma "meiota", como chamávamos meio comprimido de ácido. Eu estava sentado no lugar do motorista e a Nara, no carona. Piquei um "filme", nome do LSD que vinha na forma de um plástico preto, coloquei em cima do volante, peguei uma tesoura e comecei a cortar o dito. Nisso escutei uma batida forte na janela da Kombi. Era um guarda. Quase infartei! Abri a janela nem sei com qual mão, uma vez que uma segurava o "filme" e outra, a tesoura. O guarda pediu os documentos do carro e eu, atrapalhadíssimo, dei, ainda segurando o "filme". Ele pediu o seguro, mas eu não tinha. Então me deu um prazo de quinze dias para fazer, me deu um papel, bateu continência e se foi. E eu fiquei parado como uma besta, quase obrando de medo de ser preso. Até hoje não sei se ele viu, não viu, sabia ou não sabia. Passado o torpor, acabei de dividir o bichinho, coloquei metade na boca da Nara, a outra metade na minha, descemos da Kombi e viajamos pelas ruas de Amsterdã. O livro *Alternative Amsterdam* era quase tão bom quanto o *Alternative London* e dizia que, quando tivéssemos a sensação de estarmos sendo fotografados ao passear pela cidade com nossos figurinos exóticos

315

provavelmente estávamos mesmo, explorados pelo governo holandês como macacos no zoológico, protagonistas do turismo hippie.

Naquela madrugada, acordei pensando no Ricardo, depois de ter sonhado com ele. Quando a Nara acordou, falei para ela que achava que ele estava em Amsterdã ou tinha voltado para o Brasil. Fomos a um telefone público que fazia ligações sem cobrar — nós, hippies, tínhamos facilidade em encontrar essas deficiências do mundo moderno europeu — e liguei para São Paulo, para a casa da dona Alayde, mãe dele. E ela: "Ricardo acabou de chegar do aeroporto, vou chamar." Então ele contou que realmente ficara sem direção em Colônia, mas que logo conseguiu emprego, e depois foi para outra cidade da Alemanha, até que resolveu voltar para o Brasil. E contou rapidamente sobre a prisão: o advogado inglês que tentou falar português para defendê-lo, as revistas *Manchete* e *Cruzeiro* antigas que levaram para a cela para ele se distrair e o julgamento, cheio de cabeludos sorrindo para ele e fazendo o sinal de paz e amor com os dedos indicador e o médio em "V". Fora condenado a uma multa e solto assim que cumpriu as formalidades de pagamento.

Foto: arquivo pessoal

*Pegando carona para o País de Gales (1973)*

# CAPÍTULO 25

Enfim, estávamos eu e Nara liberados para seguir viagem. Combinamos que não íamos levar drogas no trajeto — o exemplo do Ricardo havia sido suficiente —, mas não resisti e coloquei uma pedrinha de haxixe enrolada num saco plástico dentro de uma bolsa de lã tricotada, onde guardávamos linhas, agulhas, botões, tesoura, enfim, material de costura. Coloquei tudo dentro de uma caixa de primeiros socorros, o saco misturado com rolos de gaze e esparadrapo, vidro de mercurocromo, frasco de álcool, essas coisas que brasileiro gosta de levar em viagens, e botei no porta-luvas da Kombi, que pegava o painel todo e não tinha porta.

Teve festa/viagem de ácido na casa do Ulisses alguns dias antes da nossa partida, na qual mais uma vez queimamos os móveis para não passar frio. O vereador teria que dar novas listas de lugares onde Ulisses fosse buscar os que os holandeses jogariam fora.

Íamos sair da Holanda pela Alemanha, atravessá-la toda em direção à Áustria — passando pela Floresta Negra — e, através da Áustria, chegar à Iugoslávia, cruzá-la e chegar em Atenas para conhecer o país criador do Teatro. De lá, passaríamos para a Turquia de *ferry boat*, até chegarmos a Istambul, onde acabava a primeira parte da viagem, antes de pegarmos a *Hippie Trail*, a barra mais pesada.

Até ali era só Europa. O problema, pequeno, poderia ser a Iugoslávia, regime fechado onde Tito imperava. Depois de conhecer bem Istambul, deveríamos seguir junto com algum outro maluco de Kombi ou até em algum Magic Bus — havia dezenas deles, saindo praticamente de todas as grandes cidades europeias, todos com os mesmos destinos: Índia, Nepal ou Tibet. Mas por ora a preocupação deveria ser a viagem até Atenas, cerca de três mil quilômetros.

Saímos cedo da casa "crackeada" da Sint Nikolaasstraat. Demos ainda uma volta pela cidade, e me lembro de pensar quão importante tinha sido, para mim, viver ali e em Londres. Como o ser humano se adapta logo às coisas boas da vida, como a liberdade, algo em falta no Brasil na maior parte do tempo.

Na fronteira com a Alemanha, os alemães, óbvios como são, haviam feito uma barreira na estrada para revistar todos os carros que vinham de Amsterdã. Além de não liberar, empatavam os liberados. Era um aparato maquiavélico, com cachorros pastores da mesma nacionalidade e raiva dos policiais. Paramos a Kombi, descemos — sim, eu estava com o seguro, um adesivo colado no vidro, sem o qual não se podia circular pela Europa —, e eles logo pediram nossos documentos e do carro; ficaram com eles nas mãos e colocaram dois pastores-alemães dentro da van para cheirar tudo, um na parte da frente, outro na traseira. O da frente passou pelo porta-luvas onde estava a caixa de primeiros socorros sem nenhum movimento estranho, mas um dos tiras resolveu pegá-la. Ofereceu a caixa aberta para o cachorro cheirar, mas ele continuou passando batido. Eu só olhando e torcendo. O guarda fechou a caixa, colocou de volta no porta-luvas e seguiu a revista. Lá pelas tantas, mandou que fôssemos para a sala da imigração e que esperássemos lá. Terminaram a revista na Kombi, revistaram outros carros, e meia hora depois um dos policiais foi falar conosco com um cachimbo meu na mão. Perguntou onde estava o que eu colocava dentro dele para fumar. Eu disse que estava em Amsterdã e que, se ele quisesse comprar, vendia em cada esquina. Ele não gostou muito da piada, mas me devolveu o cachimbo, os passaportes carimbados com entrada na Alemanha e o documento da Kombi. Saímos de fininho e, na primeira oportunidade, enrolei um pedaço do haxixe com tabaco Drum para comemorar.

Passamos por Düsseldorf, Colônia — dessa vez conseguimos curtir; na primeira, foi só perrengue. Dávamos carona para todo mundo, chegamos a viajar com seis backpackers na parte de trás da Kombi. Passamos a curtir nossas próprias festas com nossos caroneiros eventuais sem entrar em cidade nenhuma, apenas pequenos vilarejos para comprar comida e dormir. Sempre tinha um maluco com barraca, cada um com seu *sleeping bag*; usávamos a Kombi para cozinhar nas paradas que fazíamos em campings do caminho e, claro, Nara e eu dormíamos nela — mordomia. Quando chegamos na Áustria, demos carona para um estudante de esquerda que estava fugindo da polícia! Na Áustria! Mas ele disse que era muito radical e que o país era mais direitista do que parecia e tal e coisa. Ele viajou conosco por muito tempo. Sua barraca era de campanha e nela cabia só uma pessoa, deitada. De manhã, no café, comia um naco enorme de toucinho cru, "para dominar o frio". Me deu para experimentar. Sabem que, no frio intenso, era até gostoso? Eu me lembro de termos acampado numa floresta na Áustria, perto da Iugoslávia, onde fizemos uma fogueira, fumamos um *hash* e conversamos.

Era um mundo que eu não conhecia, uma floresta europeia, onde você podia acampar no meio do mato sem se preocupar com nada...

Ah, tenho que explicar a diferença enorme entre os primeiros dias na Kombi — quando quase morremos de frio — e nesta viagem, quando dormíamos tranquilamente: antes dormíamos no chão, tendo apenas os colchonetes ou os *sleeping bags* entre nós e o chão de metal; e agora sobre uma cama a quarenta centímetros do chão, com colchonete, roupa de cama e cobertores. Contrariando os cuidados contra incêndio, tínhamos um aquecedor a gás que deixava a Kombi um forninho gostoso! Compramos até uma comadre de hospital, para que não precisássemos sair para fazer xixi de madrugada. Hippies, sim, mas com conforto. E banho, nunca abrimos mão do banho diário, descolado em campings públicos ou pagos, ou em postos de gasolina. Era tudo muito bonito, dava vontade de ficar; o mar Adriático do outro lado da Itália, a gente podia acompanhar a descida pela Iugoslávia: Rimini, Ancona, Pescara, mesmo porque alguns barcos uniam os dois países e partiam dessas cidades maiores. Do outro lado, as montanhas de pedras de uma cor bege, quase brancas, dando ao lugar uma aparência insólita, uma paisagem desconhecida para nós, brasileiros. A Iugoslávia era Tito por todo lado. A tristeza das pessoas nas ruas lembrava Portugal, quando passamos um dia em Lisboa. Era tudo meio truculento. Não aceitavam cheques de viagem, e sempre diziam não aceitar dólares nem em *cash*. Isso nos forçava a entrar em cidades maiores para trocar dólares por dinares iugoslavos, sendo que a última coisa que queríamos era entrar em cidades grandes. Não sabíamos quanto íamos gastar até chegar na Grécia, então não queríamos ter um dinheiro que em breve não valeria para nós. Tirávamos sempre o mínimo para dois, três dias. E como a viagem era *low-profile*, não tínhamos ideia de quantos dias ficaríamos no país. Para nós era apenas uma passagem para a Índia, porém aproveitando bem as belezas naturais e convivendo com os grupos que viviam em vilas pequenas.

Um dia, resolvi irritar o vigia noturno de um posto de gasolina. Mandei encher o tanque e, na hora de pagar, saquei o talão dos *travellers*. O cara chiou, brigou, gritou, mas me fiz de idiota e só repetia *"I don't understand."*[18] E o cara gritando, fazendo escândalo. Pegou meu

---

18 "Eu não entendo" (T.L.)

passaporte e viu que eu era do Brasil. Mudou na hora, saiu falando Belé, Belé, Brasil, Belé, e me levou para o escritório do posto. Lá, abriu o cofre e tirou uma planilha que tive que preencher com os meus dados, o número do cheque, um monte de dados pessoais, me fez assinar o papel, a contra-assinatura no cheque e o guardou no cofre, junto com uma pilha de outros. Não aceitavam para não dar trabalho, acabei percebendo. Dinheiro era pá e bola, *travellers cheques* exigiam algum esforço. A partir daquele dia passei a usar o nome do Pelé para quebrar galhos. Qualquer problema que surgia eu dizia "Brazil, Belé", e apontava para mim mesmo. Funcionava.

De qualquer forma, não precisamos mais trocar dinheiro depois que, ao avistarmos uma feira livre na beira de uma estrada que dava para um vilarejo, a Nara disse que estava com uma coceira na palma da mão. Era o que diziam em Santa Rita quando eu era pequeno: coceira na mão era sinônimo de dinheiro chegando. Estacionei a Kombi ao lado da feira, entre vários caminhões, e quando a Nara desceu, pisou em algo. Olhou e encontrou uma pilha de dinares. Olhou para os lados, ninguém. Pegou o dinheiro e me deu, botei no bolso. E fomos para a feira. Lá, no meio da feira, tirei o pacote do bolso. Até hoje não faço ideia de quanto tinha. Compramos legumes, verduras, peixes. Voltamos para a Kombi e seguimos viagem. Parávamos sempre que víamos alguma praia linda, alguma montanha majestosa, ou uma vila charmosa.

A certa altura da viagem fomos para o interior, acho que depois de Dubrovnik, e os campings desapareceram; uma noite, paramos num espaço bom no acostamento e resolvemos dormir ali mesmo. Acordamos com a sensação de estarmos sendo observados. E estávamos. Um grupo de ciganos cercava a Kombi, nos olhando e sorrindo. Percebi a porta dianteira do motorista meio aberta, olhei para o porta-luvas, vazio. A câmera da Nara, uma Olympus, daquela que dividia cada negativo em dois, tinha sumido, assim como nossa caixinha de primeiros socorros. E o que havia sobrado do dinheiro achado pela Nara estava dentro. O haxixe havia acabado, ainda bem.

Descemos da Kombi ainda meio sonados, devia ser umas cinco da manhã. Os ciganos todos nos cercaram e pediam coisas, fazendo sinais. Vi a câmera na mão de um deles, deu medo; nos fizemos de bobos, entramos nos bancos da frente e arrancamos com o carro no meio deles. Nunca precisei de anéis, prefiro os dedos. Metemos o pé para chegarmos logo na Grécia. Seguimos para Thessaloníki, passando pelo que é hoje a Macedônia, onde começamos a ler pichações que se tornaram recorrentes: "*Macedonia is greek*".[19]

Finalmente chegamos à Grécia. Foi um perrengue entrar com a Kombi. Na fronteira havia um aparato burocrático impressionante, até que liberaram, colocando um monte de selos e carimbos na última página do passaporte, onde dizia que eu só poderia deixar a Grécia de posse da Kombi. Era uma maneira dos gregos evitarem o contrabando de carros usados, simplesmente porque os carros na Grécia custavam dez vezes mais que em outros países da Europa. Qualquer turista então entraria com um carro, venderia dentro do país, ganharia uma nota e voltaria para casa com a grana. Portanto, ao lado do carimbo de entrada havia uma anotação remetendo para a última página.

Ao entrar na Grécia, senti gosto de leite de cabra na boca. Lembrei a infância em Santa Rita, quando as cabras do seu Berto Marize passavam na frente da nossa casa e os sinos que carregavam no pescoço faziam um ruído lindo, de prazer auditivo e gustativo. Devo ter feito uma associação com a tragédia grega que, como eu sabia, queria dizer, em sua origem, *Tragodia*, o Canto do Bode. Logo descobri que leite em grego era "*gála*" — Galak, lembra aquele chocolate?, e "*katsíka*" era cabra: *gála katsíka*, leite de cabra. Saí perguntando para todo mundo cada vez que parava a Kombi, mas nada, os gregos riam, diziam que só no sul, só no interior, mas eu não desistia.

Outra coisa que me despertou a curiosidade geminiana foi a língua. Compramos um dicionário inglês-grego-inglês e íamos tentando

---

19 "Macedônia é grego" (T.L.)

decifrar. Aos poucos percebemos a intensa relação entre nossas línguas: *gineca* é mulher? Claro, ginecologista é quem estuda a mulher. Pediatra estuda quem? Criança? É *pediá*! *Dromos*, estrada. *Hippo*, cavalo. Hipódromo, morou? *Potamos*, rio. Hipopótamo, cavalo do rio. E assim a coisa ia. Mas nada de *gála katsíka*. Quando entramos em Thessaloníki, a Kombi começou a fazer um barulho estranho. Imediatamente saí à procura de uma oficina. Achei fácil, pois a Grécia era — como o Brasil — cheia de carros velhos. O mecânico, um boa-praça, tinha estado no Brasil trabalhando em navios, carregando café. Outra coisa recorrente: como a maioria dos armadores eram gregos, havia muito emprego em navios, e quase todos os gregos mais velhos que conheci trabalharam neles. Conheciam Santos, Rio, Paranaguá, Rio Grande, entre outros portos. Gostei do povo grego de cara. Quando brasileiro tenta falar grego, sai quase sem sotaque e eles adoravam. *Kalimera*, bom dia, é *kalimera* mesmo, como se escreve. Mas para os franceses era *kalimerrá* e para os ingleses e americanos, algo bem diferente. O difícil era, por exemplo, o 'h' aspirado em *kalinihta*, ou boa noite.

O mecânico identificou o problema rapidamente, era algo comum, simples de resolver, mas seria necessário tirar o motor e levaria cerca de dois ou três dias. Ok, vamos conhecer Thessaloníki. Não me lembro de nada da cidade, a não ser que não achei leite de cabra, só azeitona, queijos (feta) maravilhosos, tomates, pepinos, abobrinhas, cebolas de dar água na boca. E peixes. E frutos do mar. E *ouzo*, vinhos e *retsinas*. O mecânico nos convidou para nos hospedarmos na casa dele, de graça, e aí conheci a *filoxenia*, o amor dos gregos por estrangeiros, o oposto da xenofobia.

Rapidinho estávamos em Atenas. A entrada na cidade foi uma loucura. Trânsito caótico, buzinas, apitos de guardas, gente atravessando a rua fora da faixa, uma zona pior do que o Brasil. Estávamos desacostumados com essa loucura, e, sem saber direito para onde ir, tive um ataque e parei a Kombi onde estava — ao lado da Praça Sintagma, em pleno centro de Atenas. Estacionei num local reservado a alguma coisa, era impossível decifrar aqueles betas-omegas-alfas-zetas das placas! Descemos do carro e vimos o Departamento de Turismo de Atenas. Ao entrar, a primeira coisa que meus olhos viram foi uma lista de ilhas, preços e horários dos barcos que iam para elas. As ilhas Cíclades: Andros, Tinos, Mikonos... Propus à Nara que fôssemos para uma das ilhas, a que tivesse a travessia mais barata, e depois conheceríamos Atenas.

Andros era o nome dela. O barco, meio navio, meio *ferry boat*, saía do porto da cidade de Rafina e não de Pireus, o porto de Atenas, mas era perto. Embarcamos a Kombi e algumas horas depois desembarcamos em Gavrio, uma das várias cidades da ilha e onde fica o porto principal. Peguei uma estrada enquanto Nara, com o mapa, indicava o caminho, procurando uma praia para dormirmos. Numa encruzilhada pudemos ver, do alto de uma montanha, uma praia deslumbrante, uma pequena baía. Uma placa feita à mão indicava: Fellos Beach. Assim, com o beach em inglês e caracteres ocidentais. Três ou quatro casas e só. Paramos a Kombi sob uma árvore — depois vimos que era uma oliveira antiquíssima. Descemos, fomos até o mar, e ao voltarmos escuto ao longe as palavras mágicas: *gála katsíka, gála katsíka*! Uma mulher correu em nossa direção com dois baldes cheios de leite e gritando *gála katsíka*. Ela pegou uma caneca que estava pendurada num dos baldes, encheu de leite e nos ofereceu. Aceitei, tomei, ela encheu de novo, bebi de novo. Não lembro se Nara tomou ou não; eu tomei muito, sem me preocupar com a possível dor de barriga que acompanhava o excesso de leite de cabra. Ela, a grega, se chamava Eleni. Mostrou a casa modesta em que morava. Não falava uma palavra em inglês e parecia ser muito simples, assim como a casa. Tinha um filho de um ano que praticamente não saía do berço. Chamava-se Nikos, como o avô. Como era pequeno, Nikolaki. Ela nos levou para lá, nos fez sentar na sala, serviu azeitonas e feta. Tentávamos nos entender por mímica, embora ela continuasse falando grego sem parar. Sabe a pessoa que fala com um estrangeiro, e, ao notar que ele não entende sua língua, aumenta a voz? Como se o outro fosse surdo? A Eleni era meio assim. Logo em seguida um barulho de moto e ela disse: "Iraklis", mostrando a aliança. O marido dela havia chegado e falava um pouco de inglês, um alívio.

Resumindo a história: passamos a morar na Kombi embaixo da oliveira. Ela ficava agora com as duas portas permanentemente abertas, o verão havia chegado. Montamos uma mesa e duas cadeiras e fincamos raízes ao lado da árvore. Meditávamos às seis da manhã, ao meio-dia e às seis da tarde. Depois da meditação, fazíamos nosso café com frutas locais, pães da Eleni e muito, muito leite de cabra. Por que sobrava tanto? Porque elas eram muitas, e davam cria quase ao mesmo tempo. Eleni fazia queijos, coalhada, tudo o que podia. Ao mesmo tempo, não se podiam deixar as cabras com o peito inchado de leite, pois endureceria e elas poderiam morrer. Então, o negócio era tirar.

Íamos dar um mergulho, ficávamos na praia lendo, caminhávamos pelas montanhas. A um quilômetro dali havia outra praia, ainda menor que a de Fellos, onde havia apenas uma casa. Segundo Iraklis, pertencia a um roteirista americano, Tom, que escrevia para Hollywood. Vivia entre as duas localidades, e quando podia, trabalhava na ilha. Além da casa, ele mandara construir um quarto independente, com apenas uma porta e uma janela, mas que janela! A vista era próxima do que entendo por paraíso. Vida de sonho, escrever roteiros para cinema numa ilha grega. Tom acabou morrendo de infarto fulminante na praia logo após um banho de mar. Parece que ele havia chegado na ilha no dia anterior, dizem que ele voltou para morrer no lugar que tanto amava.

Quando voltávamos de nossas caminhadas — a meditação do meio-dia era o nosso limite —, tinha sempre um prato de comida que a Eleni deixava para a gente. Filoxenia. A macrobiótica dançou de vez. Como resistir àquela comida caseira e bem temperada? Abobrinhas recheadas, moussaka de berinjela, carneiro assado, polvo, ah, aprendi a fazer um polvo incrível com o Iraklis. Mas dá muita pena do bichinho, nem vou contar. A Eleni passou a me dar aulas de grego todas as tardes. *Tiri*-queijo, *neró*-água; *filos*-amigo. *Filos*, claro, filosofia, amigo do saber, porta-porta e ríamos muito os três. Peruca é *peruca*, canela é *kanela*, horário é *orario*... No final da aula, chegava o pai do Iraklis, o seu Nico, setentão nos trinques, sempre montado no seu jegue (que, aliás, se chamava, obviamente, Jegue, *Gaidaros* em grego). Ele tinha sido pedreiro e ensinara as técnicas de construção centenárias que fizeram do Iraklis um vencedor, capaz de construir casas tradicionais por fora e supermodernas por dentro por uma nota preta. Seu Nico era uma figura rara, baixo, magro, sempre meio bêbado. Adorava um *ouzo* com água, mas não dispensava nem *tsipouro* (uma *grappa* grega), nem vinho, nem cerveja, nem retsina. Comecei a beber com ele todo dia, ficamos amigos. Ele falava grego, eu português, mas o álcool nos fazia entender um ao outro.

Os dias na ilha eram sempre claros, com sol. As chuvas caíam raramente e sempre precediam o retorno de um sol ainda mais brilhante. De Fellos até Gavrio eram cerca de quatro quilômetros, e resolvemos ir a pé, tanto para fazer exercício como para não ter que mexer na Kombi toda hora. Íamos pela estrada, como todo mundo, às vezes passava uma carona e nos levava. Teve uma vez em que estávamos em Gavrio para comprar comida e resolvemos cortar caminho, como se dizia em Santa Rita. Sabíamos que era para o Norte e subimos a primeira montanha. Assim que deixamos de ver o porto, perdemos todas as referências, não víamos mais o mar, as montanhas eram todas iguais: uma cobertura de arbustos baixos, de pouco mais de meio metro, e pedras e mais pedras. Não me esqueço do som que ouvíamos, constante como o sol, das centenas de milhares de abelhas voando para colher o néctar das flores azuis dos arbustos de Thymus Capitatus, o nosso delicioso orégano em sua forma primitiva. Andamos, andamos, andamos, e nada de chegar em Fellos. Admitimos que estávamos perdidos, com duas sacolas de compras nas mãos. Bateu um desespero, meio-dia, sol a pino e nós no meio do nada. Cada um dos dois tinha uma ideia diferente de para onde devíamos ir. Mas nenhum dos dois acertou.

Andamos horas e mais horas sem chegar a lugar nenhum. Até que avistamos o mar de novo. Pelo menos uma referência! Fomos até ele, subimos e descemos pequenas montanhas, os pés doíam de tanto caminhar nas pedras. De repente, encontramos! Estávamos em Gavrio de volta! Então nos demos conta de que, como em filmes de selva, ficamos dando voltas e mais voltas e não saímos do lugar. Chegamos em Gavrio com uma sensação de frustração imensa, além de mortos de cansaço, e os queijos-feta apodrecidos na sacola por causa do calor. Só um porre de *ouzo* para curar a ressaca moral. E uma carona de um amigo, porque ninguém é de ferro. Claro que, mortos de vergonha, nem comentamos nada com Iraklis e Eleni.

No País de Gales (1973)

Foto: arquivo pessoal

# CAPÍTULO 26

No meio de uma aula de grego com Eleni, Nikolaki — o filho deles de um ano, que ficava de pé no berço sacudindo os braços num movimento constante querendo sair — começou a "finar" ou perder o ar, como dizem os gaúchos. Imediatamente peguei a Kombi e fomos os quatro em desabalada carreira até Chora, a capital da ilha, onde tinha médico. Era longe pacas e a Kombi resolveu dar problema no aquecedor: um ar quente começou a entrar no veículo. Abrimos as janelas, mas a coisa foi piorando. Eu não sabia se dirigia, se tentava tapar as saídas do ar, enfim, foi um caos. Conseguimos chegar, um médico atendeu o Nikolaki e não era nada sério. Na volta, a Eleni pediu para que parássemos na casa dos pais dela, onde fui transformado em herói e salvador da vida do seu filho. A casa virou uma festa, os vizinhos foram chegando, Iraklis trouxe caixas de cerveja e *ouzo*, as mulheres foram para a cozinha e, ao cair do sol, um jantar grego se pôs à mesa com tudo a que se tem direito. Barris de azeitonas diversas, pretas, verdes, marrons, grandes, pequenas; barris de azeite de várias safras diferentes. Soube que muitos clientes do seu Nikos pagavam por seu trabalho de pedreiro com azeite feito em casa, em tonéis enormes. Na mesa, o que eu mais gostava era que todo mundo pegava a salada grega — queijo feta, tomate, pepino, alcaparra e cebola (*pheta tiri, tomata, aguri, capari e cremidia*) — do mesmo prato. Ao lado de cada um, um dentão de alho descascado. As comidas quentes eram feitas na hora, enquanto detonávamos as saladas. Saímos de lá tarde da noite, comidos e bebidos como verdadeiros súditos de Dionísio, o Deus do Vinho e da Uva, e por tabela, do Teatro. Lógico que a notícia correu por toda a ilha. Eu era conhecido como Iosíf Vrasilía, algo como José Brasil. Durante duas semanas todo mundo que me via me cumprimentava e me abraçava. Depois esqueceram e deixei de ser herói.

Iraklis comentou que todos os homens da ilha estavam ocupados, colhendo azeitona, por isso ele não podia tocar uma casa que estava fazendo para ele morar, pois precisava de pelo menos um ajudante. Eu me ofereci. Ele riu. Eu insisti. Ele topou.

Foram dias de terror, nunca me cansei tanto na vida. A cal lá não vinha em sacos, como no Brasil, mas a granel: um caminhão jogava a cal numa piscina enorme, de dois metros de profundidade. Eu descia no buraco, com o carrinho de mão, para enchê-lo com a cal úmida, o que aumentava o peso, e subia por uma rampa de madeira até chegar ao nível do solo. Andava mais um pouco até o lugar certo para misturá-la com cimento e areia, depois juntava água e fazia a argamassa. Depois de pronta, tinha que colocá-la em latões de vinte litros e levar para o Iraklis emassar uma parede de pedras no segundo andar da casa, o que me obrigava a subir escadas com aquele latão de cimento no ombro. Nos primeiros dias, o sofrimento foi apenas atroz. Nos outros, virou tortura. Minhas mãos passaram das bolhas para carne viva; meus ombros estavam machucados pelas abas ásperas do balde e roxos pelo peso. Quando voltava para casa à noite, Nara ria muito ao me ver cheio de pingos de cal pela cara, roupa, sapatos, tudo. Eu parecia um dálmata ao contrário, com as pintas brancas. Iraklis percebeu que eu não dava para a coisa, me pagou, me deu uns dias de folga porque ia para Atenas, foi, e na volta não tocou mais no assunto. Nem eu. Vinte anos depois, quando voltei para Andros para visitá-lo, dormi na casa que "ajudei a construir".

Passada a fama de herói, soube que havia um brasileiro nos procurando. Era um rio-grandino, Ayrton Gianoukas, um gaúcho da cidade de Rio Grande, que fica ao lado de Pelotas, terra da Nara.

Ele estava estudando em Atenas, a família era da ilha, o avô Iorgos havia nascido em Gavrio. Quando soube que havia dois brasileiros morando lá, quis conhecer. Ficamos amigos, ele também estava vivendo o seu *drop-out*. Antes de ir embora, nos deu dois LSDs que tinha comprado em Atenas. Dos "buenos", nos disse, com sotaque gaudério. Alguns anos depois fui saber que ele era irmão da Grace Gianoukas, genial comediante, criadora do *Terça Insana*, série de espetáculos que fez época em São Paulo a partir dos anos 1980. Fazia um bom tempo que não tomávamos LSD, então resolvemos guardar para uma ocasião propícia, que logo chegou.

Fomos finalmente para Atenas conhecer as raízes da civilização ocidental. O mais engraçado foi ver a cara dos gregos me ouvindo falar sua língua com sotaque de ilhéu, como nossos amigos de Andros nos ensinaram. Em Atenas conseguimos uma pensão bem baratinha e começamos nosso périplo, claro, pelo Teatro de Dionísio, nas ruínas da Acrópole. Ao entrar naquele templo, onde tudo começou, ouvi uma música moderna — nada a ver com aquele lugar. Não havia ninguém lá, a não ser um cara limpando um móvel bem no centro do palco. Ao chegarmos perto, vimos que, no chão, um pequeno rádio de pilhas emitia a música que tomava todo o ambiente. Acústica, Zé de Abreu, acústica!

Imaginava os festivais de teatro grego, quando diariamente levavam três tragédias e uma comédia! Os espectadores passavam o dia inteiro no teatro. As personagens femininas eram representadas por homens, porque mulheres não podiam ser atrizes.

Uma coisa de que me lembro bem foi ver, nas cadeiras de mármore das primeiras fileiras, onde sentavam os VIPs da época, um buraco para passar o xixi. Com aquelas roupas longas e largas, era fácil colocar o peru no buraco e aliviar a vontade.

Passar três dias visitando as ruínas da civilização grega em Atenas foi uma experiência espetacular.

Existem três Atenas: a atual e moderna metrópole, Plaka (a Atenas "de época") e a Atenas antiga, com a Acrópole, o Parthenon e seus arredores. Adorei Plaka, com seus bares e restaurantes onde ainda se quebravam pratos nas paredes, os músicos tocando *bouzouki* nas escadarias do bairro. Boemia sempre me fascinou.

Numa tarde, enquanto Nara tirava uma soneca, saí da pensão para dar uma volta nas redondezas. Passei na frente de uma agência de viagens onde havia uma oferta de voo Atenas-Cairo-Atenas por cem dólares, pela antiga BUA, British United Airways. Imediatamente pensei nas pirâmides e no ácido que o Ayrton Gianoukas nos dera. Tomar lá seria o máximo! Comprei as passagens na hora, para o dia seguinte de manhã! Voltei para a pensão excitadíssimo, acordei a Nara mostrando as passagens e ela adorou a ideia, mais louca que eu.

No dia seguinte, Cairo, Egito. Assim que o avião pousou no aeroporto, vimos, sentindo frio na barriga, alguns aviões queimados no solo. Alguém explicou que tinha sido da guerra de 1967 com Israel. Bueno, já era 1973; poderiam ter tirado, né? No ônibus da BUA que nos levou ao hotel, fizemos amizade com um padre americano que estava voltando ao Cairo depois de uma temporada nos EUA. Seu relato nos apavorou: era impossível fazer turismo sozinho, ninguém falava inglês, tudo era escrito no alfabeto árabe, inclusive as notas de dinheiro, o que impedia até sua valoração, uma vez que os números também eram bem diferentes dos nossos. A quantidade de pessoas que morava nas ruas era imensa. Até o ônibus chegar ao centro do Cairo, vimos milhares de pessoas, todos de roupas brancas, dormindo pelas praças, caminhando para lá e para cá, uma coisa que nunca tinha visto. O padre nos disse que a população do Cairo era oficialmente um milhão de moradores, mas aproximadamente 2 milhões viviam extraoficialmente, sem endereço. Eu havia feito reserva num hotel três estrelas, só para uma noite, para garantir a chegada sem surpresas desagradáveis. O plano era mudar para um mais barato assim que tomássemos pé da situação. No hotel, ao olhar para o telefone com aqueles números indecifráveis no disco, logo me veio a ideia: o disco é internacional, começa no um e vai até o zero, então é só copiar os sinais, certo? Certo. Peguei as notas de dinheiro egípcio que havia trocado no aeroporto e fui colocando em ordem crescente, conforme o disco do telefone. Pronto, um problema a menos. Até ir comprar cigarros. As notas que eu tinha eram grandes, de duzentos, quinhentos, mil, cinco mil piastras, números redondos. Quando dei uma de duzentos e o troco era de quinze notas de todos os valores possíveis, pirei. Como saber se era cinco, cinquenta ou quinhentos? Pelo pontinho que equivalia ao zero? Se eles escrevem da direita para a esquerda, o zero não devia estar do outro lado? Desisti.

Uma coisa que muito me impressionou foi os olhos dos habitantes, caolhos, resultado de anos de tracoma malcuidada.

Pelas ruas da cidade, éramos como ETs. Pouquíssimos turistas, ninguém usava roupa ocidental. Um rapaz percebeu que estávamos perdidos, tentando nos localizar no mapa, e veio conversar com a gente, em inglês. Era engenheiro, 25 anos, e pretendia viajar para Londres; pediu informações sobre a cidade, preços etc. No Egito, como no Brasil, havia dois dólares, o oficial e o paralelo. O oficial que valia x e o negro que valia mil vezes mais. Logo compreendemos o motivo: no câmbio oficial, a pessoa só podia comprar para viajar ao exterior um valor mínimo. Como não dava pra nada, o cidadão era obrigado a recorrer ao câmbio negro. E o engenheiro, completamente fora da realidade, pretendia ir para Londres com o valor mínimo! Ia gastar tudo antes de chegar ao centro da cidade. Enquanto conversávamos, notamos um antissionismo brabo no guri, que metia o pau em Israel e nos judeus. E Nara com uma Estrela de David no pescoço. Na primeira oportunidade, escondeu a correntinha.

Ele nos levou para duas experiências absolutamente inesquecíveis: um restaurante e um hotel, segundo ele, com preços imbatíveis. O primeiro, perto de um mercado, um boteco com quatro ou cinco mesas que servia o "típico prato egípcio": bolas de gordura de carneiro boiando num caldo, acompanhadas por goles de vinagre num copo. Como químico que sou, entendi logo a jogada: a procura do pH7. Gordura é básico e vinagre é ácido acético, um trago de um e um do outro equilibram a refeição. Mas era muito diferente, muito difícil de tomar ou até de olhar. Tomar vinagre aos goles não é lá muito agradável. O segundo, um hotel que custava 10% do que estávamos pagando no nosso três estrelas. Eu devia ter imaginado, mas primeiro passamos no hotel antigo, tiramos nossas malas, e nos mudamos sem ver para onde estávamos indo. Para se ter uma ideia, da portaria do hotel até o quarto via-se uma fila de árabes dormindo no chão do corredor. Dos dois lados. E era de dia. Devia trocar de turno. No quarto, pequenino, sujo, uma pia; banheiro no corredor. Resolvemos dormir com a roupa do corpo e no dia seguinte sair correndo de lá. Mas a surpresa veio à noite quando fui acordado aos gritos pela Nara. Depois de se levantar para ir ao banheiro — no corredor, claro —, ao pisar no chão, escutou um barulho. Acendeu a luz e viu o chão forrado de baratas. E não era modo de dizer: de fato, um tapete vivo. Ela pulou de volta para a cama e berrou. Cara, foi um negócio assustador. Não sabia o que fazer, não adiantava sair matando, eram muitas. Por incrível que pareça, elas não subiam na cama. Resolvemos ficar lá, a Nara segurou o xixi e esperamos amanhecer, olhando aquele tapete vivo se desfazer conforme o dia clareava. Aquela visão, argh, até hoje me causa engulhos. Voltamos para o nosso três estrelas que nem era tão caro, tudo lá era barato para quem tinha dólar. Faço força para lembrar o nome do hotel, ele chega perto e some de novo. Nome de mulher, histórico, tipo Sherazade, mas não é... Cleópatra! Claro, idiota. O hotel fica — existe até hoje, é estatal e está aos pedaços — em frente ao Museu Egípcio, perto da praça Tahrir que ficou famosa pela Primavera Árabe de 2011.

No dia seguinte, fomos finalmente visitar as Pirâmides. Tomamos um café da manhã reforçado, engolimos a "pedrinha" e esperamos o sinal: uma vontade enorme de fazer número dois. Dizia-se que era para limpar o corpo das impurezas antes de viajar numa onda mística, mas acho que era apenas uma consequência da droga. Já "sem impurezas", saímos em direção a uma história ainda mais antiga que a da Grécia. Éramos privilegiados por conhecer em uma semana dois dos mais importantes sítios históricos da humanidade. Reconhecíamos e agradecíamos a Deus, Buda, Cristo, Krishna, Ganesha e todos os deuses-budas que conhecíamos e não conhecíamos. Ah, e aos espíritos evoluídos.

Apesar de o padre e o livro de turismo dizerem que não devíamos ir sozinhos visitar Queóps, Quéfren, Miquerinos e a Esfinge, fomos. Turismo em grupo era coisa de careta e nós éramos loucos, quase iluminados. Pegamos um táxi no próprio hotel, por segurança, e pedimos para ir a Gizé. Chegando lá, o primeiro susto: as pirâmides estavam praticamente cercadas de favelas, com casas de papelão — nem de madeira eram —, como as cariocas de antanho. Do lado da cidade de Gizé, estava tudo tomado. O começo foi na paz, subimos na Grande Pirâmide junto com uns ingleses, um deles professor, estava entusiasmadíssimo, falava o tempo todo, explicava, mostrava as coisas, aprendi pacas. E foi bom, para matar saudades, ouvi-lo falar com aquele sotaque londrino, ainda mais depois do ácido inglês! Eu me lembro de ter ficado muito impressionado com um dos templos cheios de colunas milimetricamente dispostas, de forma que, por um determinado ângulo, elas desapareciam em sua unidade e formavam uma compacta parede. A Esfinge também impressiona bastante. O chato era aguentar dezenas de árabes tentando vender coisas, oferecendo uma volta de camelo ou cavalo, ou se oferecendo para nos guiar. Era uma repetição infernal de "*Hey mister tourist, do you want a ride in a camel? Hey mister tourist, do you want a ride in a horse?"*[20] Até que mudaram o disco para, se referindo ao meu bigode, *"Hey mister moustache, do you want a ride in a camel? Hey, mister moustache, do you want a ride in a horse?"*[21] Como um mantra e com aquele sotaque característico. Fora os *"buy buy buy?"*[22] e *"guide guide guide?"*[23] Aquilo estava realmente empatando nossa *trip*.

Uma das visitas só era possível com guia — era a uma tumba, não me lembro de que faraó. Resolvemos entrar para nos livrar dos pentelhos e porque devia ser lindo mesmo lá dentro. Além disso, tinha sombra, e o sol do deserto não estava fácil. Então procuramos um guia. Eram todos muito parecidos, com a roupa igual, o mesmo olho torto de tracoma, a mesma magreza na face. Escolhemos o mais velho e entramos. Tivemos que escorregar por um túnel quadrado de um metro de lado mais ou menos e com três de comprimento. Escorregar mesmo, de bunda, como num escorregador de parque infantil. O guia nos deu uma vela, acendeu, e lá fomos nós. Dentro da tumba, com as paredes forradas de desenhos egípcios, vi as imagens dançando na parede, se virando para nós, saindo daquela segunda dimensão egípcia e tomando formas naturais. Lindo. O guia árabe tentava falar inglês, mas achei melhor dizer logo que não entendíamos e ele ficou quieto. Tivemos então momentos muito loucos, impossíveis de descrever, são viagens interiores indescritíveis. Lá pelas tantas, a Nara entrou em trabalho espiritual e o cara meio que se apavorou. Chamou um menino, deu ordens a ele, que voltou com um lencinho de algodão branco e um pequeno livro dentro. O cara fez umas rezas

---

20 "Oi, senhor turista, você quer fazer um passeio de camelo? Oi, senhor turista, você quer fazer um passeio de cavalo" (T.L.)

21 "Oi, senhor bigode, você quer fazer um passeio de camelo? Oi, senhor bigode, você quer fazer um passeio de cavalo" (T.L.)

22 "Compre, compre, compre" (T.L.)

23 "Guia, guia, guia" (T.L.)

com o lenço, abriu o livro e vimos que era um Alcorão. Ele deu os dois para a Nara, e sou capaz de apostar que ela tem até hoje.

Assim como tudo numa viagem, o trabalho espiritual foi para o beleléu em segundos. Curtimos mais um pouco os desenhos dançando na parede e, quando nos demos conta, o guia havia sumido. Claro, pagamos adiantado... Até hoje, visitar as pirâmides não é para qualquer um. É só ver a quantidade de comentários negativos nos sites de busca de hotéis. São centenas de pedintes, guias e vendedores, que simplesmente puxam, empurram, entram entre você e o faraó e impedem sua visão. Quando saímos da tumba, foi isso que aconteceu, e a Nara teve um ataque bem engraçado, tentando expulsar os caras de perto da gente. Nesse momento, vimos um japonês ser literalmente despojado de tudo que tinha. Estava num dos camelos, que, incitado pelo dono, não parava de se mexer, apavorando o japa e fazendo com que se agarrasse no animal para não cair. Enquanto isso, outros ladrões montados a cavalo arrancaram tudo dele: bolsa, câmera, o que desse. Ficamos meio apavorados com a cena e saímos correndo atrás de um táxi. Entramos no primeiro que vimos e tocamos para o hotel. No meio do caminho, percebi que não teria dinheiro local para pagar o táxi, então pedi para parar antes e paguei com dólar. O cara começou a reclamar e a gritar, nós saímos correndo e ele foi atrás. Entramos no hotel, pegamos a chave e subimos, vendo o taxista entrar assim que pegamos o elevador. Mais tarde, quando descemos, recebemos do porteiro um envelope fechado. Dentro dele, um monte de dinheiro local: o taxista viu que pagamos muito além do que a corrida valia e, honesto, quis devolver o troco. De todo modo, nós estávamos ainda viajando e um tanto apavorados com o caso do japonês, e preferimos ligar para a companhia aérea e antecipar o voo. Conseguimos para a mesma noite e rapamos fora. Estresse "viajando" é *bad trip* na certa.

De volta a Andros, continuamos nossa vidinha de ilhéus, ouvindo o rádio de pilhas que havíamos comprado na chegada em Londres e que nos avisou da morte de Lyndon Johnson durante a primeira viagem de LSD na capital inglesa. Por incrível que pareça, a música mais tocada nas rádios gregas era uma versão em grego de *Eu Quero é Botar Meu Bloco na Rua*, de Sérgio Sampaio, que todo grego jurava ser música original deles. E muito Pink Floyd, que acabara de lançar o LP *The Dark Side of the Moon*, principalmente *Breathe (In the Air)*, sempre anunciado com aquele sotaque de grego falando inglês que eu tanto conheço.

Um dos vários amigos que fiz na ilha era um apicultor chamado Ioannis Reras. Às vezes, depois que seu Nikos ia dormir — e ele dormia cedo —, eu ia para a frente da casa do Ioannis tomar *retsina*. Ele comprava caixas de doze garrafas e tomávamos algumas. Sim, eu sempre bebi bem. Numa dessas bebedeiras, Ioannis me disse que tinha acabado de construir duas *spitiicro*, duas casas pequenas em Gavrio para alugar por temporada.

E eu, sei lá por que, talvez pela *retsina*, resolvi alugar uma delas. Ele me fez um preço bom, mas tive que pagar três meses adiantado. Era uma sala com cozinha, um quarto e um banheiro. E um corredor frontal que fazia papel de varanda. Deixar Fellos Beach e a nossa vida na Kombi para alugar uma casa deu uma sensação estranha, de perenidade. Uma pena, pois logo veio a vontade de ir embora da Grécia. Índia foi ficando cada vez mais longe, enquanto a vontade de voltar para o Brasil aumentava.

Foto para o lançamento da peça *A Salamanca do Jarau*
Porto Alegre, RS (1976)

Foto: Sandra La Porta

# CAPÍTULO 27

"*Tilegráfima, Iosíf, tilegráfima!*", gritavam os amigos quando fui buscar um telegrama na sede do correio em Gavrio. Toda a ilha sabia que tinha chegado um telegrama para mim, era incrível isso! Não devia ter muito *tilegráfima* naquele tempo em que telefones já funcionavam bem lá na Europa.

Aliás, era incrível também morar naquela ilha, uma vasta área de terra ainda virgem, nenhum prédio, centenas de pequenas fazendas de ovelhas, cabras, vacas etc., e plantação de legumes e verduras, uvas e azeitonas. Uma zona rural caipira para paulista nenhum botar defeito. Alguns dos ilhéus não conheciam nem Atenas, imaginem Londres, Paris, Roma, tudo ali ao lado deles...

O *tilegráfima* era do pai da Nara. Dias antes, ela havia mandado uma carta para ele em que dizia que estava casada, que eu era gói, casado, tinha um filho, e que ficaríamos juntos quer ele gostasse quer não; que adoraria ter a aprovação dele e voltar para o Brasil, mas que, se ele não desse, continuaríamos pela Europa mesmo. O telegrama era uma resposta mais ou menos assim: "Não era o que esperávamos para nossa única filha, mas se você está feliz, também ficamos. Ao invés de perdermos uma filha, preferimos ganhar um filho." A velha sabedoria judaica. E pedia para Nara telefonar porque tinha novidades. A novidade era que a Universidade Federal de Pelotas queria contratá-la para ser a responsável pela área de Teatro do novo Instituto de Letras e Artes. Ela era das poucas pessoas no Brasil com formação acadêmica superior como Diretor de Teatro e aliada à Pedagogia, vinda da Licenciatura em História. Imediatamente decidimos voltar.

Procurei o Ioannis para negociar a devolução do valor de dois meses de aluguel da casa, uma vez que tínhamos ficado nela menos de trinta dias. Ele se negou a devolver. Fiquei muito puto da vida, pensei que pela nossa amizade ele devolveria o dinheiro. Mas ele foi implacável, afinal tínhamos um contrato. Oral, porém, contrato. Mas eu não me conformei, então resolvi dar um susto nele. Chamei-o em casa para tomar uma *retsina* e, quando ele chegou, o levei para a cozinha. Usávamos, desde a Kombi, um fogareiro a gás com uma boca sobre o botijão. Nesse dia, tirei o fogareiro de cima do botijão, abri o gás e peguei um isqueiro. Claro que era para ser fingimento, para meter medo nele, que estava meio bebum. Mas na hora que rodei a mó do isqueiro, antes de a chama acender, foi o gás que pegou fogo. Aquela labareda que ia até o teto assustou os dois, mas principalmente a mim, que estava com o botijão na mão. O pânico foi tamanho que nem consegui me dar conta de que era só fechar o gás. Saí correndo pelo quintal e joguei o botijão o mais longe que consegui. Ao cair no chão, o fogo apagou, mas o gás continuou a sair... Lembro até hoje do barulho. Quando voltei para a cozinha, Ioannis havia sumido. Nunca mais o vi, tampouco vi o dinheiro. Quando fui embora, deixei a chave na fechadura, do lado de fora da porta.

A Kombi, que estava mesmo querendo pifar, pifou. Um mecânico da ilha disse que era desgaste, que poderia dar uma guaribada que a faria andar por mais um tempo. Resolvemos então tentar vendê-la em Atenas e voltar para Londres antes do retorno para a comunidade. Para isso, teríamos que percorrer um caminho burocrático que nos foi ensinado por um inglês que tinha feito algo similar. Primeiro, tínhamos que conseguir um comprador para a Kombi. Havia umas revendedoras de carros em Atenas que faziam justamente isto: compravam carros de turistas, que só podiam ser vendidos para outros turistas, e desde que os compradores se responsabilizassem por tirar o carro do país junto com eles. Bueno, fui a Atenas para tirar isso a limpo. Realmente era um ramo de negócios bem específico e dominado por uma máfia safada, como eu perceberia mais tarde. Eu tinha pagado 240 dólares na Kombi, mas agora diziam que valia uns setecentos. Consegui um revendedor que daria quinhentos — isso sem ver o carro, que estava em Andros. Mas para ele pouco importava o estado do veículo. O comprador, necessariamente outro turista, também não veria. Funcionava assim: levava-se o carro até o porto de Pireus, em Atenas, e um funcionário do Telonion, a alfândega deles, deixava o carro em um depósito, lacrava o volante, o motor e os pneus e te dava um documento provando que o carro estava lacrado em tal lugar. De posse do documento, você preenchia uns quinze requerimentos, selava, assinava, carimbava e levava para um superior que te fazia um interrogatório. Depois dava — ou não — autorização para você vender o carro. Se você não conseguisse vender, o carro ficaria para o governo grego e você poderia ir embora.

Voltei para Andros e comuniquei a nossa partida. Na véspera, nos despedimos de todos com um lauto jantar grego na casa do seu Nikos. Mas no dia seguinte, no porto, é que o bicho pegou.

Metade de Gavrio estava no porto. Iraklis chorava, Eleni chorava, seu Nikos soluçava alto, e eu junto. Foi uma despedida totalmente aquosa.

Chegando em Pireus, fiquei um dia inteiro e mais uma manhã para conseguir o tal documento. Levei no revendedor e ele honrou o negócio por quinhentos dólares. Disse que pagaria dali a alguns dias. Eu fiquei com o documento e tudo bem. Mas tinha alguma coisa errada com aquele revendedor. Ele andava com uma Ferrari, velha, mas Ferrari; ao mesmo tempo, a roupa e os óculos escuros não eram bons, ou seja, o conjunto não batia. Mas enfim, grego é grego. Aproveitamos os dias em Atenas para curtir mais aquele país onde, no século 5 a.C., o chamado século de Péricles, por pouco mais de cinquenta anos, uma revolução aconteceu.

E curtir Plaka, que ninguém é de ferro. Nem os pratos que jogávamos na parede e depois pagávamos, eram feitos de gesso. Mas o prazer era imenso e os pratos, uma ninharia. Aliás, quase não tínhamos gastado nada na ilha, a Grécia era baratíssima. Bom, até Londres era barata na época!

Nara resolveu com o dr. Naum o negócio da sua passagem Londres-São Paulo, e eu compraria a minha com o dinheiro da Kombi. De Atenas para Londres, compramos um voo charter por uma miséria para o mesmo dia marcado com o revendedor para receber. Chegando lá, o cara disse que a grana estava em sua casa, para onde me levou de Ferrari. Daí ele deu um telefonema para o suposto cara que faria o pagamento, em grego. Como só tínhamos falado em inglês, ele não sabia que eu entendia a língua e disse ao telefone que não ia me pagar; como eu viajaria à noite, ele ficaria me enrolando e eu acabaria indo embora para não perder o voo! Fiquei uma vara! Eu disse apenas *"katalavaíno ellin009iká son of a bitch!"* (eu entendo grego, filho da puta!) e desci como um furacão.

Procurei uma pedra na rua e achei um paralelepípedo solto! Peguei o bicho e fui para cima da Ferrari, gritando o nome do grego safado. Ele apareceu na janela e deu um berro quando me viu prestes a destruir o para-brisa do carro. O cara quase pulou pela janela, *"don't do*

346

*it, don't do it"*, e num segundo apareceu com um monte de dólares nas mãos. Eu disse para ele que o valor aumentara para setecentos e ele pagou! Peguei a grana, devolvi o paralelepípedo para o buraco de onde eu o tinha pegado e saí em desabalada carreira em direção à pensão onde Nara me esperava. No fim, apesar do estresse — imagine o que teria acontecido se eu tivesse realmente detonado a Ferrari —, fomos para o aeroporto rindo. *London again!* Direto para Shepherd's Bush. A "nossa" casinha, a "nossa" comunidade!

•••

Lalado estava lá, David também, e só, da turma antiga. Muitos novos, a maioria bem mais jovens que nós. Assim que cheguei na casa, Lalado me enfiou um LSD na boca. Fazia algum tempo que não tomava, desde o Cairo, onde tomei um só durante alguns meses de ilha. O bicho bateu forte! Lá pelas tantas, reuni o pessoal e comecei a falar sobre a casa. Entrei numa *bad trip* e não me lembro de mais nada. No dia seguinte, estava todo mundo meio desbundado comigo. Lalado e David estavam partindo para mais uma aventura e me disseram à porta: *"Take care"*! Para quê? Fiquei superpreocupado. O que será que eu tinha feito? Ninguém queria me dizer, a Nara também não se lembrava de nada e eu estou até hoje com aquele branco na cabeça. Não foi uma experiência legal. Ficamos na casa mais uma semana e Brasil!

A chegada em São Paulo até que foi bacana. Muitos dos amigos e praticamente toda a família da Nara foram nos buscar no aeroporto. Seus pais, Clara e Naum, foram muito receptivos. Dona Clara, judia e médium espírita, parecia um monge budista, tal a paz que irradiava. Dr. Naum me conquistou de cara quando, ao me ver de cabelos e barbas longas, soltou de prima: "Oh, Narinha, que você tenha achado um cristão, tudo bem, mas precisava ser o próprio Cristo?" Adorei.

Não lembro direito, mas deve ter tido comilança na casa da minha irmã Maria Elvira. Eu ainda estava sob o efeito daquela *bad trip* em Londres, era tudo meio etéreo... Um dos dois irmãos da Nara, médicos como o pai, morava em São Paulo, perto da praça Buenos Aires, onde íamos namorar quando nos conhecemos. Como ainda não éramos casados, por causa dos pais da Nara, resolvemos dormir em casas separadas. Nara, no seu irmão; eu, na minha irmã, com o Rodrigo. Aliás, ele estava um menino lindo.

Dr. Naum me perguntou se realmente eu topava casar na sinagoga, pois era um desejo imenso da família, e eu, mais uma vez, concordei. Devíamos então procurar um rabino que me convertesse ao judaísmo. Apaixonado como eu estava pelo estudo das mais diversas religiões, comecei a pesquisar mesmo antes de mandado. O primeiro rabino que procuramos era o chefão em São Paulo, um americano que tinha acabado de chegar para dirigir a Federação Israelita. Era o rabino Henry Sobel, que negou me converter quando soube que era para que eu pudesse me casar. Não adiantou nada eu dizer sobre meus estudos de religião, nada. Ali não teria sucesso. Mais tarde eu teria a oportunidade de cobrar isso dele. Dr. Naum então conseguiu outro rabino, esse bem pobrinho — ao contrário do Sobel —, morava num hotel perto da estação da Luz, no Bom Retiro, bairro judeu por excelência na época. O rabino pobre topou o serviço e comecei a frequentar sua casa para estudar com ele e me preparar para os banhos e a circuncisão. Os festejos do casamento foram marcados para dali a um tempo numa sinagoga onde o rabino trabalhava, no Bom Retiro. Norma e Ênnio estavam de volta a São Paulo depois de uma estada no Peru, enquanto Renata, que namorava o Tadeu, estava morando num sítio perto de São Lourenço. Ricardo, Reinaldo, Silvio, a turma da Marechal toda por lá. Ênnio havia voltado a frequentar um sítio do pai em Serra Negra, uma estação de águas no estado de São Paulo, e fomos passar um fim de semana lá para tomar um AC. Foi a maior *bad trip* da minha vida de apenas duas *bads*. A volta ao Brasil bateu junto com o ácido.

E chegou o dia da circuncisão. Por uma questão de segurança — eu não era mais bebê —, resolveram que seria feita na Santa Casa, com o

Isnard, o irmão mais velho da Nara, médico, e um amigo dele, cirurgião, todos judeus, e na presença do rabino. E assim foi. Lógico que dona Gilda ficaria furiosa se soubesse que, além de virar judeu, cortariam um "pedaço do meu pau". Ela sabia que eu ia me casar na sinagoga, mas nada de tocar no assunto "conversão". Eu tinha estudado para ser padre, afinal!

Na casa da Norma, com meu membro todo enfaixado, tentei fazer xixi. Sei lá o que aconteceu, mas o bicho começou a sangrar. Ao ver aquilo, desmaiei, bati com a cabeça na privada e quase fraturei o crânio. Quando Ênnio, Norma e Nara foram ver, atraídos pelo barulho, eu estava no chão desmaiado, com um galo imenso na testa. A recuperação foi muito difícil nos dois primeiros dias. Depois passou como por milagre.

Casamos, foi lindo, adorei a cerimônia, a quebra do copo, tudo. Depois encerramos com uma festa para os familiares, ainda na sinagoga. Como noivo, estava muito engraçado em um belíssimo terno de tropical brilhante — era a moda — emprestado do meu cunhado Itamar, com aqueles cabelos imensos e uma barba de respeito. Não batia, ficou bem estranho, o que só percebi quando recebemos o álbum do casamento. Nara com um vestido branco, linda! Alguns parentes dela, como o Mauro — o outro irmão — e a Lena — sua mulher —, vieram de Porto Alegre e, pelas brincadeiras deles, percebi que eram um casal muito bacana e que íamos ficar amigos, como realmente ficamos.

Logo depois do casamento, fomos morar em Pelotas. No começo, na casa enorme do dr. Naum e da dona Clara, construída quando os três filhos ainda moravam lá. Tenho certeza de que a volta da Nara, mesmo casada com um gói hippie, trouxe bastante alegria ao casal solitário.

Nara foi imediatamente contratada pela Universidade para estruturar a área de Teatro (Educação Dramática) do curso de Licenciatura em Educação Artística, talvez o primeiro do Brasil. Foi lá na UFPel, no Instituto de Artes, que conheci o dr. Paulo Osório, seu diretor. Ele havia sido também diretor da Escola de Odontologia de Pelotas durante dezenas de anos, muito querido por todos. Inseguro no novo desafio, deixava a área de Música com o pessoal do antigo Conservatório, e a de Artes Plásticas com o da antiga Escola de Belas Artes, ambas absorvidas pela Universidade. Mas a área de Teatro era nova, Nara era a única professora, não havia outras para serem contratadas. Conversávamos muito, ele e eu, enquanto Nara preparava o programa do novo curso, mandava a documentação para o MEC, providenciava, enfim, todo o necessário para o curso começar a funcionar no ano seguinte. Para isso, foi muito importante o auxílio do dr. Naum que, como criador e primeiro diretor da Escola de Medicina de Pelotas, tinha uma enorme experiência com a burocracia do MEC. Aliás, aqui cabe um dado engraçado: quando o bispo de Pelotas, d. Antonio Zattera, soube que dr. Naum, um judeu, estava criando uma faculdade de medicina, correu para Brasília, fez conchavo com o ditador de plantão e conseguiu autorização para fazer "a dele", na Universidade Católica de Pelotas. Dr. Naum não se deixou abater, e continuou na luta. Apenas mudou o nome de Faculdade de Medicina de Pelotas para Faculdade de Medicina Leiga — para contrapor à católica. Acho que foi a única faculdade brasileira que assumiu a laicidade até no nome. O entrevero durou anos, tendo de um lado praticamente todos os médicos de Pelotas e até do estado e, do outro, um bispo reacionário. Nesse caso, podemos ver como foi a briga política.

Dr. Naum Keiserman (não *Kaiserman*, homem do rei, mas *Keiserman*, queijeiro) tinha como sobrenome materno Scliar, primo que era de Moacyr, o escritor, e Carlos, o pintor. Dr. Naum era pneumologista, e sua fama em Pelotas era de ter salvado muita gente como médico do posto de saúde num momento em que a tuberculose havia invadido alguns nichos da cidade. Inteligentíssimo, seu humor era irônico, bem judaico, como fui aprender mais tarde lendo *Shalom Aleichem*.

Sua esposa, a querida dona Clara, era Wladimisrki por parte de pai (virou Waldemar quando seus pais desembarcaram no Brasil) e Nikolaiewski por parte de mãe. Também de família de artistas, como Saul, o fotógrafo e protocineasta, e Nico, músico e criador, ao lado do Hique Gomez, do magistral e eterno show *Tangos & Tragédias*. As quatro famílias dos avós da Nara vieram para Santa Maria da Boca do Monte no início do século XX, trazidos da Bessarábia pela JCA, Jewish Colonization Association. Fundada pelo judeu alemão naturalizado francês, o barão Moritz Von Hirsch Auf Gereuth, foi organizada para tirar milhões de judeus que estavam sendo martirizados pelo governo czarista russo, como retratado na peça *Fiddler on the Roof (O Violinista no Telhado)*. O barão Hirsch comprava imensos pedaços de terra em vários países do mundo, como Estados Unidos, Canadá, Argentina, Brasil, Austrália e Nova Zelândia, para fundar colônias agrícolas para os judeus que trazia. Ele dizia que, quando os não judeus pudessem ver de onde os judeus tiravam dinheiro para se manter, o preconceito acabaria. Embora na Argentina a JCA tenha criado cerca de dezenove colônias, no Brasil foram só duas, ambas no Rio Grande do Sul; essa primeira, de Santa Maria, chamada Colônia Philippson — existe até hoje o cemitério judaico na hoje cidade de Itaara — e a outra em Erebango, de onde vieram os Sirotski, criadores da RBS TV e dos jornais *Zero Hora* e *Correio Catarinense*.

Foto da peça Mo(vi)mentos e (Ins)pirações de Luis Artur Nunes (1976)

Foto: Sandra La Porta

# CAPÍTULO 28

A vida em Pelotas era muito boa. Tudo era perto, fácil de andar a pé, mas mesmo assim comprei uma bicicleta motorizada francesa que estava sendo lançada no Brasil, a Velosolex. Era, assim como a Honda 50, bem pequena para meu corpo. Ficava meio ridículo, mas me levava para onde eu queria. Logo depois dos nossos primeiros encontros, o dr. Paulo procurou uma maneira de me contratar. Sem terminar o curso de Direito, eu não tinha curso superior e não podia ser professor, mas ele descobriu um cargo técnico apto a ministrar aulas, sob o manto do tal "notório saber". Liguei para São Paulo e pedi para o Silnei Siqueira, a Maria Esther Stockler e o Henrique Suster declarações e atestados de todos os cursos e palestras de que participei nos quase dois anos que fiquei no TUCA. Os documentos foram suficientes para o Colegiado da Universidade reconhecer meu "notório saber" e autorizar a contratação. Dividiríamos, Nara e eu, as disciplinas da área de Teatro. Mas não parou por aí. Logo dr. Paulo me quis ao lado dele mais tempo e me nomeou então seu assessor especial para assuntos culturais. A primeira coisa que o convenci a fazer foi colocar nos Estatutos da Instituição o Grupo de Teatro da Universidade, que levou junto o Coral da UFPel que, pelo que sei, nunca saiu do papel. Mas que está lá, está — anos depois, um reitor me confirmou. Outra coisa que dr. Paulo me disse, pedindo sigilo absoluto, foi que uma família riquíssima, dona dos supermercados e de uma das linhas de ônibus para Porto Alegre, estava comprando títulos de sociedade do Teatro Sete de Abril para fazer mais um hipermercado. O teatro pertencia a uma sociedade lírica e cultural, algo assim, tinha inúmeros sócios, uma coisa antiga. E era considerado o teatro mais antigo do Brasil em atividade constante, erguido em 1834, na época da riqueza proporcionada pelas charqueadas. O primeiro teatro construído no Rio Grande do Sul não poderia jamais virar um mercado, seria uma desonra para uma cidade como Pelotas. Dr. Paulo, bem velhinho, piscou um olho para mim e pediu: "Não deixa, Zé. Eu não posso me meter pessoalmente, sou de Pelotas, amigo da família..."

A família era importante, eram todos amigos, portanto uma grande saia justa. E eu não deixei. Como? Usando um negócio chamado direitos do cidadão ou exercício da cidadania. Fui para a casa do Naum e liguei para o Ministro da Educação e Cultura, o coronel Ney Braga, e pedi para falar com o ministro. "Quem deseja?" "Todo mundo deseja", eu ia responder, mas resisti. Disse que era um cidadão brasileiro de nome José e queria falar com meu ministro. Silêncio do outro lado. Outra pessoa pegou o telefone. "Quem deseja falar?" E eu no meu mantra: "Um cidadão brasileiro de nome José." Silêncio. Mais uma, e outra e outra. Imaginei o contínuo, depois a datilógrafa, depois a secretária, depois o assessor, depois o secretário-geral, até que enfim reconheci a voz do Ney Braga: "Pois não, Senhor Cidadão Brasileiro, em que posso servi-lo?"

Contei a história do Teatro Sete de Abril. Ele se encantou com a ideia de tombar e reformar e pediu para eu falar com o Orlando Miranda, então Diretor do Serviço Nacional de Teatro (SNT). Eu me mandei para o Rio e fui falar com ele no prédio que fica em cima do Teatro Glauce Rocha (na época Teatro Nacional de Comédia), na avenida Rio Branco. Orlando, um grande produtor de teatro carioca e um excelente diretor do SNT, disse que não podia comprar, mas que, se a Prefeitura de Pelotas desapropriasse, o SNT apoiaria e o reformaria. De posse da informação, voltei a Pelotas e fomos falar com o prefeito. Ao mesmo tempo, organizei uma passeata em defesa do teatro com os meus alunos na universidade e na escola técnica, a fim de pressionar o governante. Não deu outra. Ele desapropriou e o SNT bancou a reforma. Por esse motivo, alguns pelotenses agradecidos começaram a chamar o teatro de *Zet de Abreu* em vez de Sete de Abril, fazendo um trocadilho que muito me lisonjeava. Claro que, toda vez que me apresento em Pelotas, o faço no querido teatro que um dia dr. Paulo Osório salvou através de mim. Por causa disso, anos depois ganhei o Título de Cidadão Honorário de Pelotas.

•••

Quando Nara ficou grávida, quase pirei. Minha experiência como pai tinha sido traumatizante, porque a separação do meu primeiro filho foi muito dolorosa. Mas consegui vencer o baixo astral inicial, passamos um fim de semana com os amigos de Porto Alegre e voltamos felizes para Pelotas: contamos para todo mundo a grande novidade.

Um dos amigos pelotenses, colega da Nara de colégio, era o Fernando Mello da Costa, hoje celebrado cenógrafo de teatro. Seu irmão, Luís Carlos Mello da Costa, era pintor e, depois de ter passado uma temporada no Rio, estava de volta a Pelotas. Os dois moravam numa casa enorme, aqueles casarões pelotenses que fazem a alegria dos apreciadores de arquitetura. No porão, os dois irmãos fizeram seu ateliê. E sala de festas. Aquele ateliê vivia lotado. Era o local onde o pessoal doidão de Pelotas se reunia para conversar, discutir artes plásticas, fumar maconha e ouvir rock lisérgico.

A universidade não exigia muito da gente porque não havia um curso de licenciatura plena em Teatro. Os cursos eram de Licenciatura em Música e em Artes Plásticas; teatro tinha só umas matérias específicas, portanto dávamos poucas aulas por semana. Um professor da Escola Técnica Federal de Pelotas (ETP), na época muito bem avaliada, nos convidou para organizar um grupo de teatro. Depois de dois meses, o grupo estava pronto. Deram o nome de TEATRO DESILAB, sigla derivada do nome do grêmio dos estudantes, e durou muitos anos.

Encenamos duas peças na ETP. Uma delas, chamada *Do Preto ao Branco*, foi escrita pelos próprios alunos. Na estreia, levamos o Theo, com poucos dias de vida — acho que foi a primeira vez que saiu de casa. Foi por um bom motivo: "ver" uma peça dirigida por seus pais. Fizemos uma pequena temporada aos fins de semana e viajamos para o Rio de Janeiro para o Festival de Teatro do Paschoal Carlos Magno, na Aldeia de Arcozelo, em Paty do Alferes. Foi o maior barato viajar com aqueles trinta e tantos garotos, alguns deles muito pobres, que nunca haviam imaginado que um dia conheceriam o Rio de Janeiro. Apresentar a peça criada por eles num festival nacional foi algo que me deu um orgulho incrível. No ano seguinte, montamos um Shakespeare, *Sonho de uma Noite de Verão*. Já mais preparados, criaram cenários, figurinos, compusemos música juntos, foi um grande acontecimento. Como necessitaríamos de bastante iluminação, com muitas cores para formar a floresta, um dos professores — sempre com a participação dos alunos/atores — inventou refletores com faróis de automóveis velhos, daqueles chamados "*sealed beam*". Passamos a correr ferros-velhos da cidade para comprar (ou ganhar) esses faróis velhos. A intensidade da "luz alta" ficou ótima!

Mais adiante, como "Núcleo 2 do Grupo de Teatro da Província", montamos uma peça chamada *Fragmentos*, uma criação coletiva, em que atuei como ator junto com uma galera de um curso de expressão corporal que a gente dava. Comecei a ficar conhecido não só em Pelotas, como em Porto Alegre, aonde íamos muito. A Nara engravidou de novo, e desta vez veio a Ana. Aí comecei a dar aulas também pela Secretaria Estadual de Educação, aulas de Expressão Corporal, no estado inteiro.

Passava uma semana por mês viajando, trabalhando cinco dias, oito horas por dia, dando um curso específico de quarenta horas para treinamento de professoras, principalmente das áreas de Música, Desenho e Educação Física. Foi uma experiência riquíssima para mim e para as alunas, que descobriam o corpo, a sensibilidade e o prazer. Passei um ano inteiro nessa, me descobrindo "guru".

Todo ano passávamos o Natal em São Paulo com o Rodrigo, minha mãe e minhas irmãs, na casa da menor, Maria Elvira. Os Natais eram de uma fartura pantagruélica. Numa dessas vezes, trouxemos o Rodrigo para Pelotas para passar as férias conosco.

••• 

Suzana Lisboa foi a mulher que puxou o fio da meada dos enterros de "desaparecidos políticos" no cemitério de Perus. Era prima-irmã da Nara e tinha perdido o marido na tortura, mas na época, para todos os efeitos, era "desaparecido". Suzana lutou grande parte da sua vida para buscar o corpo do amado, Luiz Eurico Tejera Lisboa, irmão do poeta e músico Nei Lisboa.

De surpresa, pois vivia na clandestinidade, Suzana apareceu em Pelotas. Os pais da Nara ficaram aflitos, pois ela certamente estava sendo seguida ou monitorada, mas ninguém pensou em não hospedá-la. Fomos nós três para o escritório do dr. Naum — um escritório muito pouco usado por ele — para conversar. Ela queria que encontrássemos um antigo radialista pelotense cujo nome artístico era Jack Rubens. Segundo informações, ele, quando fora preso, teria estado com Eurico. Fiquei muito impressionado quando Suzana mostrou seu arsenal. Não estava a fim de ser presa. Se chegassem a ela, ela reagiria. O encontro com Jack foi feito, mas ele não confirmou nada, a informação não batia. Suzana desapareceu da mesma forma que havia aparecido. Só a reencontrei em 1980 em São Paulo, como namorada do Zé Dirceu.

Mas conheci o tal Jack Rubens, uma figura como poucas. Sapatos mocassim de camurça, lenço de seda no pescoço, sempre nos trinques. Ele me convidou para tomar um café no Aquários — café tradicional de Pelotas — e me fez uma proposta: trazer peças de teatro e shows de música do Rio e de São Paulo, aproveitando a estada deles em Porto Alegre. Havia um acordo com os Zambrano, donos do Teatro Guarany e locatários do Sete de Abril: eles entravam com o teatro, nós com a produção, e dividiríamos os lucros. Eu era amigo de alguns da família, como a Beth Fetter Zambrano, casada com o alemão Schu.

Criamos uma empresa e passei a contatar produtores de Porto Alegre. Jack e eu levamos para Pelotas muita coisa boa. Começou com *O Duelo*, de Bernardo Santareno, direção de Roberto Vignati, com Cláudio Marzo, Etty Fraser, Chico Martins, Clemente Viscaíno e Denise Stoklos no elenco. Cláudio e eu ficamos amigos no mesmo dia, em volta de uma mesa de sinuca e uma garrafa de Underberg. No meio da minitemporada de três dias no Guarany, chega em Pelotas uma menina grávida procurando por mim. Nara a recebeu e me ligou. Era uma namorada do Cláudio. Ele ficou meio bravo — algo não muito raro nele, apesar de sempre se arrepender em poucos minutos e voltar a ser uma pessoa adorável ("Nem eu gosto de mim quando fico assim", me disse quando, anos depois, me pediu desculpas por um desentendimento numa gravação de *A Indomada*) —, mas não só assumiu o filho como casou-se com a menina, que se chamava Denise Dumont. Atualmente ela mora nos EUA, é atriz e fez *A Era do Rádio*, de Woody Allen. O filho que carregava era o Diogo.

*Tudo na Cama*, com Dercy Gonçalves, foi a segunda peça que levamos para Pelotas. Eu me lembro de um detalhe que me acompanhou pelo resto da vida. Um minuto antes de eu dar o terceiro sinal ela berrou: "Não começa essa porra porque preciso cagar" e saiu da coxia direto para o banheiro. No jantar depois da peça, perguntei se ela, com trocentos anos de carreira, ainda tinha "frouxura intestinal" — recorrente na maioria dos atores. Dercy deu uma gargalhada, me beijou na boca e respondeu: "No dia que não tiver, paro de representar."

Depois trouxemos Cidinha Campos, com *Homem não Entra*, grande sucesso na época. Nós lotávamos o Guarany, e o Paulo Zambrano ria à toa. Estava tudo dando certo.

Aí eu inventei de trazer de Porto Alegre um minifestival de música chamado *O Som da Primavera*, que aconteceria no Auditório Araújo Viana, com Jorge Mautner, Gil, e Toquinho & Vinicius. E ainda botei junto, de quebra, para encerrar, Rita Lee.

Seriam quatro semanas de shows, uma semana cada artista. No sábado da abertura do festival, com Jorge Mautner, fui acordado pelo coprodutor porto-alegrense dizendo que o show do dia anterior tinha sido meia-boca de público e o Mautner não queria mais ir para Pelotas. Fiquei muito puto da vida, porque sem o Mautner não teríamos a abertura do Festival, e certamente nossa credibilidade iria a zero. O esquema de publicidade envolvia o Diário Popular, a RU-Rádio Universidade e, claro — sem ela nada aconteceria — a RBS TV, com sua transmissora pelotense nos dando o *Jornal do Almoço* quase todos os dias, fora a publicidade que pagaríamos com um percentual da bilheteria. Mautner tinha que ir, mas Renato disse que ele não iria. Eu sabia que a maioria dos artistas do eixo Rio-São Paulo que se apresentavam em Porto Alegre ficavam no Hotel Rishon, de um amigo de um dos meus cunhados. Liguei para o hotel e pedi para falar com o Mautner a pedido do dono do hotel. Ele atendeu prontamente com seu jeito superquerido e amável. Eu me apresentei e ele logo começou a cobrar o motivo de eu ter cancelado o show dele. "*What*???? Eu???" Contei o que o Renato tinha me dito, que ele queria descansar, que estaria dormindo e que não queria mais ir para

Pelotas. "Nada disso", ele estava acordado desde as seis da manhã, tinha feito sua ginástica matinal e, sim, queria muito ir.

O show — por ser meio maldito na época — foi no Teatro Sete de abril, bem menor que o Guarany. Foi histórico. Jorge Mautner e o Nelson Jacobina. A nata da intelectualidade mais evoluída da cidade estava presente e conversou com o Mautner no palco após o show, que durou mais de três horas. Uma loucura! Começou às cinco da tarde e acabou às oito da noite. Nunca mais deixamos de ser amigos. Hoje sou um dos "cupinchas" da sua filha, Amora Mautner, que me dirigiu em *Desejos de Mulher, JK, Avenida Brasil, Joia Rara* (ganhamos o Emmy Internacional) e *A Regra do Jogo* e *A Dona do Pedaço*.

...

Na noite anterior ao show de Vinicius e Toquinho, tomamos um porre. Ao levá-los ao hotel, falei: "Vinicius, se você não for à TV, não vai ter ninguém no show; aqui em Pelotas o pessoal só acredita quando vê o artista no *Jornal do Almoço*." E ele respondeu: "Leva o Toquinho." "O Toquinho só não adianta", retruquei, "têm que ir os dois." Por fim, Vinicius topou e me pediu que o acordasse. No dia seguinte, fui ao hotel, peguei a chave com o Joãozinho Manta, o dono, e meti a mão na porta dele. Vinicius ficou puto, mas nem o deixei reclamar. Com a promessa de que o colocaria de volta na cama em menos de meia hora, colocou uma roupa qualquer e fomos para a TV. Depois disso, o Toquinho quis me contratar para acompanhá-los só para acordar o Vinicius. Aliás, Vinicius só me chamava pelo apelido de "irmão do Toquinho", por sermos ambos prognatas e usarmos bigode. Fizemos quatro apresentações lotadíssimas, eles estavam estourando em vendas de discos com *Tarde em Itapuã* (onde morei, lembra?) e aonde iam era um sucesso incrível. Não foi diferente em Pelotas, e ganhamos com eles uma nota preta, o maior lucro de toda investida com Jack, que vivia me elogiando para todo mundo em Pelotas.

Almoçando um dia na casa do Naum e da Clara, toca o telefone. Como a maioria das ligações era para mim, para falar sobre os shows, corri para atender. O cara do outro lado falava italiano e eu pude entender claramente seu nome: Sergio Bardotti. Minha cabeça deu um nó. O Sergio Bardotti que eu conhecia era o letrista do Sergio Endrigo, autor de pelo menos duzentas canções de sucesso na Itália e no mundo todo, como *Io Che Amo Solo Te e Canzone Per Te*, que foi defendida pelo Roberto Carlos no Festival de San Remo. Tive que imediatamente buscar lá em Cunha — na fazenda de um amigo — meu italiano perdido no tempo. Ele queria falar com o Vinicius porque tinha conseguido verter uma música dele para o italiano e queria mostrar pessoalmente. Estava disposto a ir até Pelotas encontrá-lo. Dei o número do Hotel Manta e corri para avisar o Vinicius. Foi muito foda conviver com ele, dois dias, em Pelotas. Eu sabia todas as suas letras, desde a versão de *If a Had a Hammer (The Hammer Song)*, que virou *Datemi Un Martello* — baita sucesso internacional na voz da Rita Pavone —, até as menos conhecidas, como *Aria, Era D'Estate* etc. Ele era uma figura interessantíssima e queria mostrar para Vinicius em primeira mão a versão para o italiano de *Canção para Vinicius*, de Chico e Toquinho, que começava com as primeiras palavras do telegrama que recebera quando o ditador militar Costa e Silva o demitira do Itamaraty: "Demita-se esse poeta vagabundo." A letra, segundo os autores, deveria, em todas as línguas, começar com as palavras "poeta vagabundo". Depois de quebrar a cabeça, Bardotti a fez e Ornella Vanoni a transformou num grande sucesso. E eu estava no Hotel Manta quando Toquinho e Vinicius a ouviram pela primeira vez — Forrest Gump perde.

A seguir, houve o show *Refazenda*, de Gilberto Gil e Dominguinhos. Na época, toda e qualquer apresentação artística tinha que ter uma tal de "programação" aprovada pela Censura Federal, coisa de ditadura. Era uma folha de papel contendo os dados do show, uma lista dos músicos e das músicas que seriam executadas e seu número de liberação pela Censura Federal. Quando fui à Delegacia da Polícia Federal em Rio Grande para liberar a tal "programação", pedi licença para um espetáculo de duas horas. Aí, bem no auge da apresentação, com o Gil tocando com Dominguinhos, chegou um policial que mandou encerrar o show, alegando estar na hora. Falei com o Gil e ele respondeu: "Marca amanhã uma nova apresentação e pede liberação para umas dez horas de show." O show seguinte foi das oito até meia-noite. Manter Gil em Pelotas por dois dias foi a glória. Ele me conhecia de *O&A*, quando me chamou de "o chefe dos velhos" e elogiou a potência da minha voz. Jack fez uma festa na casa dele, e, em meio a vários baseados (meses depois, Gil seria preso em Florianópolis), perguntou para o Gil, uma vez que se sentia deslocado: "Gil, eu sinto que a luta contra a ditadura já era, sinto que existe outro caminho e sei que você sabe. Me diga, Gil, qual é esse caminho?" E Gil, paciente, com suas palavras que dizem tudo para quem entende e nada para quem não: "Não existe caminho, o caminho é feito durante a caminhada." E arrematou com o recorrente "Ou não." Tóim.

Foi um show homérico, um dos negócios mais lindos que vi na vida. Gil e Dominguinhos arrebentaram a boca do balão. Gil entrou no palco e — acompanhado pela plateia — rezou um Pai Nosso. E desfilou seus sucessos. Foi memorável.

E aí veio a Rita Lee. Seriam dois shows dela, um às cinco da tarde e outro às nove da noite, no Teatro Guarany. Nos dias anteriores, não foi vendido quase nenhum ingresso e eu não entendi nada. Ela estava fazendo um sucesso imenso com o LP *Fruto Proibido: Rita Lee & Tutti Frutti*. O Tutti Frutti era um grupo de rock da Pompeia, bairro de São Paulo, com Luís Carlini e Lee Marcucci na guitarra e no baixo, respectivamente, e estava em excursão nacional com um público extraordinário. Era talvez o primeiro show de rock de primeiro mundo no Brasil, com tudo que tinha direito, luzes, fumaça, explosões, projeções de slides etc.

Eu precisava reverter isso, o show era caríssimo e sua empresária só liberaria Rita para o show com pagamento em cash de 50% do custo, uma fortuna que não tínhamos. Jack Rubens, que sempre fora careta e contra a ida dela, começou a me encher o saco. Daí me veio uma ideia meio maluca. No dia em que Rita chegaria, eu fui à radio

RU, que era uma das divulgadoras do show, e pedi no ar: "Alô, galera, a Rita Lee tá chegando no posto da Polícia Rodoviária daqui a pouco, vamos fazer uma grande recepção para a rainha do rock. Venham de motos, bicicletas, jipes, carros conversíveis, bugres, vamos mostrar a ela como Pelotas recebe bem!"

Caramba, o bicho pegou. Baixou gente de toda a redondeza para receber a Rita. Fizemos um desfile com ela em um carro antigo Ford Bigode com a capota abaixada e seguido de dezenas de outros carros e motos. Demos uma volta pela cidade toda; no centro, as pessoas jogavam papel picado dos prédios, foi lindo. A Rita me disse uma vez que naquele dia se sentiu a rainha da Inglaterra. Em pouco menos de uma hora, os ingressos para os dois shows esgotaram e comecei a ser perseguido por pessoas que ainda queriam ter a chance de ir ao show.

Eu mal sabia que um grupo de safados, liderados por um funcionário de uma gráfica, estava me preparando uma falseta. Começaram a chegar notícias de que havia gente vendendo ingressos na praça e no Café Aquários. Pensei que fosse gente que tinha comprado vários para revender e não dei muita bola.

O primeiro show foi muito bem, lotou com certa tranquilidade, o público era formado por gente de mais idade e por um pessoal mais novo. Muitas crianças com seus pais, e o show — genial — ocorreu em paz. Rita se poupou para a segunda apresentação da noite, mas, mesmo assim, entre os dois, sua voz sumiu. Soube então que ela estava com calos nas cordas vocais e precisava operar. Foi quando sua empresária, Monica Lisboa, lhe trouxe uma injeção para resolver o problema. Fiquei com pena da Rita, era um troço totalmente inadequado, mas fazer o quê? Quando abrimos as portas do teatro para o segundo show, havia uma multidão em volta. Ônibus de todas as cidades vizinhas chegavam e deles desembarcavam dezenas, centenas de pessoas. A RBS TV havia passado uma reportagem com o desfile da tarde no jornal da região e não parava de chegar gente. Em vinte minutos, o teatro lotou e havia ainda uma multidão do lado de fora.

Eu, que estava na porta, comecei a desconfiar de que havia alguma coisa errada. Daí me deu um estalo e olhei os ingressos. Eram todos numerados com o mesmo número!!! Eram falsos! Bateu um pavor imenso. Com muito custo, me segurando nas portas e empurrando as pessoas com meus pés em seus peitos, consegui fechá-las. Para quê? Começaram a forçar as portas de entrada e as portas laterais de saída. Claro que tínhamos chamado a Brigada, a PM gaúcha, mas tanto eu quanto Jack Rubens éramos considerados antiditadura, portanto, não muito bem-vistos pelas forças militares. Quando falei com o comandante que haveria uma carnificina e eu o culparia, ele mandou meia dúzia de brigadianos. Assim que entraram, levaram uma porrada tão grande de *rock'n'roll* na testa que ficaram embasbacados, completamente paralisados, sem conseguir tirar os olhos do palco. Eu me lembro de um deles mostrando o baterista Franklin Paolillo ensandecido batendo nos pratos com tanta força que arrancava pedaços de metal dos bichos.

Logo mandei que abrissem as portas para evitar maiores transtornos. De qualquer forma, iam abri-las na marra. Tinha muita gente com ingresso verdadeiro do lado de fora. Resolvi curtir o show. Subi no palco e fiquei fumando um baseado, quase ao lado dos brigadianos que, excitadíssimos na coxia, nem notaram. Do palco, eu via a loucura que estava no teatro. O disco hoje é considerado a obra-prima de Rita, e um dos dezesseis melhores discos do Brasil de todos os tempos. E eu produzi essa porra em Pelotas!

Fato é que quebraram metade do Guarany. Rita Lee cantava "dance, dance, dance" e os caras pulavam de pé nas cadeiras de palhinha de época dos camarotes. Furaram 80% delas e, embaixo, quebraram 20% das poltronas. Mas o show foi ma-ra-vi-lho-so. Rita mandava que subissem nas cadeiras, que dançassem. Pedi para a Monica avisar que eu tinha aberto as portas e Rita enlouqueceu ainda mais. O som do Tutti Frutti chegava até a casa dos meus sogros, a alguns quilômetros de distância. Pelotas foi apresentado ao rock de Rita Lee com o volume mais alto que o Guarany já tinha ouvido.

No final, as marcas da destruição. Jack Rubens ficou desesperado, mas eu estava tão realizado que o mandei à merda e fui jantar com os músicos. Foi quando a Monica me perguntou: "Você não fez seguro?" Nem sabia que existia seguro para show de música.

Eu e o Jack Rubens pagamos os prejuízos por uns seis meses, fora os portadores de ingressos que não conseguiram entrar a quem tivemos de devolver o dinheiro. Dois dias depois, a polícia prendeu o falsificador, um jovem pobre, funcionário subalterno de uma gráfica. Fui à delegacia e retirei a queixa. E desisti de ser produtor de rock.

*No palco, durante apresentação da peça A Salamanca do Jarau (1976)*

Foto: Emídio Luisi / *Fotograma*

# CAPÍTULO 29

Numas férias de final de ano, o Luís Artur Nunes, que tinha acabado de fazer mestrado em Nova York, foi passar uns dias conosco lá em Pelotas. Sugeri a ele produzirmos um espetáculo. Ele então nos disse que estava com dois sonhos: dirigir *Alice no País das Maravilhas* ou *A Salamanca do Jarau*. Quando eu disse que não sabia nada sobre a última, ele me presenteou com um exemplar de *Contos Gauchescos e Lendas do Sul*, do João Simões Lopes Neto, comprado em uma livraria de Pelotas. Paulista, eu não sabia nem o que era Salamanca nem o que era Jarau. Devorei o livro e adorei a lenda: a história de uma princesa moura que morava numa gruta embaixo da igreja de São Cipriano na cidade de Salamanca na Espanha e que, descoberta pelos cristãos, fora obrigada a fugir para a América, chegando ao Rio Grande do Sul. Aqui faz um trato com Anhangá-Pitã, o diabo vermelho dos tupis-guaranis. Tenta traí-lo, mas é descoberta e, como punição, sofre um encantamento; é transformada numa lagartixa com um rubi no lugar da cabeça. Nos tempos das missões jesuíticas, um sacristão vê a lagartixa e se encanta por ela. Sendo amada, ela volta a ser princesa e ele fica, com ela, preso numa caverna, a tal salamanca, que ficava na atual cidade de Quaraí-RS, numa montanha pequena chamada Cerro do Jarau. E o encantamento não tem fim; séculos se passam até que ele consegue se libertar quando um gaudério, Blau Nunes, procurando o boi barroso (um boi mitológico gaúcho que desaparece toda vez que alguém chega perto dele) o saúda três vezes em nome de Deus: "*Lau sus Cris!*", Louvado seja Cristo. História, poesia, amor, comédia, ódio, tudo reunido numa lenda completamente desconhecida, a não ser pelos gaúchos mais velhos ou mais cultos. Prato cheio para um paulista se agauchando cada vez mais. Levantei uma grana com o Naum para fazer o espetáculo, peguei os cinco melhores atores do DESILAB e fui para Porto Alegre tentar descolar patrocínio. Lá falei com o Paulo Amorim, que era secretário estadual de cultura e adorava Simões Lopes Neto. O estado tinha um programa de interiorização cultural ótimo, levava peças para o interior, pagando um valor por cada cidade visitada. Armamos uma viagem de *A Salamanca* por trinta cidades do interior — era uma fortuna!

Luís Artur passou três meses nos ensaiando na Sociedade Israelita de Pelotas, que nos emprestou o salão em troca do espetáculo de estreia. O Luís Artur havia feito várias oficinas nos EUA com o que havia de mais moderno no Teatro americano, como os grupos Bread and Puppet, The Ridiculous Company, e estava a mil por hora. Em cada cena, utilizávamos uma técnica teatral diferente. A peça fez sucesso desde a primeira apresentação. Uma das atrizes era a Jane Manske, conhecida por ter feito antes *Pluft, o Fantasminha*, sucesso da Maria Clara Machado. Além dela, tinha o Nill Soares e os dois que levei para Porto Alegre, Isaias Quadros e Lordsir Peninha, que seguiram na carreira artística. Jane era uma gracinha e foi muito difícil não nos envolvermos durante a viagem. Foi minha primeira traição no casamento. "Nos casamentos", uma vez que a Nara era minha segunda mulher. Mas Nara era uma mulher à frente de seu tempo, não ia se incomodar nem se sentir ameaçada por uma trepada de temporada. Aliás, algo comum entre atores, vide os casamentos que aconteciam em Hollywood durante as filmagens e que acabavam junto com os filmes. Isso também aconteceu muito comigo, como veremos mais tarde. Dois ditados confirmam a regra: "Amor de filmagem não chega à montagem" e "Amor de locação não chega à edição".

No total, passamos um ano na estrada com *A Salamanca* e nos apresentamos não só nas trinta primeiras, mas em cerca de noventa cidades do interior gaúcho. Durante a viagem, numa folga em Porto Alegre, a Nara me disse que queria se mudar para lá e eu concordei. Enquanto ela fez a mudança, continuei viajando, até que chegou a temporada na capital.

Nara tinha feito um acerto com a amiga Sandra La Porta: viveriam ali nossa família, ela, Sandra e o Caio Fernando Abreu, outro gaudério da turma. Foi nessa casa, de madeira, durante o rigoroso inverno gaúcho, que a minha filha Ana teve uma bronquite asmática braba que nos obrigou a abandonar a homeopatia — que sempre usamos — e a fez tomar injeções de penicilina que eu mesmo aplicava naquelas nádegas de dois anos. Até hoje ela tem as marcas da agressão. Nesta casa também, antes de o Caio se mudar, conheci o escritor e editor Luiz Fernando Emediato, grande amigo do Caio.

Numa das apresentações em Porto Alegre, o grande crítico e estudioso de teatro Sábato Magaldi, que era secretário de Cultura de São Paulo, assistiu *A Salamanca* e nos convidou para ir a São Paulo fazer uma temporada no MASP e no Theatro Municipal! Uau! Topei, claro!

Como a burocracia era enorme, demorou muito tempo até que tudo ficasse pronto. O elenco da peça, como eu disse, era de Pelotas. Peninha e Isaias, que moravam em Porto Alegre, continuaram a trabalhar comigo, mas o primeiro já estava em voo solo fazendo cenografia para outros grupos. Substituímos os pelotenses — com exceção do Isaias — por atores profissionais de Porto Alegre: Luiz Damasceno, Guto Pereira, Carmen Lenora e Nara. E reensaiamos a peça para encarar o público paulistano. Quando estreamos no Municipal, o Antunes Filho foi assistir junto com Leilah Assumpção, grande amiga da minha irmã Maria Elvira desde que moraram num pensionato em Campinas e estudavam pedagogia na Católica de lá (a primeira peça dela, *Vejo um Vulto na Janela, Me Acudam que Sou Donzela* se passa teoricamente nesse pensionato de freiras). No final da peça, Leilah foi me dizer no camarim que Antunes era "direto" e queria falar com o diretor.

Esperamos o pior, mas Antunes havia gostado muito e disse ao Luís Artur que ele havia encontrado "uma maneira brasileira de contar uma história brasileira". Logo depois, Antunes fez *Macunaíma* e a gente pôde ver a influência d'*A Salamanca* no trabalho dele, principalmente no visual belíssimo como o nosso. Eu me dei conta da importância do João Simões Lopes Neto quando o jornal alternativo Movimento abriu três páginas para analisar *A Salamanca*, e o *Estadão* nos deu página inteira.

A volta para São Paulo mexeu com as minhas estruturas. A peça fez um enorme sucesso, sendo eu o protagonista absoluto, o narrador da história, que nunca saía de cena. Eu, que sempre me achara um ator medíocre, que tinha o pensamento recorrente "uma hora ou outra vão perceber", comecei a acreditar que não era bem assim. Começou a dar vontade de voltar ao eixo Rio-São Paulo para reiniciar a carreira nacionalmente. Mas, com filhos, trabalho na Universidade, cursos pelo interior, o sonho foi deixado de lado. Ficamos quase um mês lá. O Rodrigo, com sete anos, ficou conosco. Estava enorme, lindo.

Voltamos para Porto Alegre e enterramos *A Salamanca* com três espetáculos no Teatro São Pedro, lotados até a boca. Se a primeira temporada no Teatro de Câmara, antes de São Paulo nos carimbar como bons, tinha sido meia-boca, depois da aprovação do grande centro, viramos sucesso. Coisas de província, como o nome do grupo dizia: Grupo de Teatro da Província, Núcleo 2.

Logo depois o Província mesmo, núcleo 1, digamos, montou *(De) colagem*, escrito assim mesmo, nova mania do Luís — outra montagem dele se chamou *Mo(vi)mentos e (Ins)pirações*, na qual eu fiz produção, luz — ganhei prêmio e tudo — e som.

Os textos eram do Caio Abreu e do Luís Artur, com direção deste, e com Guto Pereira, Nara, Luís Artur, Carmen Lenora e eu no elenco. Foi a primeira e única vez na vida que dancei dança moderna em cena. Improvisávamos, ele anotava, escrevia, trazia para o elenco, ensaiávamos, e assim a peça foi montada. Era a maneira como o Luís gostava de trabalhar. Do Caio fizemos uma adaptação do conto *João e Maria*. Nara e eu fazíamos a cena normalmente, e depois da última palavra entrava a música dos Beatles *You've Got to Hide Your Love Away* e fazíamos a cena toda, sem texto, mas ao contrário, do fim para o começo. Foi insano o trabalho de decupar todos os movimentos do corpo ao contrário, pois não existiam ainda as câmeras de VHS, que nos teriam ajudado muitíssimo. Imagine um filme de dez minutos que ao final é colocado do fim para o começo. Era assim, só que em teatro.

Outra cena do Caio era o *Diálogo do Companheiro*, com quatro atores agindo em cena como que num tabuleiro de xadrez, com uma bailarina dançando de tutu ao fundo do palco.

Tudo muito louco, ninguém entendia nada. Mas era lindo de morrer, Luís estava procurando a mesma sensação, o mesmo prazer que uma pintura, por exemplo, provoca. O êxtase provocado pelo belo. Isso no Brasil, em Porto Alegre, nos anos 1970. Raramente tínhamos mais de trinta pessoas na plateia que, no final, aplaudia de pé. Óbvio que dinheiro era raro, então resolvi produzir peças para crianças, que tinham público certo.

Produzi, com direção da Nara, uma peça infantil de um amigo paulista, o ator/autor Carlos Meceni. Era uma variação muito louca de *Chapeuzinho Vermelho*. O Lobo Mau, que eu fazia, cansado de ser mau, parava a peça e pedia para o autor mudar a história.

O autor, representado por ninguém menos que Caio Fernando Abreu, aparecia em cena e trazia o personagem Serafim-fim-fim (feito pela genial Suzana Saldanha), que ia providenciar as mudanças. Nara fazia a Chapeuzinho, Beto Ruas, marido da Suzana, o Caçador. O mais interessante nessa peça era uma cena em que o Lobo tocava uma bateria imaginária. Eu usava roupa de Lobo mesmo, só com o rosto de fora. As crianças iam à loucura vendo aqueles pés enormes fingindo tocar o bumbo e os pratos duplos. Caio usava uma roupa de escritor de época, uma pena de pássaro à guisa de caneta, e pasmem, um lencinho manchado de mercúrio-cromo como se fosse sangue. Ele dizia que o autor morreria de tuberculose, tipo os "Vencidos da Vida" e já estava vivendo seus momentos finais quando ia resolver o problema da peça. Este era o Caio.

Logo nos mudamos para outra casa, bem maior, na rua Dona Oti, 70, bem perto da primeira. Nara e eu convidamos o Luís Artur — que, na época, separado da Lulu, assumiu sua homossexualidade e estava casado com o Guto Pereira — para morar com a gente. E Theo e Ana, claro. Lembro de o Luís ficar preocupado com as crias, mas assumi o risco. O Theo só foi perceber que eles eram gays na adolescência. Para ele, eram apenas dois amigos morando juntos. A "casa da Dona Oti" — até hoje não sei como se escreve, a rua, de uma quadra só, tinha três placas com seu nome, cada uma diferente da outra: Oti, Oty e Otty — virou um centro de produção. No porão, imenso, ensaiávamos, elaborávamos cenários, figurinos, fazíamos tudo que precisávamos para produzir shows, teatro, o que fosse. Peninha e Isaias sempre ao meu lado me assessorando. E Nara e Luís dando apoio intelectual às minhas loucuras produtivas.

A casa começou a ficar famosa. Artistas que se apresentavam em Porto Alegre acabavam indo lá. Os produtores locais, que os traziam ao sul, eram amigos e pediam para fazer alguma festa depois do show. Foi assim com Gilberto Gil e Hermeto Pascoal. Se fosse inverno, Nara oferecia sopas para ninguém botar defeito: canja, sopa de legumes, caldo verde, caldinho de feijão... Se fosse verão, vários tipos e cores de massas e vários tipos diferentes de molhos. Cada qual misturava como quisesse. Na hora de servir, todo muito se divertia montando seus pratos. Quando vieram os Novos Baianos, não sei por que — acho que porque a festa não foi de noite —, serviu-se uma feijoada. O mais louco foi que, depois da feijoada, teve partida de futebol num campinho perto de casa. Adorei o Gato Félix e o Galvão.

Em uma das vezes que o grupo Asdrúbal Trouxe o Trombone foi para Porto Alegre, houve problemas com a polícia, que achou maconha com um dos atores, creio que em Santa Maria. Então eles tinham que voltar de vez em quando para prestar depoimentos. E aproveitavam para mais apresentações. Era um sucesso louco, *Trate-me Leão* virava Beatles no Teatro Presidente. Filas imensas se formavam muito antes do horário previsto.

Claro, numa das vezes, festa na casa da Dona Oti. Perfeito Fortuna e eu ficamos muito amigos, mas acho que ele se engraçou pela Nara. E eu pela Nina de Pádua...

Grupo Mamão de Corda? "Qualé Meu": Ecila Pedroso, Jair Antonio Alves, eu, Nara Keiserman e Paulo Rocha (1980)

Foto: Emídio Luisi/ Fotograma

# CAPÍTULO 30

O *boom* cultural de Porto Alegre em meados dos anos 1970 alertou os homens da "cultura governamental" para a necessidade de mais casas de espetáculo. Organizamos uma Associação de Produtores, da qual eu era presidente. Tinha conseguido com o Orlando Miranda — o Santo Protetor do Teatro num tempo de ditadura — e com o Carlos Miranda, seu braço direito no SNT, que a "Campanha das Kombis" chegasse a Porto Alegre, assim como introduzir a cidade no patrocínio anual do Serviço, o que trouxe para os grupos uma bela injeção de capital. Teatro é caro, envolve muita gente, cenários, figurinos, iluminação. Esta era a minha teoria: se temos pouco dinheiro, devemos aplicar em pessoal, e pessoal de teatro. Nada de ficar gastando em madeira, tecido. Temos que gastar em artistas e técnicos para que, razoavelmente bem pagos, possam criar. Com base nesta teoria, produzi, com direção de Dilmar Messias, a versão gaudéria de *Os Saltimbancos*, peça infantil com música de Luiz Henriques, versão do Chico Buarque para o texto de Sergio Bardotti. Eu fazia o Jumento — na nossa versão, era lavrador e não pedreiro —, a Nara fazia a Gata, o Guto fazia o Cachorro, e uma atriz e cantora excelente que o Dilmar descobrira, Pilly Calvin, espanhola de origem, cujo nome verdadeiro era Pilar, fazia a Galinha. Mais doze atores-bailarinos. O Dilmar conseguiu com Chico Buarque o BG do disco — que também usavam na montagem histórica do Canecão —, ou seja, a trilha sonora sem as vozes, gravada simplesmente pela Orquestra Sinfônica de Roma. Um luxo. Resolvemos fazer a peça no Teatro Leopoldina, o maior de Porto Alegre, 1.300 lugares, normalmente avesso a montagens gaúchas por falta de público. Mas, como era infantil, e eu, sem modéstia, cultivava a fama de produtor fodão, conseguimos alugar o teatro. Dilmar e eu não economizamos na montagem. Conseguimos empréstimo no Banco de Boston, cujo gerente adorava teatro. Os cenários de Alziro Azevedo eram maravilhosos e superpráticos. Aliás, Alziro era um gênio, precocemente levado pela Aids, assim como um dos atores da peça e criador dos figurinos, o Fernando Zimpeck.

Uns dias antes da estreia, Dilmar e eu fizemos as contas: se vendêssemos os dois carros da garagem, mais o do Dilmar, e todo equipamento de som e luz não daria para pagar 10% da dívida que assumíramos. Fazer teatro naqueles tempos era assim. Tínhamos uma bela divulgação na RBS TV, em seu jornal *Zero Hora* e nas rádios do grupo, mas era em horário não nobre, pois era muito caro, e grande parte da publicidade era nacional, vinha direto da Globo. Atingia as crianças, mas não os pais. Ainda bem que os Deuses do Teatro nunca falham...

Fazia anos que Chico havia brigado com a Globo e não aparecia em TV. Tínhamos conseguido um patrocínio pequeno da Pepsi para fazer cartazes lambe-lambe imensos, impressos em São Paulo na Gráfica Cinelândia. Mandamos forrar Porto Alegre com eles. Na sexta-feira anterior à estreia da peça, a TV Bandeirantes ia passar um especial do Chico feito especialmente para divulgar a montagem carioca da peça (na qual os quatro animais eram feitos por Marieta Severo, Grande Otelo, Pedro Paulo Rangel e Miúcha, e o coro era composto pelos filhos dos atores, como Bebel Gilberto e Silvia Buarque). Conseguimos que a Pepsi pagasse algumas inserções da peça durante o especial, que fez um sucesso tão grande que levou a Bandeirantes a derrubar o Ibope da RBS TV, coisa que não acontecia havia anos.

No dia seguinte de manhã, corri para ver os anúncios e a matéria prometida na *Zero Hora* e, surpresa! Na primeira página uma reportagem sobre o frio, com uma foto de um mendigo dormindo na rua encostado numa parede de madeira de obra. A parede estava simplesmente forrada dos cartazes lambe-lambe da Gráfica Cinelândia, inéditos em Porto Alegre, mais uma ideia maluca deste paulista mais gaúcho da História.

Quando Dilmar e eu chegamos ao teatro, ambos borrados de medo de não ter público, e depois de pouquíssimas horas de sono — tínhamos montado a luz da peça até quatro da matina —, uma fila gigantesca descia a rua General João Telles vinda da avenida Independência, onde ficava o teatro. Na estreia lotamos os 1.300 lugares, colocamos mais um monte de gente no chão. A peça ficou em cartaz durante alguns meses, não apenas aos sábados e domingos, mas de terça a domingo — para que as escolas pudessem levar as crianças. Pagamos as dívidas no primeiro mês! E começamos a ganhar dinheiro.

Eventualmente fazíamos sessões noturnas, para adultos, no horário nobre do Leopoldina. Isso, para uma peça gaúcha, era inédito! Dilmar e eu passamos a ser "os produtores". E se ele levava o grande mérito da direção, eu era o Jumento protagonista.

Cantava, dançava, fazia o diabo. Sempre com um copo de conhaque escondido no cenário, porque ninguém é de ferro. Inacreditável foi a censura proibir as primeiras falas da peça: "Hi-ho. Eu? Eu sou um Jumento. Não sou um bicho de estimação. (...) um Jumento democrático", eu dizia, mas proibiram a palavra "democrático". Continuei falando, não fazia sentido não dizer. Levei algumas broncas da censura, mas acabei convencendo um deles que censurar tal palavra era um absurdo para uma ditadura que se dizia "democrática".

Só saímos de cartaz quando Elis chegou a Porto Alegre e exigiu o teatro só para ela. Seu show, *Transversal do Tempo*, usava as então famosas estruturas Rohr, como em *O&A*, no TUCA, sem possibilidade de montar e desmontar todos os dias. Mas o show era lindo demais!

Numa daquelas esporádicas sessões noturnas de *Os Saltimbancos*, o Maurício Sirotsky — vindo das colônias da JCA em Erebango-RS —, o todo-poderoso criador e presidente da RBS TV e o descobridor de Elis Regina, foi assistir, trazido pelo Vicente Soares, seu Diretor de Comunicação. Ele nos abrira as portas para a divulgação da peça pelos veículos da rede. Era amigo do Dilmar, se gostavam muito, e ao final disse que seu Maurício havia adorado a peça, tanto que pedira para saber quanto custaria uma apresentação na casa dele no aniversário de um neto. Dilmar honestamente jogou o problema para os atores, pois, como diretor, não teria que pagar o mico. E, humilde como só, nem queria ir à festa. Eu então fiquei com o poder de decisão. Havia anos que queria um encontro com seu Maurício para lhe propor um programa de ficção na TV que só passava, como produção local, jornalismo, esporte e alguma "variedade", como as entrevistas do *Jornal do Almoço*. Disse ao Vicente que oferecesse ao seu Maurício uma proposta: faríamos de graça em troca de dez minutos de conversa a sós, ele e eu.

Chegado o dia do aniversário de sete anos do Dado — o neto aniversariante —, fomos para lá. Eu conhecia, dos meios judaicos, seu pai Carlos Melzer e sua mãe Suzana Sirotsky, amigos do Mauro, irmão da Nara, e de sua esposa Lena. Claro que não faríamos a peça toda, fizemos uma adaptação para apenas cantarmos as músicas, o que era uma loucura para as crianças, afinal éramos os Saltimbancos, ao vivo e a cores, cantando no gramado da mansão. Foi uma sensação.

Até hoje Dado — o atual CEO do grupo RBS, Eduardo Sirotsky Melzer — se lembra desse aniversário.

Terminada a apresentação, coloquei minha roupa civil e esperei. Logo chegou seu Maurício, com uma garrafa de Pinwinnie (nunca soube como ele descobriu que este era meu uísque preferido — teria sido "coincidência" ou os Deuses do Teatro?), dois copos e um balde de gelo nas mãos: "Vamos conversar, seu Zé, estou curioso" e me levou para o seu escritório. Perguntou da minha vida, da Narinha, do Naum, falou sobre sua saudade de quando era radialista e convivia com artistas famosos, contou o caso Elis Regina, elogiou muito a peça e minha interpretação e finalmente perguntou o que eu queria. Fiz lá meus "portantos e entretantos" e lancei: "O senhor precisa me dar um programa na TV, de ficção, um seriado, coisa assim. Está mais que na hora da RBS TV fazer concorrência para a Globo dentro do RS, como a segunda rede de TV do Brasil, com dezenas de afiliadas em todo o estado." Ele concordou na hora, mas disse que o Boni não permitia, uma vez que só dava horário para futebol e notícias, que o *Jornal do Almoço* fora uma briga de anos, e coisa e tal. De todo modo, ele ia conversar com o Boni e pediu que eu fosse procurá-lo no dia seguinte na presidência da empresa na "hora do barbeiro". Ele costumava fazer a barba em seu gabinete, sendo que ninguém sabia a hora exata, pois o barbeiro era funcionário da casa e ficava à disposição.

No dia seguinte, eu estava lá. Me apresentei para a secretária e, depois de uma longa espera, ela me mandou entrar na sala dele. Imensa. Quando cheguei, ele arrancou a toalha do pescoço com a barba ainda pela metade, enxugou a espuma e mandou: "O Boni não quer, mas consegui para você um horário que já é nosso, o Clubinho Gaúcha-Zero Hora." Era a versão local da TV Globinho, três entradas diárias dirigidas às crianças, de dez minutos cada, durante a programação diurna. Ele me daria os dez minutos principais, às 17h50, antes da novela das 6. Eu teria uma verba mensal, contrataria minha produtora para serviço eventual, e teria que me virar para fazer o programa caber na verba. Era uma ninharia, claro, afinal os patrícios não são lá muito mão aberta. Não era bem o que eu queria, mas ali ele não era mais o "vô do Dado", e sim o rígido presidente da empresa. Chamou o Marco Aurélio Bagno, diretor de novelas da Globo que estava passando um período na empresa, e o Claro Gilberto, um dos principais diretores artísticos, e deu as ordens.

Um dos críticos de teatro de Porto Alegre era o Claudio Hemman, que tinha sido ator e era também o assessor do Paulo Amorim na Secretaria de Cultura. Nas suas críticas, sempre ácidas, costumava chamar o pessoal de teatro de "teatreiros", uma forma um tanto depreciativa de nos tratar. Imediatamente registrei o nome "Os Teatreiros" como programa de TV. Com Nara, Luís Artur, Guto Pereira, Isaias e Peninha fizemos o núcleo caseiro. Luís também escreveria os textos, e Peninha criaria os ambientes cenográficos. Optamos por um esquema semanal de histórias, as "novelinhas": sendo dez minutos por dia, de segunda a sexta-feira, totalizava cinquenta minutos por semana, o suficiente para contar uma boa história para crianças. Luís começou a fazer adaptações muito loucas para histórias tradicionais. Ele escrevia genialmente bem, no tamanho certo, adaptando e recriando as histórias. Ele nos dava o texto mimeografado no fim de semana, decorávamos, na segunda-feira ensaiávamos e o Peninha fazia o cenário; na terça uma passada final e, à noite, enchíamos a Kombi para subir o Morro da TV, onde ficava a emissora. O Peninha fazia cenários com folhas de papel de embrulho que comprávamos em rolos enormes, pendurando-os em fios de nylon que atravessavam o estúdio como varais, usando prendedores de roupa. Era incrível! Ele desenhava rapidamente nos papéis, no solo, cortava e pluft!, estava pronto o cenário. Os figurinos eram improvisados com roupas de outras montagens e objetos pessoais dos atores. Tínhamos umas duas horas, numa noite por semana, para gravar nossos cinquenta minutos de novelinha. Era muito pouco tempo, ainda mais se contar que perdíamos cerca de quinze minutos para a gravação do comentário econômico apresentado pela hoje senadora Ana Amélia

Lemos. Quantas vezes, no melhor da festa, chegava a "patroa", como a chamávamos. O Bagno, obviamente chamado de "Banho", e o Claro Gilberto, apelidado de Mancha Negra por causa da barba, eram os supervisores do programa. Enquanto Luís dirigia os atores, eu ficava aprendendo a fazer TV. O programa era superteatral, nada a ver com a linguagem da TV, mas era tão criativo que conseguíamos superar o *over acting*. "Os Teatreiros" foi um sucesso imediato e abriu caminho para as produções gaúchas que até hoje são dirigidas e produzidas pela dupla Gilberto Perin e Alice Urbim. Durou um ano e nos tornou famosos em todo o estado.

Mas a parceria com Dilmar Messias, genial diretor intuitivo, não parou por aí. Produzimos o "1º Festival da Música Popular Gaúcha", no Salão de Atos da PUC, com praticamente todos os compositores, cantores e grupos que estavam em atividade na cidade. Foram quatro dias de insanidade absoluta: trocar baterias, PAs, aguentar os egos que discutiam tudo, até a ordem das apresentações tinham que ser acertadas.

Bebeto Alves (ex-marido da astróloga Claudinha Lisboa e pai da Mel), Mutuca, Carlinhos Hartlieb (que compusera a trilha de *A Salamanca do Jarau*), Nelson Coelho de Castro, Jerônimo Jardim, Fernando Ribeiro, Nei Lisboa etc. Havia uma rádio que divulgava a música moderna gaúcha, e a explosão musical fez com que uma gravadora da Igreja presbiteriana começasse a se interessar em gravar a gauchada. Contrataram o pianista Geraldo Flach para dirigir a ISAEC, e o Geraldo me chamou para produzir os shows que lançariam os LPs. Ele me deu uma mesa na gravadora, na qual passei a me sentar alguns dias por semana. O primeiro show — e disco — foi do Fernando Ribeiro, mas não fui eu o produtor porque, quando entrei, já estava em andamento. Foi no Teatro Leopoldina, e foi um grande sucesso. Mas, realmente, não era meu negócio.

Luís Artur então resolveu montar *A Fonte*, uma adaptação do primeiro capítulo — se considerarmos a ordem cronológica — de *O Tempo e o Vento*, do Erico Verissimo. Conseguimos os direitos e o Claudio

Hemman, o patrocínio. A essa altura, Luís Artur como diretor e eu como ator e produtor tínhamos conquistado os píncaros da cultura em Porto Alegre. Comecei a pensar que o Rio Grande do Sul ficara pequeno. Havia uma "coitadice" que assolava os artistas, natural e justificada. Qualquer peça de merda que chegasse do eixo Rio-São Paulo tinha as portas abertas nas casas de espetáculo da cidade. Enquanto isso, as gaúchas precisavam se desdobrar para conseguir duas ou três semanas por ano no Teatro de Câmara, na verdade um velho galpão que tinha seus melhores momentos quando o grupo Província, velho de guerra, atuava lá.

Quando a prefeitura resolveu construir outro teatro, dentro do novo Centro Municipal de Cultura, fomos convidados, Luís e eu, a produzir a peça de inauguração. Viramos placa! Até hoje nossos nomes estão lá, ao lado de outros como os dos atores Walmor Chagas, Lilian Lemmertz, Paulo José e Maria Silvia.

Enquanto Luís escrevia a adaptação, começamos a estudar o capítulo do livro do Erico e também *A República Comunista Cristã dos Guaranis*, de Clovis Lugon, uma maravilha de texto sobre as missões jesuíticas no Rio Grande do Sul.

Numa noite em que todos os moradores da "casa da Dona Oti" estavam trabalhando no porão, tocou a campainha. Isaias atendeu e voltou dizendo que era um tal de Hugo, que se dizia diretor de cinema do Rio, mas tinha um sotaque argentino carregado. Pedi para mandar entrar, sentar-se na sala e esperar. Continuamos nosso ensaio e, uma hora e meia depois, resolvi subir. Era o Carlos Hugo Christensen, realmente um diretor argentino, e que eu conhecia por suas comédias românticas em cores, como *Matemática Zero, Amor Dez, Esse Rio que Eu Amo e Meus Amores no Rio*. Pedi desculpas pela demora, mas ele compreendeu e também se desculpou por ter aparecido sem marcar. Estava com seu amigo e diretor-assistente, Chico Marques. Perguntou se eu conhecia Jorge Luis Borges; eu respondi que sim, claro que sim. Se eu conhecia o conto *A Intrusa*. Eu não conhecia. Ele ia fazer um filme baseado no conto e me deu um exemplar do livro *O Informe de Brodie*, perguntando se eu podia ler na mesma hora, visto que era curto. Eu não estava entendendo nada, mas senti firmeza no coroa. Comecei a ler em voz alta, Chico falou que eu podia ler só pra mim mesmo, mas Hugo o repreendeu e eu continuei. Ele foi ficando cada vez mais feliz, seus olhos brilhavam. Sou ator e sei quando estou agradando, comecei a ler com mais envolvimento, Hugo olhava para o Chico e, na troca de olhares dos dois, percebi que havia ganhado a parada — só não sabia que parada era. No conto, além de Juliana, "a intrusa" — que nunca falava, revelando a submissão da mulher gaúcha do final do século XIX —, havia quatro personagens masculinos, dois protagonistas — os irmãos Nielsen — e dois coadjuvantes — os irmãos Iberra. Claro, pensei, que ele me queria para fazer o João Iberra, o *bad guy* do filme. Os dois primeiros eram abigeatários pobres, e os dois últimos, fazendeiros ricos. Interiormente, eu imaginava fazer um dos Nielsen, mas era sonhar demais. Um dos Iberra estaria de bom tamanho. Enquanto lia, desejava que aquele filme me levasse para o Rio, mas mandava o pensamento embora e continuava lendo. Quando terminei, olhos cheios de lágrimas, recebi uma porrada na cara: "Quero que você faça um dos Nielsen. Vim aqui por recomendação de três críticos de teatro de Porto Alegre, que te consideram um dos melhores atores gaúchos." Quase contei que era paulista, mas meu sexto sentido me impediu.

Hugo disse que meu bigode e meu cabelo enorme eram borgianos. A gente, os "doidões" — ou "magrinhos", como os gaudérios chamavam os cabeludos —, adorava misturar estilos hippie com gaúcho, tipo usar bombacha com tecido índigo-blue, alpargatas Rueda uruguaias, faixa de cintura colorida mas sem guaiaca, ou vincha na testa como os índios Xirus. Quando ele perguntou se eu poderia dizer algum texto de um personagem que eu tivesse na memória, vibrei. "Tenho 45 minutos de texto", respondi, "uma lenda gaúcha chamada *A Salamanca do Jarau*, pode ser?" Mais uma troca de olhares entre eles, Hugo mandou um por *supuesto* e eu me levantei, olhei bem nos olhos dele e comecei: "Era um dia, um dia um gaúcho pobre, Blau de nome, e que só tinha de seu um cavalo gordo, um facão afiado e as estradas reais, estava conchavado de posteiro ali, na entrada do rincão. E nesse dia estava campeando um boi barroso. Caminhando e cantando. E no tranquito ia, campeando. E pensando na sua pobreza e no atraso de suas cousas..."

E fiz a peça como se para o público, dirigindo o texto ora para um, ora para o outro. Hugo pediu para eu parar. Disse que um dos dois irmãos Nilsen era meu. Que eu teria que ir na outra semana para o Rio, para um teste mais aprofundado, e que enquanto isso ele escolheria o outro ator principal. Se fosse mais velho que eu, eu faria o Eduardo Nilsen; se fosse mais novo, eu faria o Cristiano. Os papéis se equivaliam, mas o Cristiano, mais velho, era o condutor da história. Ele me pediu para encontrá-lo no dia seguinte no restaurante do Hotel Everest, onde estava hospedado, para que nos conhecêssemos melhor. Fui. Ele me pediu detalhes da minha vida pessoal e profissional, disponibilidade de tempo para filmar em Uruguaiana por três meses e depois dublar (som direto ainda era um sonho caro) por cerca de um mês no Rio. Expliquei que estava começando um projeto, qual era e tal... Era, mais uma vez, uma história gauchesca, e isso o deixou muito mais contente. Para ele, eu era um grande entendido — epa! ele era — em literatura gaúcha, e era mesmo. Havia lido todos os livros do Simões Lopes Neto, Erico Verissimo, muita coisa do Quintana e do Lobo da Costa, enfim, eu não era nenhum Luís Artur Nunes, mas não era também um imbecil, literariamente falando. Eu havia decidido me tornar gaúcho desde o dia em que cheguei a Porto Alegre — e adorei. Vivia brincando com os amigos: dona Gilda um dia me disse "meu filho, vai ser gauche na vida. Como eu não entendia francês, me mudei para o Rio Grande." Combinamos que ele me ligaria e me mandaria o PTA — o vale-passagem da época — para que eu fosse para o Rio na semana seguinte.

Claro que Nara também vibrou com a ideia, era realmente uma ponte para Rio e São Paulo. Ela estava tentando uma bolsa de mestrado na ECA-USP e, se tudo desse certo, seria juntar a fome com a vontade de comer. Aliás, desde sempre Nara era muito mais atriz do que eu era ator. Eu me virava, mas não tinha a estrutura intelectual que eu considerava fundamental para o exercício da profissão.

Conversei com o pessoal da casa sobre não fazer *A Fonte* — Guto Pereira e eu faríamos os dois protagonistas, Padre Antonio e Padre Alonzo —, e me lembro do Guto dizendo: "Vai, Zé, fazer o filme. Mais uma peça para os trinta", uma referência à média de público do Teatro de Câmara, onde às vezes tínhamos que ir para a rua alguns minutos antes da peça começar para distribuir convites, uma vez que a Prefeitura impedia a realização de espetáculos com menos de quinze pessoas. E continuou: "Peça a gente faz uma atrás da outra, mas um longa? Já te vejo na piscina do Hotel Serra Azul no Festival de Gramado."

O Festival era só para "atores de fora". Para atores gaúchos, era intangível, mesmo porque a única cinematografia gaúcha era feita pelo Teixeirinha e sua mulher Mary Terezinha, dois cantores que faziam "filmes".

Não foi bem na "semana seguinte" que chegou o PTA. Demorou mais de um mês. Fui para o Rio de Janeiro e fiquei hospedado num hotel pequeno na Paissandu, uma rua linda cheia de palmeiras imperiais. Na mesma noite, fui chamado para ir até a casa do Hugo, em Copacabana. Assim que entrei no apartamento, ele me pediu que fosse ao quarto, junto com ele e Chico. Lá, com a justificativa de que eu ficaria nu no filme, me pediu que tirasse a roupa. Examinou meu corpo e até pediu para eu dar uma volta. Sempre com aquela cara séria. Só faltou pedir para eu abrir a boca e mostrar os dentes. Tendo o *corpitcho* aprovado, voltei para a sala e ele me ofereceu um uísque, dizendo que eu faria o irmão mais velho, o Cristiano. O irmão mais novo seria feito por Arlindo Barreto. Eu não fazia a menor ideia de quem era e me disseram que era filho da Márcia de Windsor, uma jurada de TV polêmica e considerada não muito inteligente. Eles pediram para eu clarear os cabelos — "fazer luzes", dizia-se —, que eram imensos; não cortar o bigode e só. Discutimos meus pagamentos — na época, cinema pagava 40-30-30, ou seja, 40% no primeiro dia de filmagem, 30% no meio e os 30% no fim da dublagem. Não era um salário muito bom, mas seria meu primeiro protagonista no cinema, num filme baseado num conto de Borges, e com música do Piazzolla. Nada mau. No dia seguinte, voltei para Porto Alegre com as boas-novas.

E me preparei para passar três meses em Uruguaiana. Nesse ínterim, tive uma conversa maravilhosa com o Walmor Chagas. Ele me explicou que para manter a unidade na representação do personagem no cinema — que filmava totalmente fora da ordem temporal, sempre privilegiando a produção e a redução de custo —, eu teria que saber muito bem a função das cenas no filme.

"Um dia" — disse Walmor, como exemplo —, "você começa filmando a sequência 153, para depois filmar a 2. Almoça e faz 37. Então você tem que ter bem claro na cabeça a linha de evolução emocional do personagem. No teatro, as cenas se desenvolvem de acordo com essa evolução, num crescendo até o desfecho. No cinema, não."

Eu me agarrei ao roteiro e organizei as cenas usando cores de acordo com a emoção. Fiz uma preparação stanislaviskiana — afinal, morava com Luís Artur, Nara e Guto, que sabiam tudo de interpretação. Eu me inspirei — para justificar a presença daqueles dois irmãos no pampa sozinhos e sem nenhuma referência a sua família — no massacre sofrido pela família de Ana Terra em *O Tempo e o Vento*: criei então a vida dos irmãos antes do filme, "castilhanos", os mais temíveis bandidos da época, dizimaram a família de Cristiano e Eduardo sob as vistas dos dois, escondidos que estavam num buraco de árvore. Cristiano havia enterrado os pais e criado Eduardo, alguns anos mais novo. Quando o filme começa, ele era adulto.

E o dia chegou: em 26 de dezembro de 1979, peguei minha VW Brasília vermelha, com placa de Pelotas, e me mandei. Longe pacas, 630 quilômetros.

Equipe toda carioca, aquela sacanagem gostosa, jogo de porrinha no bar da esquina, cerveja...

Arlindo estava em Uruguaiana e tinha feito a primeira de várias cagadas que faria durante o filme. Não havia gostado do clareamento do seu cabelo e resolvera fazer outro. Chegou lá com o cabelo quase branco e seco como uma palha. Levou o primeiro esculacho do Hugo, mas não passou recibo. Só respondia, como soldado em filme americano: "Sim, senhor!" E continuava suas cagadas. Não seria uma convivência fácil, pensei. E não foi.

Houve ainda uma confusão com uma atriz brasileira que morava na Europa, Rejane Medeiros. Ela ia fazer o papel-título, mas em cima da hora quis rediscutir o cachê. O Hugo não topou e resolveu lançar Maria Zilda, uma jovem atriz carioca que faria outro papel, pequeno, no filme. Éramos os três, portanto, ilustres desconhecidos. Melhor, pensei.

Em 31 de dezembro, por volta de oito da noite, Hugo ligou para o meu quarto me chamando para ir ao quarto da Zilda, pois ele queria nos apresentar e conversar sobre o filme. Finalmente chegara a nossa protagonista. Depois, à meia-noite, abriríamos uns espumantes argentinos (estávamos na fronteira com Paso de los Libres) e comemoraríamos o Ano-Novo com toda a equipe. Fui.

A Zilda era linda. Logo nas apresentações ela me disse que estava insegurríssima, que o papel era dificílimo, que era seu primeiro papel grande e tal. Fui apresentado a ela como um excelente ator de teatro e fingi que era mesmo, e lhe disse que ela teria todo meu apoio, tanto para prepararmos juntos os personagens quanto para ensaiarmos as cenas. O personagem dela realmente era muito difícil, uma mulher que fora vendida pelos pais a um puteiro, é comprada pelos irmãos, vira comida de cama e mesa para eles e ainda é culpada pela separação dos dois. E com um detalhe: sem falas! Era tão submissa que não falava. Uma frase apenas, para que não pensassem que era muda: "Caiu do céu uma vez. Eu estava passando, peguei." Uma referência a uma medalhinha que ela usava no pescoço.

À meia-noite todo mundo se abraçou, brindou, e ela, ajoelhada na cama, me cumprimentou. Nós nos abraçamos e abraçados ficamos. O tempo parou. Sentia o coração dela bater ainda mais forte que o meu. Não sei quanto tempo ficamos assim, mas quando saímos do abraço e olhei para seus olhos apaixonados, como os meus deviam estar, estava todo mundo tirando sarro: "desgruda", "também quero", coisa de pessoal de cinema. Desgrudamos, a festa continuou, depois o pessoal foi para outras festas menos profissionais e acabamos ficando sozinhos. Ma-ra-vi-lha.

Começamos a filmar como namorados. Só quem participou de um longa rodado em locação, longe para caramba de sua casa, família, relações diárias, e por três longos meses, pode compreender a relação que acontece com os membros da equipe. Vira uma família, tão ou mais importante — porque nova — que a sua. É um outro mundo que se cria ao redor do filme — o mais significativo — com as pessoas que o fazem. A hierarquia no cinema é outra coisa que impressiona, mas é o único jeito de fazer a coisa andar. Somos todos muito criativos, estamos envolvidos no mesmo objetivo artístico e, alguém já disse, "dirigir é escolher ideias". O que ocorre numa filmagem nesses casos é para se deixar lá, só vale enquanto se filma. Obviamente que os casais se formam das maneiras mais impensáveis, como no filme *A Mulher do Tenente Francês*...

E entrei de cabeça, corpo e alma no romance com a Maria Zilda. Paixão doida, linda, enlouquecedora e rápida, como qualquer paixão que se preze.

Foi meu primeiro banho de Badedas, quem diria, num hotelzinho de Uruguaiana!

Passávamos 24 horas por dia dentro do filme, na locação (uma casa de pedra no meio do nada no pampa gaúcho), e no quarto dela (para onde eu havia me mudado no dia seguinte). Transávamos no meio do nada na hora do almoço, comer para quê? Pegava o cavalo do personagem, a colocava na garupa e íamos para baixo de uma árvore, longe dos olhares da equipe. Estendia meu poncho azul com forro vermelho na relva e nos amávamos como se a vida acabasse ali.

E levávamos o filme na maior seriedade, afinal nosso amor na vida real fazia parte do enredo maior que era nosso amor no filme. Mas havia um Eduardo-Arlindo Barreto no meio, tanto no filme como, claro, na vida real. Uma vez, muito doidos de lança-perfume argentino que comprávamos livremente em Paso de los Libres, do outro lado da fronteira, Zilda o trouxe para nossa cama. Mas Arlindo, num rompante, saiu do quarto. No filme, *o ménage à trois* aconteceu sem problemas, a não ser quando o filho da puta (Perdão, Márcia) me deu um beijo na boca que não estava no roteiro. Fizemos três versões, ele só me beijou na última e, claro, Hugo a escolheu na montagem.

Em cena no filme A Intrusa (1979)

uma história de Jorge Luís Borges
direção de Carlos Hugo Christensen
A INTRUSA

# CAPÍTULO 31

Aprendi com o José Gonçalves, diretor de fotografia, um português invencível na porrinha, tudo que sei a respeito de lente, abertura, distância focal, e tudo o mais que um ator precisa saber para tirar proveito da câmera. Numa cena, num "big close" dos meus olhos, eu levantei as sobrancelhas impensadamente. Ele parou de rodar, falou algo para o Hugo e pediu licença para conversar comigo. Hugo permitiu e ele me disse ao ouvido: "O close é tão grande, seu olho estará enorme na tela. Se você levantar as sobrancelhas assim, o Hugo vai ter que botar áudio!"

Apesar do enigmático da frase, entendi na hora. O Hugo havia me advertido: "Quanto maior o close, menos se representa exteriormente. Deixe a câmera trabalhar por você."

Uma das cenas importantes do filme exigia uma ovelha negra, só encontrada numa fazenda bem longe de Uruguaiana, no meio do pampa. Logo que chegamos, Hugo viu uma cesta de lixo com a suástica, o símbolo do nazismo. Ele ficou muito excitado, quis saber como aquilo tinha aparecido lá, depois tentou comprar a lata nazista. Ficamos todos meio assustados... Foi nesta fazenda que meu cavalo me derrubou. Caí de costas no chão de pedras, mas nada de grave.

Sabíamos, Zilda e eu, que estávamos filmando todas as cenas dela em primeiro lugar, porque tínhamos que acabar de filmar tudo na casinha para trocar de locação. Assim que acabasse ali, praticamente encerraria sua participação no filme. Nós nos amávamos como se não houvesse amanhã. Cada vez nos conhecíamos mais e ia ficando melhor.

Até que o dia chegou e ela foi embora. Levei-a ao aeroporto de Uruguaiana e, na despedida, choramos pacas. Na volta para o hotel, parei na estrada para ver o avião passar por mim e chorei, chorei, chorei. Quando cheguei no quarto, o telefone tocou. Era a Zilda me ligando de um orelhão no aeroporto de Porto Alegre, à espera do voo para o Rio. Foram horas ao telefone, rindo, chorando, ficando em silêncio para ouvir a respiração do outro...

Numa das folgas, não lembro por que motivo, talvez troca de locação, ficaríamos quatro dias sem filmar, coisa rara numa produção. Sem avisar ninguém, me mandei para o Rio. Ela estava me esperando e fomos para o seu apartamento na General Urquiza, onde ficamos praticamente trancados, namorando durante três dias. Eu me lembro de termos ido ao Baixo Leblon comer uma pizza, onde ela me apresentou o Cazuza. E voltamos o quanto antes para a nossa alcova. "Não quero te mostrar para ninguém", disse ela.

Quando, antes de voltar, liguei para Uruguaiana para me buscarem no aeroporto, a bomba: todo o elenco do filme havia sido preso. Tráfico internacional de drogas. O pessoal, com quatro dias de folga, resolvera passar um dia no lado Argentino, em Paso de los Libres. Alugaram uma Kombi e foram. Beberam, comeram, compraram caixas e caixas de "aromatizador de ambiente", nome inventado pelos *hermanos* para o nosso conhecido lança-perfume. Liberado lá, proibido aqui, parados na fronteira, Polícia Federal, todos em flagrante. E eu fazendo amor no Rio de Janeiro. Hugo me disse para não voltar ainda, porque ele estava tentando dar um jeito na situação.

Fiquei no Rio mais três dias, esperando e amando e seguindo a canção...

Com interferência política, Hugo conseguiu quebrar o flagrante e o filme continuou. Arlindo então cresceu e começou a me encher o saco nas filmagens. Na maioria das vezes, eu conseguia tirar de letra, mas em outras ficava chato. Ego demais atrapalha. E ele se atrapalhou na carreira. Virou o Bozo, depois pastor evangélico e hoje é tema de um filme, *Bingo*.

Terminado o filme, voltei para Porto Alegre. Nara havia passado uma temporada no Rio, na casa de amigos, curtindo a liberdade que eu havia exigido para mim e que ela usava em direito de reciprocidade. Voltamos à nossa vida normal, já nos preparando para uma possível mudança para São Paulo. A bolsa que ela reivindicara à CAPES estava saindo, eu ia aproveitar o filme para conversar com pessoas do meio, no Rio. Alguma coisa ia acontecer, disso tínhamos certeza. Eu tinha experiência como produtor de teatro, música e TV, diretor de teatro e TV, eu chegaria ao eixo Rio-São Paulo como protagonista de um filme que sabia que seria importante. Ninguém junta Borges e Piazzolla impunemente.

Quando fui para o Rio dublar o filme, fiquei no mesmo Hotel Paissandu, na rua de mesmo nome no Flamengo. A Zilda estava diferente. E eu também, afinal o filme havia acabado, o cristal se quebrara. Tivemos uma despedida anticlimática e ela me falou do Roberto Talma, com quem estava começando a namorar. Ele era diretor de novelas da Globo e, ao lado do Paulo Ubiratan, a estrela do momento. Como os personagens tinham acabado e eu estava de novo numa boa com a Nara, não sofri tanto.

Descobri que eu era bom de dublagem. Como o filme não tinha tanto texto assim, dublei em pouco tempo. Maria Zilda só foi na

393

gravadora uma vez para dublar sua única fala. Já tínhamos ficado amigos apenas.

Voltei a Porto Alegre e aguardei o Festival de Gramado, na época o mais importante do Brasil, e que havia pré-escolhido o filme para concorrer. Não deu outra. Fomos selecionados e a profecia do Guto Pereira se concretizou. Pouco tempo depois, eu estaria na piscina do Hotel Serra Azul, concorrendo ao Prêmio Kikito de melhor ator. E se, como diz o ditado, "a desgraça não vem sozinha", a alegria também não. A bolsa da Nara saíra e, pouco mais de uma semana depois, nos mudamos para São Paulo, indo morar numa casinha alugada na Vila Madalena. Ela faria um mestrado na ECA-USP com bolsa da CAPES, sem prejuízo de seu salário na UFPel. Era a base de que precisávamos para uma mudança de status profissional.

Finalmente chegou o dia de ir para Gramado. O festival começava na segunda-feira, o filme mais aguardado, o nosso, seria exibido na sexta. O grande concorrente era *Gaijin*, a obra-prima da Tizuka Yamasaki. Seriam dois filmes completamente distintos concorrendo aos melhores prêmios. *A Intrusa* com apenas seis atores desconhecidos, e *Gaijin* com um elenco de primeira grandeza. No Festival de Gramado, reservam lugares para que elenco e equipe fiquem sentados na mesma fileira de poltronas, então, no dia da nossa exibição, sentamos Arlindo, eu, Maria Zilda e, a seu lado, o seu namorado, Roberto Talma. Arlindo estava dividindo o quarto comigo, e na noite anterior veio com uma proposta absurda: se ele ganhasse, dividiria comigo, e a recíproca seria verdadeira. Não topei e nem podia, quem decidia isso era o júri e não o vencedor. No fim da exibição, senti no ar que podia ganhar. Talma, assim que o filme terminou, me perguntou quantos filmes eu tinha feito. "É o primeiro", respondi, omitindo a cena em *Anuska*. "Acho que dá pra ir para a Globo, tá a fim?", ele falou. Eu disse que sim, mas era pai de três filhos, dono de cachorro, tartaruga e papagaio. Ele deu de ombros. Logo fomos cercados pela imprensa e, conversando com os jornalistas, soube que Zilda e eu tínhamos grandes chances de ganhar.

No sábado, dia da premiação, vivi uma loucura. A imprensa não parava de me procurar para entrevistas, fotos, depoimentos. Eu nunca tinha vivido aquilo, tentava tirar da cabeça a ideia de que ia ganhar para não viver uma imensa frustração em caso contrário. Por volta das seis da tarde, o publicitário responsável pela divulgação do festival, meu amigo gaúcho Laerte Martins, diretor de vários comerciais que eu tinha feito em Porto Alegre, dono da agência Martins e Andrade, entrou comigo num elevador lotado do Hotel Serra Azul. Olhava para meus olhos com olhar de sim. Sorria de felicidade, mas não podia dar bandeira. Cheguei no meu quarto tremendo, tomei um uísque para relaxar e liguei para o quarto do Laerte. Ele falou: "Não posso dizer nada, nem sob tortura", mas não parava de rir. Quase infartei. Mas disfarcei a alegria para não comprometer o amigo. Imediatamente liguei para a Nara para dar a boa notícia. Nossa ida para o "Brasil" estava garantida. Com o Kikito embaixo do braço, não seria difícil conquistar Rio-São Paulo. Eu estava simplesmente concorrendo com Lima Duarte por *Os Sete Gatinhos*, Antonio Fagundes por *Gaijin*, e Milton Gonçalves por *Parceiros da Aventura*, entre outros.

Fomos para o Palácio dos Festivais, nome pomposo para o Cine Embaixador, onde tudo acontecia. E eu fingindo total inocência, não disse para ninguém. E tudo correu como os jornalistas anteviam, com apenas uma mudança substancial: Maria Zilda perdeu para Isabel Ribeiro (em *Parceiros da Aventura*). Mais uma vez sentamos todos os atores de *A Intrusa*, um ao lado do outro. E a Zilda entre mim e o Talma. No final da cerimônia, tínhamos ganhado os prêmios de melhor ator, diretor, fotografia e trilha sonora. *Gaijin* ficou com melhor filme, cenografia, roteiro, ator coadjuvante (José Dumont) e empatou conosco em trilha musical (Piazzolla e John Neschling).

*Parceiros da Aventura* ficou com melhor atriz, e *Os Sete Gatinhos*, com melhor atriz coadjuvante para Thelma Reston.

Subir ao palco do Festival de Gramado para receber o Kikito na primeira vez que eu participava foi muito bom. Bom mesmo.

Assim que voltei a me sentar, agora com o prêmio na mão, Talma me disse: "Tá contratado." E marcamos uma conversa no "Vanerão", baile gauchesco que era tradicional no encerramento do Festival, realizado num clube social que fica a uma quadra do cinema.

Virei estrela nacional na hora.

Após passar mais de meia hora no escritório do Festival, dando entrevistas e assinando o recibo do prêmio em dinheiro, me mandei para o Vanerão. Talma mais uma vez me disse que meu ingresso na Globo estaria garantido. Era só procurá-lo quando fosse lançar o filme no Rio. Eu só havia me esquecido do Arlindo Barreto, que, puto da vida por não ter ganhado, e por eu não ter dividido o prêmio com ele, se mandou direto do cinema para o hotel, e de lá para Porto Alegre, não sem antes levar todas as minhas roupas sujas, incluindo e principalmente cuecas e meias, além da passagem. Foi um deus nos acuda conseguir emitir novamente a passagem, o que só foi possível depois que o localizei, já em São Paulo.

Contudo, o tempo que passei em Gramado tentando resolver esse problema foi importante para eu saber o que havia se passado no Júri. Um jornalista, Luciano Ramos, que havia me entrevistado uns dias antes, me contou. Ele fazia parte do Júri. Na primeira votação, havíamos empatado eu, Fagundes e Milton Gonçalves. Na segunda, o Milton caiu. Foi quando houve uma discussão entre os jurados sobre meu trabalho. Alguns diziam que eu era gaúcho, portanto não havia nada de criativo em um gaúcho fazer papel de gaúcho. A sorte é que o tal jornalista havia anotado minha entrevista, na qual eu dizia ser paulista, nunca ter frequentado sequer uma fazenda gaúcha, e que eu morara em Pelotas e Porto Alegre, as duas cidades menos rurais do Rio Grande do Sul. Tirou do bolso as anotações e leu para o Júri. Foi o suficiente: sendo eu paulista e não gaúcho, mereceria o prêmio.

Alguém explica? Nem precisa. Fagundes fazia um paulista e Milton um carioca, mas ninguém jamais discutiu isso...

Logo fui para o Rio, para o lançamento nacional do filme. Zilda e Talma me convidaram para ficar na casa deles, que estavam morando juntos num apartamento do Jardim Botânico. Ah, esses artistas! No dia da estreia do filme, fomos os três para a cerimônia. No dia seguinte, fomos juntos conhecer a Globo, que ainda funcionava integralmente no Jardim Botânico. Talma me levou de diretor em diretor, me apresentando como novo ator da casa, tanta certeza de que eu seria contratado. E não deu outra: Herval Rossano, o responsável pela novela das 6, gostou de mim de cara. "Tem cara de galã rústico", disse. "É gaúcho, mas não é viado, né?", completou. Eu respondi: "Nem gaúcho, nem viado." Isso era maio de 1980. Herval me disse que não ia dirigir a nova novela das 6, mas que falaria com o diretor que estava sob seu comando.

Alguns dias depois, após uma série de entrevistas sobre o filme, fui a uma festa e lá encontrei uma jovem iniciando a carreira de atriz, Margareth Boury, uma menina linda e atenciosa. No meio do papo, ela me disse que seu pai, Reynaldo Boury, ia dirigir a nova novela das 6, e que podia me apresentar a ele. Em mais um momento de sincronicidade da minha vida, obviamente se tratava da mesma novela, *As Três Marias*.

Margareth morava com a família no Leblon, num condomínio apelidado de Selva de Pedra, por causa da novela. Ela me apresentou a seu pai, Reynaldo, sua mãe, Itacy, e seu irmão mais novo, Alexandre, e assim me tornei amigo da família.

Obviamente, namoramos. E muito. Ela era um doce de pessoa e me perguntava por que um homem como eu a estaria namorando. Eu não entendia nada, me achava um cara feio, com ejaculação precoce (depois descobri que não era tão precoce assim e que sempre fui bom nas preliminares). Ela, sim, era uma gatinha carioca linda, enfim.

Mas o Boury, que conhecia o modo possessivo de Herval, não levava muita fé no fato dele largar o osso e entregar a novela. E não deu outra. Apesar de ter levantado a produção, escolhido elenco e tudo, Herval pediu o filho de volta. Boury hoje tem oitenta anos e ainda dirige novelas! Um exemplo de dignidade, foi objeto de matéria na *Veja*.

Depois de meses de ansiedade, aguardando em São Paulo, o Boury me ligou e disse que o Herval resolvera, ele mesmo, dirigir a novela. E que eu estava dentro. Deveria me apresentar assim que ele, Herval, me ligasse. Isso foi em outubro de 1980, a Nara estava cursando o mestrado na ECA-USP e fazendo teatro em São Paulo — *Casa-Grande & Senzala*, de Gilberto Freyre, numa adaptação e direção de Miroel Silveira, orientador da tese dela.

Eu, nos últimos meses de Porto Alegre e primeiros de São Paulo, virei uma máquina de fazer sexo. Soube que na Escola de Teatro da UFRGS, o ex-CAD, chegaram a fazer uma aposta entre as alunas para ver quem me comeria primeiro. Não sei quem ganhou, mas passei o rodo. Ou fui passado.

Um dia, em São Paulo, me encontrei com uma atriz gaúcha, uma mulher inteligente, culta, filha de um casal de intelectuais e que namorava um amigo supermulherengo. Encontrei-a no Teatro São Pedro, onde ela ensaiava uma peça dirigida pelo Dilmar Messias (meu ex-sócio e diretor de *Os Saltimbancos*) e que faria uma temporada em São Paulo. Enquanto ela esperava sua vez de ensaiar, fomos para o balcão do teatro e nos pegamos lá mesmo. E, claro que, não satisfeitos, marcamos um encontro para a tarde do dia seguinte. Então, me encontrei com a moça e fomos para um motel longe pacas, lá pelos lados do Embu. Todo mundo usava motel: deixávamos as identidades na portaria, escolhíamos o quarto ou a suíte, cada uma com um nome mais sugestivo que outro. Chegamos, eu entreguei a minha identidade e ela, a dela. O recepcionista do motel nos deu a chave e fomos para o quarto. No melhor da festa, toca o telefone. Era o recepcionista, desesperado. Estava tendo uma batida do Juizado de Menores no motel e haviam descoberto que a idade da moça que estava comigo era dezessete anos, onze meses e 25 dias, portanto, para todos os efeitos, menor de idade. Nem o recepcionista havia percebido, e a mina ficou na dela. Quando o fiscal do Juizado bateu na porta do quarto, já estávamos vestidos, e começou a negociação. O dono do motel, o recepcionista e eu podíamos ser enquadrados no crime de corrupção de menores. Mas ela era tão adulta, tão articulada, tão cheia de si, que convenceu o fiscal que aqueles dias que faltavam para completar dezoito anos nada significavam na vida dela, que ele ia apenas prejudicar muitas pessoas e que, afinal, a culpa era dela. E demonstrou que não agira de má-fé, pois entregara a identidade como se fosse maior de idade. Depois de muita conversa, o fiscal nos liberou, não sem antes receber uma gorda propina do dono do motel. Assustados, nos mandamos.

Alguns dias depois, nos encontramos de novo. Ela era "a namoradinha de um amigo meu", que, meses antes, contara detalhes das preferências sexuais dela. Foi uma maravilha, ficou nos anais da minha biografia sexual.

•••

Passei poucos meses em São Paulo, fiz uma peça chamada *Qualé, meu?*, inspirada em *O Que É Isso, Companheiro?*, livro do Gabeira, que eu adaptei com outro ator-autor, o Jair Antônio Alves. E aprendi a amar as paulistanas de saias longas e sandálias rasteiras, de sola de couro, "bicho-grilo" de banho tomado e cabelo lavado, descritas por Caetano pela "deselegância discreta". Obviamente em mais uma sincronicidade, a vida me levou para Vila Madalena, onde mais?, no início dos anos 1980, o bairro que depois virou mito. Era ao lado do Alto de Pinheiros, onde minha irmã Maria Elvira morava, e de Pinheiros, onde meu filho Rodrigo morava com a mãe; e minha mãe morava na mesma Vila Madalena, a apenas duas ou três quadras. E a melhor escola para as crianças ficava no bairro. Escolhemos uma casa térrea bem simples, com varanda e jardim na frente e um miniquintal nos fundos. Dava para as crianças brincarem no da frente e eu fazer meu churrasco no dos fundos. Ficava numa rua de uma quadra, cheia de casas semelhantes, muito simpática. E a uma quadra da feira da Vila, onde no sábado de manhã todo mundo ia comer pastéis. Logo que me mudei para São Paulo, um grupo de Teatro de Porto Alegre, dirigido pelo Paulinho Albuquerque, havia feito uma peça argentina sobre tortura no Teatro Ruth Escobar, sala do meio, com a participação de dois atores paulistas, Cacá Amaral e José Carlos Machado — com os quais trabalhei depois inúmeras vezes, e que se tornaram grandes amigos. Além deles, a atriz Nirce Lewin, ex do Paulinho, porto-alegrense que tinha também se mudado para São Paulo. Pois Paulinho e seu grupo estavam produzindo uma Feira de Música Gaúcha no Teatro, com a participação de vários músicos que haviam participado do Festival de Música Popular Gaúcha que eu havia produzido com Dilmar Messias em Porto Alegre. O encontro com Carlinhos Hartlieb, Bebeto Alves, Jerônimo Jardim (o autor da música *A Intrusa*, plagiada pelo Astor Piazzolla com mudanças mínimas no andamento), Fernando Ribeiro, entre outros, em São Paulo, foi emocionante. Foi o primeiro churrasco que fiz na casinha da Vila.

Eram os tempos do Arrigo Barnabé de *Infortúnio e Diversões Eletrônicas*; da Tetê Espíndola de *Piraretã*, linda na capa do disco — e que disco! — de Itamar Assumpção e a Banda Isca de Polícia (pode nome melhor?); do Teatro Lira Paulistana. Tudo começava a acontecer na Vila Madalena. E foi também, para mim, um reencontro com a turma "da Marechal", com a "da faculdade".

Uma coisa curiosa que notei ao chegar foi que a produção de comerciais para TV era enorme e as produtoras faziam testes para os atores serem escolhidos pelo cliente e pela agência de propaganda. E os testes eram pagos. Às vezes, um ator fazia dez, doze testes por semana e, só com isso, dava para sobreviver. E quem chamava os atores eram as agências de atores, cuja mais famosa foi a Galharufas. Essa palavra vem de uma brincadeira tradicional entre atores, um trote em iniciantes: na véspera da estreia de uma peça, o diretor ou outro ator vai até o iniciante e pergunta casualmente: "Você já tem

Galharufa?" Obviamente, a resposta vai ser "não", e explico o motivo: Galharufa não existe. Então o ator veterano finge um espanto enorme e diz que é muito grave, que não poderá haver estreia, e sai pelo teatro dizendo que o "fulano não tem Galharufa". Então explica-se para o iniciante que ele tem que ir na casa de um outro ator mais velho e pedir uma Galharufa emprestada, senão, adeus estreia. Às vezes o iniciante vai, e claro que o outro ator sabe da brincadeira e dá qualquer coisa para o iniciante levar para o teatro, ou apenas dá uma boa gargalhada e explica a brincadeira.

Uma das criadoras da Agência Galharufas, a Mayara de Castro, era casada com meu primo distante Ewerton de Castro. E eu, quando cheguei em São Paulo, era uma cara nova, ainda virgem em comerciais nacionais, e com o prêmio de Gramado. Não foi difícil eu ser indicado por ela e aceito para dezenas de testes e alguns comerciais. Ganhei uma graninha boa, assim como muitos colegas. Outra agência que começou a me chamar foi a Nossa Senhora do *Casting*, da Claudinha, de quem fiquei amigo e depois mais que amigo. Acabamos nos envolvendo e namoramos durante um tempo.

...

Num dia qualquer de outubro, um assistente do Herval Rossano mandou as passagens e fui para o Rio. Depois de conversarmos sobre o personagem, que de carioca virou gaúcho por medo do meu sotaque, Herval me mandou falar com Moacyr Deriquém, o responsável pelos valores dos pagamentos. Moacyr me ofereceu um salário indigno, que não aceitei. O Herval, puto da vida, ligou para o Moacyr e esculachou, dizendo que estava guardando verba da novela para proteger seus pupilos... Quando voltei à sala do Moacyr, o salário tinha quadruplicado. Afinal, eu era o vencedor de Gramado, pai de três filhos e não iria para a Globo com salário de fome. No dia 1º de outubro de 1980, assinei meu primeiro contrato "rumo à fama": 45.000 cruzeiros de salário mensal.

# ÁRVORE GENEALÓGICA

# CURIOSIDADES

- O Comendador Plácido Antônio Pereira de Abreu foi Tesoureiro Geral da Casa Imperial e barbeiro; factótum e melhor amigo de Dom Pedro I. Tem vários livros sobre ele, protegia Domitila, chegou a comprar um teatro a pedido de D. Pedro I, que impediu a amante Domitila de entrar: passou a se chamar TEATRO DO PLÁCIDO;

- Sua mulher, Anna Senhorinha era filha do Marquês de Inhambupe, Senador Vitalício do Império, que foi Ministro de várias pastas, Presidente de Províncias e do Senado Brasileiro;

- O Desembargador Antônio Pereira de Abreu Junior, goiano da cidade de Goiás, foi Juiz de Direito, Desembargador, Fundador e Ministro do Superior Tribunal do Estado de Goiás, Chefe de Polícia do Estado, Vice-Presidente e Presidente da Província de Goiás, nomeado por D. Pedro II;

- O Desembargador Antônio Pereira de Abreu casou-se em 9 de julho de 1871 em Pirenópolis, Goiás, Brasil, com Eulália da Silva Baptista - após o falecimento desta, casou-se em 1881 com a cunhada Anna da Silva Baptista;

- Eulália e Anna são filhas de Ifigênia Pereira de Siqueira Leal e de Theodoro da Silva Baptista - Tenente-Coronel Comandante do XIV Batalhão da Guarda Nacional da Província de Goiás e Cavaleiro Professo da Ordem de Cristo por Decreto Imperial de 18.3.1868.

# FAMÍLIA PATERNA

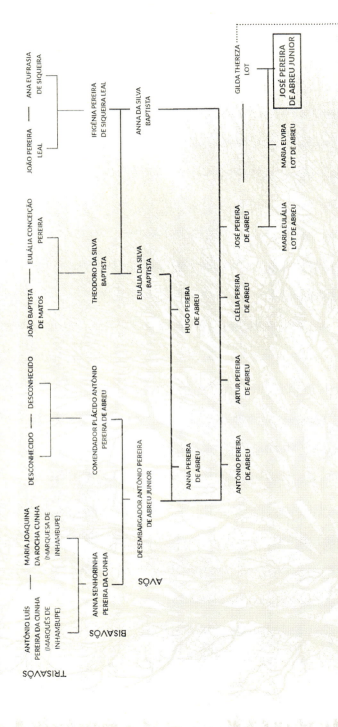

# FAMÍLIA MATERNA

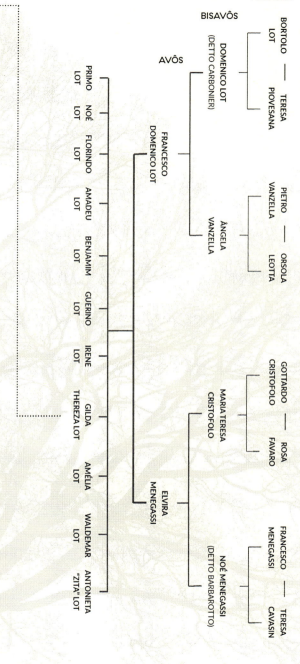

TRISAVÔS — BISAVÔS — AVÔS

- BORTOLO LOT — TERESA PIOVESANA
  - DOMENICO LOT (DETTO CARBONIER)
- PIETRO VANZELLA — ORSOLA LEOTTA
  - ÀNGELA VANZELLA

FRANCESCO DOMENICO LOT

- GOTTARDO CRISTOFOLO — ROSA FAVARO
  - MARIA TERESA CRISTOFOLO
- NOÉ MENEGASSI (DETTO BARBAROTTO) — (FRANCESCO MENEGASSI — TERESA CAVASIN)

ELVIRA MENEGASSI

Filhos:
- PRIMO LOT
- NOÉ LOT
- FLORINDO LOT
- AMADEU LOT
- BENJAMIM LOT
- GUERINO LOT
- IRENE LOT
- GILDA THEREZA LOT
- AMÉLIA LOT
- WALDEMAR LOT
- ANTONIETA "ZITA" LOT

Em *Abreugrafia Livro 2 | Depois da fama*, veja o início da carreira televisiva de Zé de Abreu nos anos 1980, os personagens de maior sucesso e as histórias mais marcantes de sua vida até o presente.

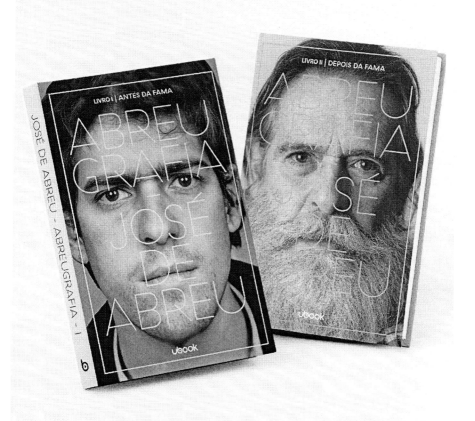